U0481234

《三字经》《百家姓》《千字文》是国学的入门之阶,读《三字经》以习见闻,诵《百家姓》以便日用,懂《千字文》通晓义理。

◎彩图全解◎

三字经 百家姓 千字文

思履 主编

红旗出版社

图书在版编目（CIP）数据

彩图全解三字经、百家姓、千字文 / 思履主编.
— 北京：红旗出版社，2017.1
ISBN 978-7-5051-4029-5

Ⅰ.①彩… Ⅱ.①思… Ⅲ.①古汉语—启蒙读物
Ⅳ.① H194.1

中国版本图书馆 CIP 数据核字（2017）第 025511 号

书　　名	彩图全解三字经、百家姓、千字文		
主　　编	思　履		
出 品 人	李仁国	责任编辑	于鹏飞
总 监 制	高海浩	封面设计	子　时
出版发行	红旗出版社	地　　址	北京市朝阳区化工路18号
邮政编码	100727	编 辑 部	010-51274617
E - mail	hongqi1608@126.com		
发 行 部	010-57270296		
印　　刷	北京中创彩色印刷有限公司		
成品尺寸	720毫米×1020毫米　1/16		
字　　数	347千字	印　　张	20
版　　次	2017年5月第1版	2017年5月第1次印刷	
书　　号	ISBN 978-7-5051-4029-5	定　　价	56.00元

欢迎品牌畅销图书项目合作　　联系电话：010-57274627
凡购本书，如有缺页、倒页、脱页，本社发行部负责调换

前言

《三字经》、《百家姓》、《千字文》这三部书是有史以来最具影响力的启蒙读物，是家喻户晓历代传承的优秀教育著作。其词句言简意赅，内容包罗万象，涵盖了历史、地理、礼仪、德行等丰富的知识与行为准则。对于孩子人格的塑造与修养的生成有着潜移默化的影响与深远的教育意义。

《三字经》的作者为南宋著名学者王应麟。王应麟博学多识，尤其熟知历史掌故且擅长考证。《三字经》中的内容详尽丰富、精确标准，是一部优秀的启导蒙童的著作。此书以严谨的态度通过六个部分阐述对儿童施行正确教育的重要性，成人与环境对儿童性格与价值观的切实影响，讲述了勤勉学习、尊老爱幼的先贤典范。此书遵循章法、引经据典、深入浅出、由远至近地讲述了各类知识见闻。全文共1722字，三字一句、朗朗上口、极易诵读。且文辞浅显、简明易懂，全书充满积极进取、励志向上的精神。古人有云："熟读三字经，便可知天下事，通圣人礼。"此非虚言，《三字经》一书实为我国传承至今，不可多得的文化经典著作，尤其在教育上堪称"蒙学之冠"。

《百家姓》编撰于北宋初年，这本书是一本集录中国姓氏的著作，内中原本收集了411个姓氏，后增补到504个，其中单姓占444个，复姓为60个。其作者为北宋居于钱塘的一位儒生，当时赵为国姓，所以自然而然赵姓便成为《百家姓》的起始姓氏。中国最早的姓氏形成于五千年前，随着时间的推移，社会的发展，民众的迁徙，原本稀少的姓氏通过多年演变与发展，不断丰富壮大。《百家姓》不只是一本单纯的名录，而是可以与《三字经》、《千字文》并称的优秀启蒙读物。《百家姓》堪称我国最具权威的姓氏文化底本，从中可以看出我华夏民族传承有序，重视血脉根源的文化精神。

《千字文》为南朝才子周兴嗣所撰写，是由一千个字组成的韵文。千字成文，极富故事性。据说当时梁武帝看重皇子们的教育，为教授众皇子读书习字，特意命令大臣殷铁石自"书圣"王羲之所写的碑文中拓下精挑细选的一千个字。但是因为这一千个字毫无关联，不易记背，所以特意招来广有声名的周兴嗣，对其道：

"卿有才思，为我韵之。"周兴嗣果然不负圣意，逐字揣摩，只用了一个晚上便将原本孤立的一千个字，编写成了四字一句、四句一组，合辙押韵，易诵易记，连续贯通的文字。周兴嗣对文字的组合运用充满才情，所写内容涵盖天文、历史、地理、园艺、饮食、德行、礼教等诸多层面，这便是流传至今的《千字文》。此文从开天辟地寒暑之变讲到商汤盛世君臣之礼，从尊师敬长讲到德行道义的养成，从都城宫殿楼宇讲到国家疆土的宽广、景致的壮美，让读者从各个角度详尽清晰地了解不同层面的环境与生活的原貌。而且此文将识字、书法、知识及道德思想融为一体，这一点也成就了《千字文》在文史中独特的地位。

现今的文化教育，尤其是针对孩子的启蒙课程，有很多内容庞杂、毫无章法，重知识积累而轻道德的培养及心智的启迪。长此以往，势必塑造出能力单一、思维狭窄、毫无意趣的人来。现今社会信息汇集，我们既要汲取新的理念，也应承继优秀的经典。这三本书传承七百余年，经历代文人学者编撰，其中的知识不仅可以为孩子开蒙，全面系统地继承中华传统文化的精要，其中所蕴含的历史鉴照、深刻哲理对于孩子的成长更为重要。这三本书使孩子知礼仪，重德行，通文史，解人生，通晓祖国的地理地貌、风土人情、历史典故、诗书画曲。当然不光是孩子，对于成人来说，一样可以陶冶性情，增益心智，扩展视野，甚至调整生活态度。

这三本书流传至今版本很多，各有特色。编者在编撰本书时，选取了自清末民国以来最为通行的版本加以整理精编，《三字经》、《千字文》注释、译文详尽准确，可以作为标准读本。《三字经》增添"细说活解"栏目，对经文进行多层次纵深开解，联系古今，阐释了华夏子孙为人处世之优良传统。《百家姓》为各姓祖先绘制了精美的肖像，姓氏来源、繁衍变迁、历史名人等栏目全面展现中华民族繁衍壮大的历史。

为了帮助读者更好地阅读本书，我们请专家精心配制了六百多幅工笔手绘彩图，这些彩图随文绘制，力求还原历史原貌，展现中华文明灿烂辉煌的历史、悠久高尚的道德礼仪传统和优秀中华儿女堪为楷范的风姿。无论是人物的面貌和穿着打扮，还是器物的形貌、建筑的样式，以及当时的历史背景和社会日常生活背景，都进行了悉心考据，让读者身临其境地感受中华文化，引人入胜。

总之，我们立意编出一部既尊重历史，又富有时代精神的承上启下的启蒙书，让优秀的中华文明和传统得到继承和发扬，让我们的孩子从小就能打下坚实的文化基础，日后为中华民族的伟大复兴作出应有的贡献。

目录

第一卷　三字经

《三字经》……………………………………… 2

第二卷　百家姓

赵……………………… 114
钱……………………… 116
孙……………………… 117
李……………………… 119
周……………………… 120
吴……………………… 122
郑……………………… 123
王……………………… 124
冯……………………… 125
陈……………………… 126
褚……………………… 128
卫……………………… 129
蒋……………………… 130
沈……………………… 131
韩……………………… 132
杨……………………… 133
朱……………………… 134
秦……………………… 136
尤……………………… 137

许……………………… 138
何……………………… 139
吕……………………… 140
施……………………… 142
张……………………… 143
孔……………………… 144
曹……………………… 145
严……………………… 146
华……………………… 148
金……………………… 149
魏……………………… 150
姜……………………… 151
戚……………………… 152
谢……………………… 153
邹……………………… 154
窦……………………… 155
章……………………… 156
苏……………………… 157
潘……………………… 158

姓	页码	姓	页码
葛	159	黄	195
范	160	穆	196
彭	161	萧	197
韦	163	尹	198
马	164	姚	199
花	165	邵	200
方	166	汪	201
俞	167	毛	202
任	168	臧	203
袁	169	戴	204
柳	170	宋	205
鲍	171	庞	206
史	173	熊	207
唐	174	纪	208
费	175	项	209
薛	176	祝	210
雷	177	董	211
贺	179	梁	212
汤	180	杜	213
罗	181	阮	214
齐	182	蓝	215
郝	183	季	216
毕	184	贾	217
安	185	江	218
常	186	颜	219
于	188	郭	220
傅	189	梅	222
康	190	林	223
伍	191	钟	224
余	192	徐	225
顾	193	邱	226
孟	194	骆	227

高	228
夏	230
蔡	231
田	232
樊	233
胡	234
万	235
管	236
卢	237
丁	238
邓	240
洪	241
石	242
崔	243
龚	244
程	246
陆	247
左	248
段	249
侯	250
武	251
刘	252
龙	254
叶	255
黎	256
白	257
赖	258
乔	259
谭	260
温	261
阎	262
易	263
廖	264
聂	265
曾	266
关	267
包	268
班	269
仇	270
文	271
欧阳	273
司马	274
诸葛	275
上官	276

第三卷 千字文

《千字文》 …………………………………………… 278
附录 …………………………………………………… 309

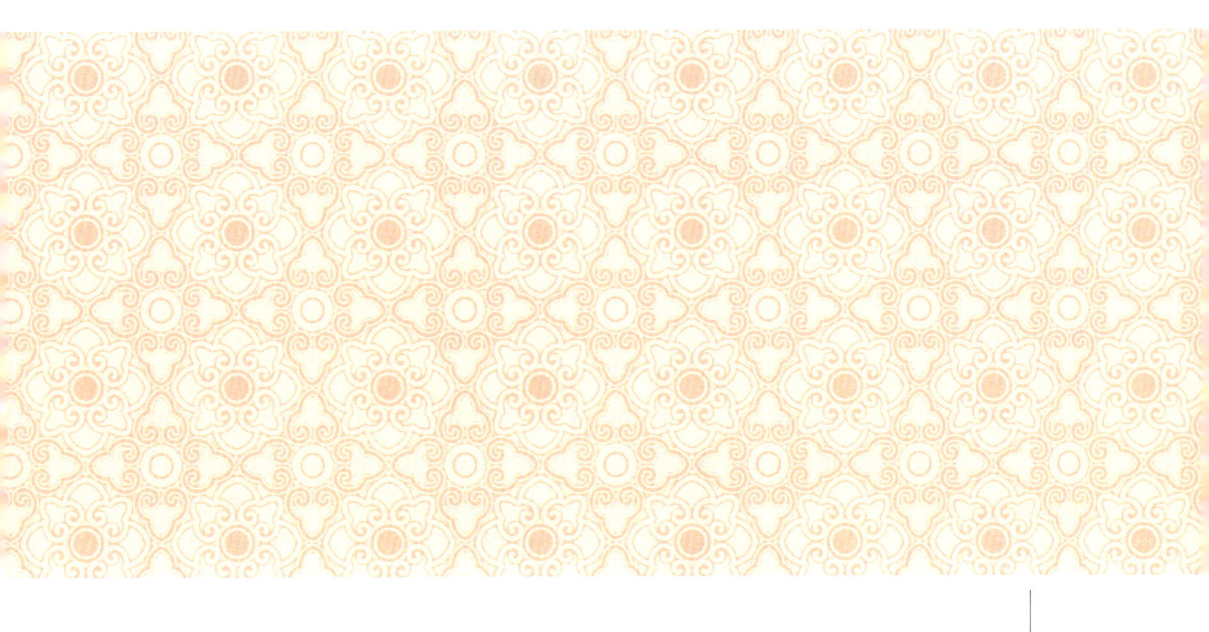

第一卷
三字经

三字经

《三字经》世传为南宋王应麟撰写，共一千多字，可谓家喻户晓，脍炙人口，是影响最大的启蒙读物。此书是三字一句的韵文，极易成诵，内容包括了历史、天文、地理、伦理道德等中国文化的基本常识，广博生动而又言简意赅，音韵和谐，孩童们读和背诵都很容易，能够朗朗上口，可以为孩子打下良好的文化基础。

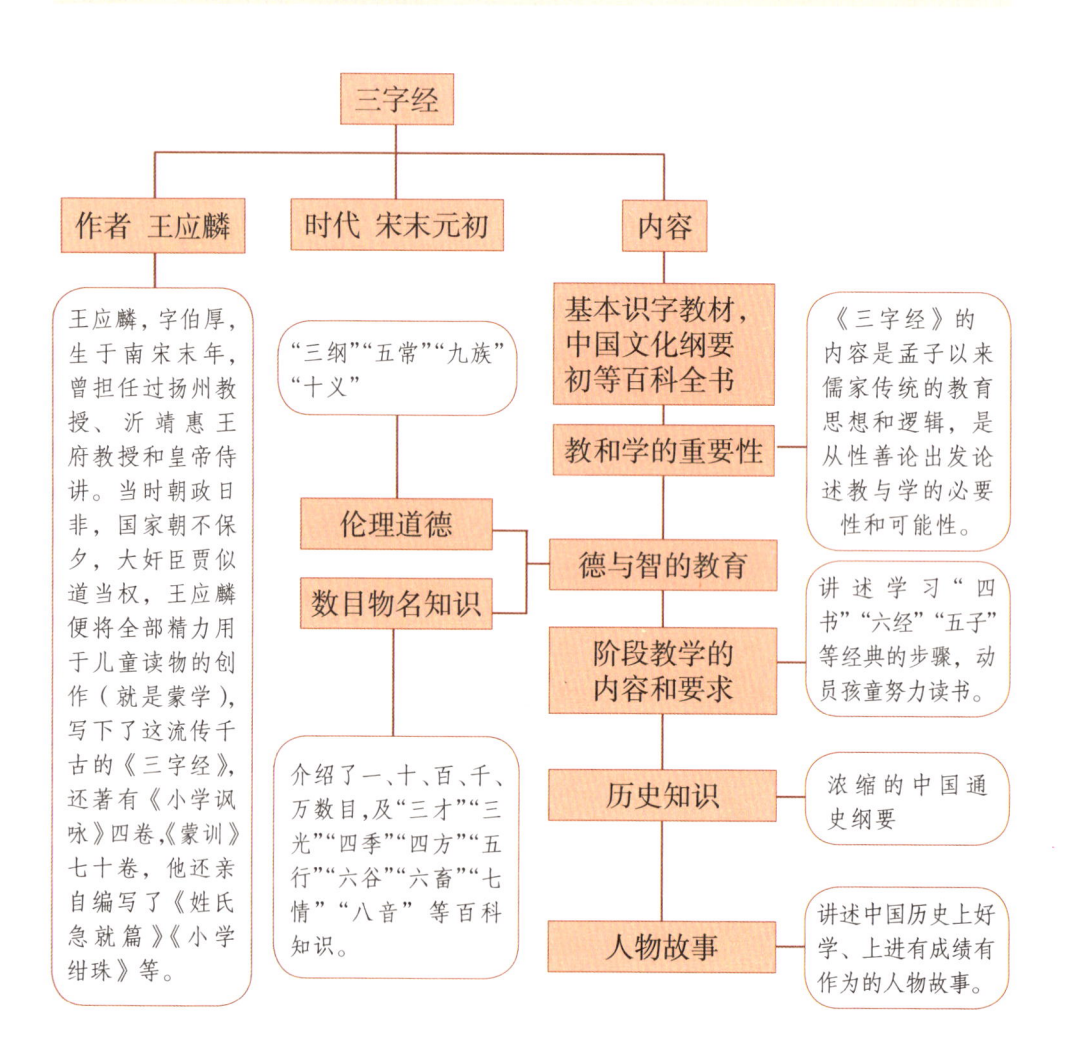

```
                            三字经
         ┌───────────────────┼───────────────────┐
    作者 王应麟            时代 宋末元初              内容
```

作者 王应麟：王应麟，字伯厚，生于南宋末年，曾担任过扬州教授、沂靖惠王府教授和皇帝侍讲。当时朝政日非，国家朝不保夕，大奸臣贾似道当权，王应麟便将全部精力用于儿童读物的创作（就是蒙学），写下了这流传千古的《三字经》，还著有《小学讽咏》四卷，《蒙训》七十卷，他还亲自编写了《姓氏急就篇》《小学绀珠》等。

时代 宋末元初

- 伦理道德："三纲""五常""九族""十义"
- 数目物名知识：介绍了一、十、百、千、万数目，及"三才""三光""四季""四方""五行""六谷""六畜""七情""八音"等百科知识。

内容：

- 基本识字教材，中国文化纲要初等百科全书——《三字经》的内容是孟子以来儒家传统的教育思想和逻辑，是从性善论出发论述教与学的必要性和可能性。
- 教和学的重要性
- 德与智的教育
- 阶段教学的内容和要求——讲述学习"四书""六经""五子"等经典的步骤，动员孩童努力读书。
- 历史知识——浓缩的中国通史纲要
- 人物故事——讲述中国历史上好学、上进有成绩有作为的人物故事。

【原文】

人之初①，性本善②。性相近③，习相远④。

【注释】

① 人之初：人在刚刚生下来的时候。初，开始。② 性：天性，人天生具有的性情和气质。本：原来、原本。善：善良。③ 相近：相似。④ 习：积习、习染，这里包括主动接受知识和被动受到影响两种情况。相远：互相远离，差别越来越大。

【译文】

每个人在刚出生的时候，本性都是善良纯洁的。可以说，大家的天性十分相似。但由于后天所处的环境和所受的教育不同，每个人的性格和行为习惯便出现了差别。随着年龄的增长，最开始相似的本性越来越不同，使每个人逐渐往不同的方向发展，因此才有了善与恶、好与坏的分别。

性相近，习相远。

【细说活解】

人皆有不忍人之心

孟子有云："恻隐之心，人皆有之；羞恶之心，人皆有之；恭敬之心，人皆有之；是非之心，人皆有之。"孟子认为人皆有不忍人之心，即每个人都有体恤和怜悯别人的心情，因为人心向善，人性本善。

之所以说每个人都有怜悯体恤别人的心情，孟子曾举了每个人都想将落水孩童救起来的例子。如果今天有人突然看见一个小孩要掉进井里面去了，必然会产生惊惧同情的心理——这不是因为要想去和这孩子的父母拉关系，不是因为要想在乡邻朋友中博取声誉，也不是因为厌恶这孩子的哭叫声才产生这种惊惧同情心理的。

【原文】

苟不教①，性乃迁②。教之道③，贵以专④。

【注释】

① 苟：如果、假如。教：教育、教导。② 乃：于是，就。迁：改变、转变。③ 道：

规律、法则。④贵以专：以"专心致志"最为重要。贵，宝贵、重要，值得重视；专，专一、专心致志、一心一意。

【译文】

一个人如果没有接受良好的教育和恰当的引导，那么，他生来就具有的纯洁善良的本性，就会为外界的各种不良诱惑，导致最后迷失本性，逐渐变坏。

教育的根本法则就是"专心致志"，全心全意地教诲，一心一意地学习，可以让人真诚善良。

【细说活解】

学习之道，贵在专心

学习讲求专心致志，讲究持之以恒，切勿三心二意、半途而废，才能学习到真正的学问，不然学习任何事都抱以浅尝辄止、三天打鱼两天晒网的态度，是不可能获得真知识真学问的，最终只会一事无成。

弈秋是我国战国时期下棋最好的人，名声远扬。有两个年轻人拜在他门下，跟着弈秋学下棋。弈秋曾教导这两个年轻人，学习下棋讲求心神专一，不能胡思乱想。

弈秋授课的时候，一个年轻人遵从弈秋的教诲，聚精会神地听着弈秋讲解棋艺，下课后还认真钻研弈秋讲过的内容。他在思考棋艺的时候，无论发生多么热闹有趣的事情，都不会为之打扰，就专心致志学习琢磨。另外一个年轻人则把弈秋的话当做耳旁风。弈秋授课的时候，这个年轻人虽然耳朵上听着弈秋讲课，但是心里却在想着其他的事情，三天打鱼两天晒网。

学了一段时间，弈秋将两个学生叫到一起，让他们对弈，以试探一段时间的学习是否有所长进。两人摆了棋盘开始下棋，素来认真的年轻人全神贯注地研究棋局，而另外一个心里则想着要是有只天鹅飞过来，他要怎样找弓箭去射下来，如何做一顿美味的天鹅大餐。

弈秋看到两个学生的两种状态，只摇摇头叹气说："今后你们两个中，一定有一个大有成就，另一个则一事无成。"

这个故事通过对比弈秋的两个弟子的学习态度，向我们说明了学习专心的重要性，所以我们在学习的过程中，一定要做到专注持久、专心用功、专研刻苦这三"专"，将来才能有所作为。

【原文】

昔孟母①，择邻处②。子不学③，断机杼④。

【注释】

①昔：过去、从前。孟母：孟子的母亲。孟子是战国时代著名的思想家、教育家。②择：选择、挑选。邻：邻居。处：居住。③子：孩子，这里指孟子。④断：割断、折断。机杼：织布机的梭子。

【译文】

从前，孟子的母亲对选择好的邻居这一点十分重视，为了挑选到适合孟子学习的居住环境，曾多次搬家。

孟母断机。

孟子一开始贪玩不爱学习。有次他偷懒逃学回家，孟子的母亲非常痛心，把织布机上的梭子折断了，严厉地训诫孟子："不能认真有恒心地学习，就像这梭子一样，梭子断了，就不能织布了，前面的努力都白费了，这样半途而废是不可能成为有用的人的。"

【细说活解】

孟母三迁

母亲是孩子的第一个老师，也是一生的老师。古时候的妇女大多都没有受过良好的教育，但是母亲对于孩子的成长起着至关重要的作用。

孟子是战国时期的大思想家，是儒家学派的代表人物。孟子自幼丧父，由母亲倪氏一人辛苦养大。全家生计靠倪氏日夜纺纱织布，维持生活，十分辛苦。倪氏是一个十分有见识的妇女，她知道环境会对小孩子产生深刻的影响，所以为了给孟子提供一个良好的环境，前后搬家数次。

最开始，孟子和倪氏住在荒郊野外的墓地旁，常有穿着孝服的送葬队伍，一路吹吹打打地来往于孟家门口。孟子年纪小，觉得好玩，就哭学各种各样的丧仪。他看见人家用锄头挖出墓穴，把棺材埋了。小孟子便也模仿着他们的动作，用树枝挖开地面，认认真真地把一根小树枝当作死人埋了下去。

孟母看在眼里急在心上，就把家搬到了市集旁。这次他家的邻居是一个屠夫，每天要杀猪卖肉。小孟子觉得很好玩，就跟着肉铺伙计学起来，天天也在那剁肉，跟人家讨价还价，俨然变成了一个卖肉的小贩子。孟母知道这样下去是没有好处的，当时的社会重农轻商，商人在古代社会的地位是非常低下的。孟母一狠心，便再次搬家。

这次搬家搬到了一所学校旁边。学校里每天弦歌不绝书声琅琅，一个花白胡子的老头成日里摇头晃脑，拖着长长的音调念书。孟子觉得十分新奇，就每天都跑到学校外面玩，偷偷看学校里的孩子怎么念书，怎么学习规矩，回家之后也学着他们的样子打躬作揖，彬彬有礼。

孟母是我国古代劳动妇女的典型，她勤劳务实，无私慈爱，但是在教育孩子的问题上又十分地果敢决绝，因为她深知环境对于一个处于对任何事物都感到好奇，会跟着模仿时期的孩子的影响，因此才屡屡搬家，只为了孟子能够受到良好的教育，就是古人所说的"与善人居，如入芝兰之室，久而不闻其香"。孟母在教育孩子方面十分讲究方法，小孟子到了上学的年龄要去念书了。孟子虽然爱学习，但是小孩子都贪玩，有时候觉得学习太枯燥了就会逃学跑出去玩。孟母知道之后很生气，等孟子玩够了回家之后就把孟子叫到身边，一句话也没说就把织布机上的梭子给弄断了，梭子断了就意味着不能继续织布了，无数个日夜辛劳就这样白白浪费了。孟子看在心里很着急，就跪下来问妈妈："为什么要这样？"孟母告诉他："读书学习可不是一天两天的事，就像我织布必须从一根根线开始，先一小段一小段的最后才能织成一匹布，而布只有织成一匹了它才有用，才可做衣服。读书也是这个道理，如果不能专心致志持之以恒，像这样半途而废浅尝辄止又有什么用呢？"孟子听了母亲的话，心里真正受到了震动。他认真地思考了很久，终于明白了道理，从此专心读起书来。最终成为一代亚圣，中国儒家思想的代表性人物。

孟母看见孟子没有好好学习，并没有使用棍棒教育，而是用事实来教育孟子，让孟子自己去思考事情的道理，这样不仅培养了孟子独自思考的能力，还避免了棍棒教育令孩子产生叛逆心理的副作用。孟子最终成为中国古代著名思想家、教育家，和孟母三迁、择邻而居是分不开的。

【原文】

窦燕山[1]，有义方[2]。教五子，名俱扬[3]。

【注释】

[1] 窦燕山：五代人，本名窦禹钧，由于他住在燕山附近，人们就称他为"窦燕山"。窦是人的姓。[2] 义方：（教育孩子的）好方法、好办法。[3] 名：名声。俱：全、都。扬：显扬、传播。

【译文】

五代时的窦燕山很重视对孩子的教育，不仅采用恰当、良好的教育方式，并且总是以身作则。

窦燕山有五个儿子，在他的严格教育下，都成了品学兼优的人才，每个人都很有成就，声名传播四方。

【细说活解】

五子登科

五子登科是结婚时常用的祝福语，祝愿新人能够多子多孙，而且子孙各个有出息。这个成语出自于宋朝时期的窦燕山一家，窦燕山出身于富裕的家庭，是当地有名的富户。窦燕山为人不好。以势压贫。传说他做事缺德，所以到了30岁，还没有子女，窦燕山为此十分着急。一天晚上做梦，他死去的父亲对他说，是窦燕山心德不端，如不痛改前非，不仅一辈子没有儿子，还会短命。从此，窦燕山暗下决心，痛改前非，再也不做缺德的事。

窦燕山还在家里办起了私塾，请名师教课。有的人家，因为没有钱送孩子到私塾读书，他就主动把孩子接来，免收学费。后来

窦燕山教五子。

窦燕山因为周济贫寒，克己利人，广行方便，受到人们的称赞。不久，他的妻子连续生下了五个儿子。

之后，他便把全部精力用在培养教育儿子身上，不仅时刻注意他们的身体，还注重他们的学习和品德修养。窦燕山每天督促孩子们读书学习，并且亲自教导。哪个孩子有不明白的地方，他都会耐心地讲解，即便是最小的问题也不会遗漏。

在窦燕山严格的教育下，五个儿子都成为有用之才，先后登科及第，做了大官。当时人赞窦燕山的五个儿子为"窦氏五龙"。

当时有一位叫冯道的侍郎曾赋诗一首说："燕山窦十郎，教子有义方。灵椿一株老，丹桂五枝芳。"这里所说的"丹桂五枝芳"，就是对窦燕山"五子登科"

的评价和颂扬。

望子成龙、望女成凤是从古至今每个家长的愿望，古代家庭组成和现在的家庭组成不同，古代时讲求儿女满堂、承欢膝下的天伦之乐。而现在我们的家庭一般只有一个孩子。古人子孙众多，却也都不放松对孩子的教育，无论在学习事业还是道德修养上，都能躬身亲为地教育孩子，让他们长成有用的人才。因此我们应该学习古代家长们的教育方式，多引导多和孩子沟通，让孩子们也能全面地发展。

【原文】

养不教①，父之过②。教不严③，师之惰④。

【注释】

①养：养育、抚养。不教：不教导、不教育。教，教育、教导。②之：的。过：过错、过失。③不严，不严格。严，要求严格。④惰：懒惰、懈怠，马虎不尽责，与"勤"相对。

【译文】

父母如果认为只要将孩子们抚养长大，满足他们的物质需求就可以了，却没有教给他们做人的基本道理，这是父母的过错。

而老师不能严格要求学生，导致学生因为放任自流而荒废了学业，这是老师怠惰，没有认真担负起自己的责任。

【细说活解】

遗子千金不如遗子一经

古人有云："遗子千金不如遗子一经。"给孩子留万贯家财不如给孩子留下一本经书。这里的经书我们可以当做才能来讲。世界首富比尔·盖茨曾经对家长说："你能为孩子做的，就是在他们蹒跚走路的时候扶一把，你没必要边铺路边抱着他走。"

汉朝时有疏广和疏受叔侄俩，二人都因才华出众而被皇上封为太子太傅，任职期间，曾多次受到皇

养不教，父之过。教不严，师之惰。

帝的赏赐,被称为"二疏"。后来二人称病请求还乡,皇上念他们年迈,就赐他们黄金二十斤,皇太子赠金五十斤允许他们还乡。叔侄二人回乡后,每日在家中摆酒设宴,邀请亲朋好友一同娱乐,还将金遍赠乡里。过了一年多,疏广的朋友就劝疏广,应当买田置宅,为子孙后代考虑,而不是这样每天耗费。疏广却说:"我不是不为子孙考虑,只是家里本来有旧田老宅,子孙如果能够勤于耕作,那么衣食住行应该是够了的。现在他们凭空多出这么多钱财,只会让他们以后的人生懈怠罢了。贤能的人要是有很多钱财,就会抛弃他们原本的志向;愚蠢的人有很多钱财,只会增长他们的过错。再说这些钱财本来就是皇上赐给我养老的,所以我希望能和乡党宗族一同享受皇上的恩赐,不可以吗?"朋友被他说得心悦诚服。

养育子女不仅仅是将他们养大,让他们吃好喝好衣食无忧,而是在教授他们知识、道理,让他们在心灵上自立自强起来,掌握一项安身立命的技能,而不是永远依偎在父母怀中的温室花朵。俗话说,棍棒之下出孝子,严格的家教能够让孩子对于规矩和礼仪形成更深刻的认识,然而也并不鼓励父母以暴力的方式教育孩子,亦松亦弛,亦严亦宽,掌握好教育的力度,才是最好的教育之道。

【原文】

子不学①,非所宜②。幼不学③,老何为④?

【注释】

①子:子女、孩子。②非所宜:不应该。非,表示否定的意思;宜,合适、应该。③幼:年纪小的时候。④老何为:年纪大了能做什么。老,年老的时候;何:表示疑问的语气,什么;为,作为。

【译文】

如果父母和老师都尽到了自己的责任,创造了良好的学习环境,小孩子却不好好读书,这是不应该的。

一个人小时候不好好读书学习,等到年纪大了,什么都不懂,什么都不会,还能有什么作为呢?

【细说活解】

莫等闲,白了少年头

"莫等闲,白了少年头"是我国著名民族英雄岳飞的《满江红》里的词句,原意是指好男儿不要将大好青春消磨,应当抓紧时间建功立业。现在则是劝解年轻人，不要在年少时荒废青春，蹉跎岁月，等到华发早生再幡然悔悟，为时晚矣。

古人认为，13岁以前的记忆力最好，所以在孩子还很小的时候，就让他们将现在不能理解的文章道理统统背下来，随着年龄的增长和阅历的增加，很多道理都会明白。北朝时有一个有名的学者，名字叫颜之推。他著有《颜氏家训》一书，被誉为"家教规范"，大致讲的就是如何教育孩子。

颜之推有好几个孩子，在孩子三岁的时候，颜之推便让他们读书。一次孩子问颜之推："爸爸，我们非要读书么？我看有好多人，没有读过什么书，也能够高官厚禄、锦衣玉食的，我们为什么一定要读书？"颜之推回答说："的确有那种不用读书，只凭借父辈的福荫，就当上大官，坐享荣华富贵的人。但是每到紧要关头时，这些人就束手无策，因为他们没有读书，没有知识。"孩子又问："那我们能不能长大些再读书呢？"颜之推又说："读书学习应当只争朝夕，趁年纪小、记忆力好的时候多读些书，将来才能对于圣贤们的道理有更加深刻的理解。以后才能尽早为国家服务，成为有利于江山社稷的人才。"

有些家长会说，孩子还太小，应该让他们多玩玩；也有些家长会让孩子学习很多功课，丝毫不放松对孩子的教育。这两种家长都没有错，但是如果能够综合一些，在该玩乐的时候不将孩子关在屋里学习，该学习的时候也不因为孩子觉得苦就放松教育，这样才不失为全面的教育之道。

【原文】

玉不琢①，不成器②。人不学，不知义③。

【注释】

①玉：玉石。琢：雕刻加工玉石。②成：成为。器：器皿、用具。③知：知道、懂得、明白。义：义理，公正合宜的事，思想行为的规范。

【译文】

璞玉刚开采出来的时候，看上去和普通的石头差不多，如果没有

玉不琢，不成器。

经过专门的雕刻加工，就不能成为珍贵的饰品和器皿。

人也是一样。一个人无论有多高的天赋，如果不学习，就不会懂得为人处世的正确道理，原本优良的天赋也无法得到充分发挥。

【细说活解】

小时了了，大未必佳

"小时了了，大未必佳"出自于南朝时期刘义庆的《世说新语》，说的是孩子小时候聪明伶俐，但是长大之后未必会像小时候一样那样聪慧。自古以来这样的例子不在少数，最为著名的就是"伤仲永"的故事。

宋朝时，有一个小孩叫方仲永，他家世代以种田为业。从小仲永出生，不曾认识笔墨纸砚，有一天忽然放声哭着要这些东西。父亲对此感到惊异，马上从邻居那里借来笔墨纸砚，方仲永拿起笔便写了首诗，而且还给诗写了个题目。这首诗以赡养父母、团结同宗族的人为内容，传送给全乡的秀才观赏时，一致认为他写得不错。

从此，方仲永家热闹起来，经常有人来家拜访，有人当场指定物品让他作诗，他立即就能完成，他的诗不但很有文采，而且非常有道理。不久，方仲永的天生奇才传到了县里，引起了很大震动，人们都认为他是个神童。县里那些人，十分欣赏方仲永。那些人对方仲永另眼相看，还经常拿钱买诗。这样一来，方仲永的父亲便认为这是件有利可图的好事情，每天拉着仲永四处拜访同县的人，不让他学习。

小仲永长到十二三岁时，见到了著名的大政治家王安石，王安石见他做的诗与从前相比大为逊色。又过了几年，仲永到20岁时，他的才华已全部消失，跟一般人并无什么不同，人们都遗憾地摇着头，可惜一个天资聪颖的少年终于变成了一个平庸的人。

王安石得知后，十分感慨地说：仲永的本领是天生的。他的天资比一般有才能的人高得多。但最终成为一个平凡的人，是因为他没有受到后天的教育。像他那样天生聪明，没有受到后天的教育，都会成为平凡的人，那么，现在那些不是天生聪明，本来就平凡的人，又不接受后天教育，想成为一个平常的人恐怕都很困难吧！

玉石再美，不经过工匠的雕琢也不过是块石头，孩子小时候再聪明，不接受教育也只会趋于平庸。一个人纵是再有才华，不经过系统的学习也是很难攀上巅峰的。有人自恃聪明，便不肯好好学习，结果聪明反被聪明误，长大后反而成为无用之人。所以良好的教育对于一个孩子来说是必不可少的。

【原文】

为人子①，方少时②。亲师友③，习礼仪④。

【注释】

①为：作为。人子：儿女。②方：正当。少时：年少、年纪小的时候。③亲：亲近、接近。④习：学习。礼仪：礼节和仪式，指应对进退的分寸，以最恰当的方式来表达对他人的尊重。

【译文】

作为子女，应该趁着年少的时候，好好把握学习的机会。平时要跟老师多亲近，随时接受老师的言传身教，学习各种礼仪规范，了解如何待人处事；还要多结交好的朋友，在互相鼓励、互相帮助中一起成长。

【细说活解】

不学礼，无以立

孔子说："不学礼，无以立也。"就是说不学会礼仪礼貌，就难以有立身之处。这句话说明了礼仪是古代社会生活的重要组成部分，是古代人安身立命、经世治民的重要行为准则。

孔子十分重视"礼"的教育。他在中国教育史上的一个重大贡献是将"礼"与"乐""射""御""书""数"合称"六艺"，并奠定其在教育中的首要地位，形成了六艺教育的优良传统。在孔子私学里，他对三千弟子实施的就是六艺教育，其中"礼"是最主要的"课程"。"不学礼，无以立也"，是当时孔子用来教育其儿子孔鲤的。

有一天，孔子的弟子陈亢问孔鲤，在老师那里听到过什么特别的教诲，孔鲤说未也。后来孔子独自站在庭院中，孔鲤快步走过，便问孔鲤学礼了没有。孔鲤回答说未也。他说："不学礼，无以立也。"于是孔鲤退而学礼。孔鲤受教学礼之事，被后人传为佳话。孔子教子之辞也被尊为"祖训"，并逐渐形成了孔氏家族"诗礼传家"的说法。

我们作为"礼仪之邦"的子民，应该知书达礼，以礼待人。如果一个人文化程度很高，但不懂得礼仪，那他也是一个对社会毫无用处的人。因为道德常常能填补智慧的缺陷，而智慧却永远也填补不了道德的缺陷。

礼仪是中华民族的传统美德，从古至今，源远流长。我们要从我做起，从现在做起,学习礼仪规范,用高尚的道德武装心灵,用文明的言行做事,互相理解、宽容待人、继承传统、倡导文明、讲究礼仪。培养协作精神,挑起传承礼仪的使命,是我们义不容辞的责任。

【原文】

香九龄①,能温席②。孝于亲③,所当执④。

【注释】

①香:人名,黄香是东汉时著名的孝子。九龄:九岁。龄,岁数,指年纪。②能:知道、懂得。温席:焐暖被窝。温:温暖、加热;席,用草或苇子编成的成片的东西,用来铺床或炕等,这里指睡觉用的被褥。③孝于亲:孝顺父母。孝,孝顺;亲,双亲、父母。④所当执:应该实行。当,应当、应该;执,执行、实行。

【译文】

黄香从小就非常孝顺,才九岁就知道在寒冷的冬天,自己先躺在冰冷的被窝里,用体温把被子焐暖和了,再让父亲睡觉。这种体贴孝顺父母的行为,每个做子女的都应该学着去做。

黄香温席。

【细说活解】

百善孝为先

儒家的经典《孝经》中说,孝是各项美德的根本,"人之行,莫大于孝",儒家认为"孝"是上天规定的规范,是每个人必须具备的德行。孝是中华民族传统文化的基础,我们常说"百善孝为先",孝顺不单单是一种美好的德行,更是一个人的立身之本。

在我们小的时候,父母辛辛苦苦地把我们养育成人,他们无私的爱陪伴着我们长大。当我们长大了,要用感恩的心对待我们的父母,回报他们的养育之恩。

孝顺父母、回报父母的养育之恩,是每个人都应该做的天经地义的事情。正如父母无私无求地将我们抚养成人,我们也应该以赤诚的心去对待为我们付出一生的父母。

【原文】

融四岁①,能让梨②。弟于长③,宜先知④。

【注释】

①融：人名，孔融，东汉时著名的文学家。②能：知道、懂得。让：谦让、礼让。③弟：这里和"悌"字意思相同，指弟弟敬爱哥哥。长：兄长。④宜：应该。先知：早点知道，这里是从小就懂得的意思。知，明白、了解。

【译文】

孔融四岁的时候，有一天吃梨，他挑了一个最小的，别人问他为什么这么做，他说要把大的梨让给哥哥吃。这种尊敬兄长、兄弟之间要互相友爱的道理，是我们每个人从小就应该知道的。

融四岁，能让梨。

【细说活解】

兄友弟恭

兄友弟恭的意思是哥哥爱护弟弟，弟弟恭顺哥哥，形容兄弟之间互相尊敬互相友爱，也就是孝悌中的悌。古时候人常常将孝和悌放在一起，认为悌也和孝一样，是人最基本的美德。所以古人认为，一个人如果能够尊敬兄长，那么他一定是善良的人，也就不会做犯上作乱的事情。恭顺兄长应当同孝敬父母一样，从小事做起，从一点一滴中流露。

兄友弟恭这个成语出自《史记·五帝本纪》："使布五教于四方，父义，母慈，兄友弟恭，子孝，内平外成。"

儒家思想对悌的美德历来也非常重视，孔子以知、仁、勇为三达德，在此基础上提出了悌等德目。孟子以仁、义、礼、智为四基德，将它扩展为"五伦十教"，即君惠臣忠、父慈子孝、兄友弟恭、夫义妇顺、朋友有信。

《弟子规》也有关于兄友弟恭的句子："兄道友，弟道恭"即为兄友弟恭。在家里我们首先要做到的就是能跟兄弟姊妹和睦相处。此地的"兄道友"，"道"就是做哥哥的如何来跟弟弟相处。"弟道恭"，弟弟又应该如何来对待哥哥。"兄道友"，这个"友"就是友爱。做哥哥的要友爱弟弟，做弟弟的要恭敬自己的兄长，还有姊妹，彼此都要互相尊重。"兄弟睦，孝在中。"如果兄弟姊妹在家里能和睦共处，一家人其乐融融，父母自然欢喜，孝道就在其中了。这个就是属于孝道了，也说明了孝与悌的关系。

现在的孩子大多数是独生子女，但是我们仍然要培养兄友弟恭的美德，从小建立这个友爱的观念。在生活中，以兄友弟恭的准则对待我们的朋友。

【原文】

首孝悌①，次见闻②。知某数③，识某文④。

【注释】

①首：首先。孝悌：尊敬、孝顺父母，友爱兄弟。②次：其次。见闻：指看到、听到的知识、学问。③某：一些。数：算术。④识：认识，掌握。文：文字。

【译文】

我们首先要培养尊敬、孝顺父母，友爱兄弟姐妹的良好品质，其次要学习的才是生活中的各种常识，懂得算术，认识文字，然后才能逐步充实自己。

【细说活解】

孝悌为立身之本，见闻乃立世之根

《论语》中有"弟子入则孝，出则悌，谨而信，泛爱众而亲仁，行有余力，则以学文"，意思就是说，年轻人在家孝顺父母，在外恭敬有礼，为人谨慎诚信，广施爱心，亲近有仁义的人。如果上述的那些都能轻松做到，那么就可以学习研究了。"在中国的传统文化中，"孝悌"是一切的基础、出发点，《弟子规》中有一句话"有余力，则学文"，意思就是应当先以学习"孝悌"之道为基础，有了余力再去学习知识文化。如果做不到"孝悌"之道的话，那么知识文化也就没有什么必要好学了。古代人认为，一个对长辈孝敬，对兄弟友爱恭敬的人，不可能是坏人。这样的人才可以放心地被传授知识；如果是不忠不孝的坏人，那么被授以知识文化，就是为虎作伥了。

时代不断发展变迁，但是孝悌之道却不会随着时代的改变而改变，它是人人应该具备的品质，是人生而具有的天性，是传统中国文化中永恒的基础。至于接下来的"知某数，识某文"则是"孝悌"之后的事情了。

古人有"读万卷书，行万里路"的说法。"读万卷书"是指努力读书，增加自己的学识，正所谓"读书破万卷，下笔如有神"；"行万里路"则是增长见识，积累实际经验。这两者缺一不可。古时候人讲求广闻博知、知行合一，因此只有将知识与见识二者合一，在旅途中将书本上的知识升华为生活中的智慧，才能进入更高的境界。

【原文】

一而十①，十而百。百而千，千而万。

【注释】

①而：到，这里表示按照顺序递进。

【译文】

一是数字的开始，也是计算的起点，一到十是最基本的十个数字。

十个一是十，十个十是一百，十个一百是一千，十个一千是一万……这样一直计算下去，结果是无穷无尽的。

认识了一到十这十个基本数字，掌握了初级算术，就能继续学习难度更高的数学问题。

一而十，十而百。百而千，千而万。

【细说活解】

数学是学习的基础

数学是所有自然学科的基础，古希腊学者认为数学是哲学的起点，数学的希腊语的意思是"学问的基础"；在古代中国，数学也是六艺之一，是儒家要求学生掌握的六项基本才能，即礼、乐、射、御、书、数中的数。我国古代数学很发达，汉朝时就形成了以《九章算术》为标志的数学体系。

一提及我国古代教育，很多人都会以为是学习字形、字义、句读等，殊不知数学也是中国传统启蒙教育的重要组成部分之一，从《三字经》上看，学习知识最开始要掌握的就是数字。

先秦时期的《周礼》中有"养国子以道，乃教之六艺：一曰五礼，二曰六乐，三曰五射，四曰五驭，五曰六书，六曰九数"，就是我们常说的六艺，而"六艺"又有"大艺"、"小艺"之分，礼、乐、射、御是大学的课程，是为大艺；书、数是小学的课程，称为"小艺"。

这里的"大学"和"小学"并不是现代意义上的学校，"小学"是传统语言文字学，即文字、音韵、训诂等"详训诂，明句读"的学问，而"大学"则是相对于"小学"的大人之学，是"修身、齐家、治国、平天下"的学问。

"小学"即是最基础的学问，那么数学也是基础中的基础。在我国传统教学中，孩子八岁时就应当掌握四则运算和九数等数学基础知识，然后再学习其他自然学科和社会学科。

【原文】

三才者①，天地人。三光者②，日月星。

【注释】

①三才：天、地、人。才，这里与"材"的用法相同，泛指一切原料或资料，这里指构成宇宙世界的基本要素。者：代名词，这里指代上面提到的"三才"。②三光：日光、月光、星光。光，光明，这里指光明的自然来源。

【译文】

"三才"，指天、地、人，是构成世界的三种基本要素。天地共同形成了生存空间：天空带来了万物生存必需的阳光、空气、雨雪以及四季、寒暑、昼夜的交替；大地提供了水分、养料以及合适的地理条件；而我们人类，被称为"万物之灵"，是最高级的动物。"三光"，指太阳、月亮、星星三个发光体，是光明和能量的主要来源，有了它们，生物才能生存。

【细说活解】

三才之道

"三才"出自《易经·说卦》："昔者圣人之作《易》也，将以顺性命之理。是以立天之道，曰阴与阳；立地之道，曰柔与刚；立人之道，曰仁与义，兼三才而两之，故《易》画而成卦"。《周易》讲的是顺应自然变化的规律，而天的规律即是阴与阳，地的规律即是柔与刚，人的规律就是仁与义，这里的天、地、人就是"三才"。《说文解字》解释"才"为"草木之初也"，可以引申为基本的东西。天、地、人这"三才"也就是构成这个世界最基本的事物。

孔子说："一贯三为王。"这里的"三"，指的就是天、地、人这"三才"，意思是说能够既顺天命，又顺人事，同时保证地上太平的，才能称之为王，三者缺一不可。老子将天、地、人、道称为"四大"。无论是"三才"还是"四大"，人这个因素始终是与天地并列的，说明了古代人具有"人贵"思想，认为人是"超然万物之上而最为天下贵"，传统中国文化中格外重视人的因素，主张以人为本。

【原文】

三纲者①，君臣义②。父子亲③，夫妇顺④。

【注释】

①三纲：指君臣、父子、夫妻，君为臣纲，父为子纲，夫为妻纲。纲是渔网的总绳，抓住它就能拉起整张渔网，引申为要领，事物的关键部分，处在决定地位的事物。②君：君王、皇帝。臣：臣子、大臣。义：正义，这里指行为公正，符合法律制度及道德标准。③亲：亲密和睦。④夫：丈夫。妇：妻子。顺：和顺、和谐。

君臣义。

【译文】

"三纲"，是指三种最重要的社会伦理关系，即君臣关系、父子关系、夫妻关系。

君臣之间（在现代社会是上司与下属之间）要遵守法律制度的规定，认真履行职责；父母和子女之间要亲密融洽；夫妻之间要互相尊重、和睦相处。只有三纲之间维持应有的秩序，整个社会才能和谐欢乐。

【细说活解】

为人处世，遵从"三纲"

"三纲"在中国传统文化中是一个十分重要的概念，纲指提网的总绳，后来比喻事情的关键部分。"三纲"是由董仲舒提出的一个有利于维护封建统治阶级利益的思想，其内容为"君为臣纲"、"父为子纲"、"夫为妻纲"，意思是为人臣的万事要以君王为主，为人子的万事要以父亲为主，为人妻的万事要以丈夫为主，同时，君、父、夫也要为臣、子、妻作出表率。

《三字经》中的"三纲"则强调人与人之间恰当和合适的关系，倡导了一种符合人性的关爱和道义，和单纯的控制与服从不同。"君臣义"即君臣之间讲求一种道义。如春秋五霸之首的齐桓公不计前嫌地拜管为相。齐桓公和他的哥哥公子纠在齐国国政混乱时，分别在鲍叔牙和管仲的保护下逃去莒国和鲁国。后来两人争夺齐国王位，在回国的途中，齐桓公和管仲曾有一箭之仇，管仲带兵堵截住齐桓公，并一箭射中齐桓公带钩。齐桓公假装倒地而死骗过管仲，最终成为齐国国君。成为国君之后，鲍叔牙向齐桓公推荐管仲为相，齐桓公摒弃前嫌，重用管仲，管仲也尽心尽力地辅佐齐桓公，最终使齐桓公称霸天下。"父子亲"是指父子之间要亲善。三国时有曹昂舍马救父。曹昂是曹操的长子,头脑聪明而且性情谦和,特别为曹操所喜爱。在曹昂随着父亲曹操南征张绣时,张绣用计偷袭了曹军,曹昂主动请缨负责断后,并且把自己的马让给父亲,让曹操乘马脱险。而自己却与大将典韦一同战死于宛城。曹昂死后,曹操非常心痛,直至临终之前还挂念着早死的曹昂,觉得没有好好对待曹昂的养母,无颜面对九泉之下的曹昂。"夫妻顺"则强调夫妻之间要和顺,最为有名的应该是举案齐眉的故事。汉时有著名的隐士梁鸿和他的妻子孟光,史书上记载梁鸿为了避免出仕为官,和妻子一同隐居在山中,靠给人舂米为生。每当梁鸿回家时,孟光就将早早准备好的饭菜放在盘子上,恭敬地举起跟眉毛齐平,而梁鸿也会弯下腰,彬彬有礼地用双手接过盘子。

与董仲舒的"三纲"相比,《三字经》中的"三纲"更多出了一种人情味,少了一些高低贵贱的成分在里面,有着浓郁的时代气息。在《三字经》里面,"三纲"倡导的是一种爱,一种关切,一种道义,这是一种温馨和谐的君臣关系、父子关系、夫妻关系。虽然在社会和家庭中,君臣、父子、夫妻的地位不同,但是大家在人格上是平等的,体现出的是一种尊重,更有利于孩子价值观的培养。"三纲"这一节也体现出《三字经》本身并不是对历史的简单照搬,它对传统的文化有着自己的判断和选择。

【原文】

曰春夏①,曰秋冬。此四时②,运不穷③。

【注释】

①曰:说,这里是叫做、称为的意思。②此:这,代名词,这里代指春夏秋冬四季。四时:四个时序,这里指春、夏、秋、冬四季。③运:运转、循环。不穷:无穷尽、无终极,没有停止的时候。穷,终止、停止。

【译文】

一年分为春、夏、秋、冬四个季节,先从温暖的春季到炎热的夏季,再从凉爽的秋季到寒冷的冬季,每一年,四季都这样按顺序循环交替。

还有,春耕、夏耘、秋收、冬藏,万物的生长及活动也都随着四季变化不息。

【细说活解】

四季的产生

我们生活的地球一共有两种基本运动,一种是自转,另一种是公转。地球自转是绕自转轴,即南北极点的连线自西向东地转动。地球自转一周大概需要二十四小时，也就是我们的一天。地球公转是地球按一定轨道围绕太阳转动，是源于太阳引力场和地球自转的作用，地球公转一周的时间大概是三百六十五日，也就是我们的一年。由于地球的自转轴与地球公转的轨道面形成一个角度的倾斜，而地球公转轨道是一个接近圆形的椭圆，所以当地球处在公转轨道的不同位置时，地球上不同位置受到的太阳光照也不同，接收到太阳的热量不同，才就有了冷热的差异和季节的变化。而地球不断重复着公转和自转的运动，于是四季也就不断交替，运行不息。

我国传统的四季划分方法，是以二十四节气中的"四立"作为四季的始点，以"二分"和"二至"作为中点的。如以立春为始点，春分为中点，立夏为终点的为春季；以立夏为始点，夏至为中点，立秋为终点的为夏季；以立秋为始点，秋分为中点，立冬为终点的为秋季；以立冬为始点，冬至为中点，立春为终点的为冬季。

关于四季的形成，还有这样一则上古神话：相传女娲创造人类后，人类一直靠打猎摘果子为生。当时有火神祝融和水神共工两个神明，其中性格温和、富有同情心的火神祝融见人类每天吃生肉和生水，十分不忍心，便为人类带去了火种，传播了温暖，改变了人类茹毛饮血的生活方式，人类非常崇拜火神祝融，常常用丰富的祭品祭祀他。脾气暴躁的水神共工知道后非常生气，他认为水和火都是人类生活必不可少的东西，为什么大家就崇拜祝融不崇拜自己。不满变成了愤怒，共工就带着众兵将去祝融住的光明宫，与祝融一较高低。共工调来五湖四海的水向光明宫扑去，但是扑上去的水很快又顺着地势流了下来，祝融的火龙趁机冲向共工，炽热的火焰将共工烧得焦头烂额，共工没办法只得逃走。

共工来到不周山下，不甘心的他越想越生气，一怒之下冲着不周山撞去，结果把不周山装塌了。不周山是上古传说中支撑着天空的擎天柱，共工将这支撑西北角的擎天柱撞坏，导致天空漏洞、大地塌陷、山林着火、洪水喷薄而出、龙蛇猛兽也出来吞食人民。创造人类的女娲不忍心见人类受此磨难，炼出五色石补好天空，又斩下神龟的四脚，当作四根柱子把倒塌的半边天支起来，又平洪水、杀猛兽，最终使人类重新过上了安稳的生活。但是这场灾难造成天空向西北倾斜，大地向东南塌陷，于是日月星辰向西边运行，江河湖海向东南奔流，春夏秋冬四季开始不断交替运行。

【原文】

曰南北[①]，曰西东。此四方[②]，应乎中[③]。

【注释】

①南北（西东）：方位名，指东、西、南、北四个方向。早晨太阳升起的方向是东方。②此：这，代名词，这里代指东南西北四方。③应乎中：与中心相对应。应，对应；乎：于、对；中：中央、中心。

【译文】

早晨起来面向太阳，前面是东方，后面是西方，左手边是北方，右手边是南方。

南、北、西、东四个空间方位，都是对应于一个中心基准点而言的。

【细说活解】

东西南北，四面八方

中国现为中华人民共和国简称，但在古代，中国又称中原、中土、中华等，意思是国之中、天地之中、华夏之中，即是天下的"中心"，广义上说是以河南为中心的黄河和洛河流域。在确定了中心后，古人又确定了东西南北四个方向。从造字上看，甲骨文的东字是由"日""木"组合成的，取太阳初升之意，因此古人将太阳升起的地方定为东方。西字为象形字，《说文解字》解释它为"鸟在巢上"，有休息的意思，古人便以太阳落下的地方为西方。确定"东西"后，又确立了"南北"两个方向。

关于四方的确立，有伏羲指方向的传说。伏羲是与神农和黄帝并称的中华民族的人文始祖，相传他根据天地万物的变化，创造了八卦，还结绳为网，教授给人们渔猎的技能。一次伏羲挑了一些会打猎捕鱼的人，让他们分别取东西南北四个方向渔猎，大家不知东西南北如何分辨，伏羲便说：太阳东升西落，天气南热北冷。这样，大家就知道如何区分东西南北四方了。

关于方位，我国古代除了有四方还有六合和八荒。六合即是上下和东西南北四方，即天地四方，泛指天下或宇宙。八荒也叫八方，指东、西、南、北、东南、东北、西南、西北

日南北，日西东。此四方，应乎中。

等八面方向，指离中原极远的地方。现在我们形容一个人机智灵活，遇事能多方观察分析为眼观六路，耳听八方，这里的"六路"和"八方"指的就是"六合"和"八荒"。

【原文】

曰水火，木金土①。此五行②，本乎数③。

【注释】

①金：金属。②五行：金、木、水、火、土，古人认为它们是构成宇宙万物的五种基本要素，是总称各项事物的抽象概念。③本乎数：根源于天地自然的数理。本，根源；数，天地自然之数。

【译文】

金、木、水、火、土是构成物质的五种基本元素，宇宙万物的形成、变化都是来源于此。

对古人来说，宇宙天地的道理及奥妙，都包含在复杂的五行生克理论之中。

【细说活解】

五行学说

五行是中国古代的一种物质观，古代人认为宇宙万物，都由金、木、水、火、土五种基本物质不断的运动和变化所构成，并且由每种物质的不同属性，归纳出了五行的相生相克，相生为：金生水、水生木、木生火、火生土、土生金；而相克则与相生相反：金克木、木克土、土克水、水克火、火克金。

五行思想的起源是源于生活的实践，是上古劳动人民对日常生活的观察，五行之间相生相克的关系看似简单，其中蕴含的道理其实十分地深刻，它以极其简单的方式表达了事物之间相互联系相互作用的哲学关系。

既然古人认为宇宙万物都是由金、木、水、火、土这五种因素组成，那么也就深深地影响着人类本身。我们常讲的五脏，五行中的金、木、水、火、土分别对应着肺、肝、肾、心、脾；五色中分别对应着白、青、黑、赤、黄；五味中则对应着辛、酸、咸、苦、甘。

五行学说不仅是一种物质观，也是中国古代朴素的哲学思想，表现在诸多方面，如中医、哲学、政治诸多方面上，影响着人民的日常生活。

五行学说是中国古人根据他们当时的思想水平来认识和解释宇宙的，受到时代的限制，因此其中有一些迷信的部分，但是这并不妨碍我们对这门学说的认可。我们只要在了解和学习五行学说的同时，秉承"取其精华去其糟粕"的想法，学习其合理之处，学习我国古代劳动人民在实践和劳动中，善于总结教训，归纳经验，细致入微地寻找自然规律的精神。

【原文】

曰仁义①，礼智信②。
此五常③，不容紊④。

【注释】

①仁：仁爱，仁慈友爱的善良之心。义：正义、正直，符合道义标准的行为。②礼：礼貌，表示尊敬的态度和动作。智：明智，明辨事理的智慧。信：诚实，不欺骗。③常：永恒不变的法则。④容：容许。紊：乱。

仁、义、礼、智、信被称为"五常"，是中国儒家思想中的主要组成部分。

【译文】

仁、义、礼、智、信是五种为人处世的基本原则，就是一个人应该有仁慈友爱的善良心肠，为人正直，行事公正，对人诚恳有礼，有明辨事理的智慧，对人要诚实守信。它们体现的智慧和价值是恒久不变的，因此被称作"五常"。每个人都应该遵守五常，随便乱来的行为是绝对不容许的。

【细说活解】

"仁、义、礼、智、信"

"五常"是中国儒家思想中的主要组成部分。最早由孟子提出"仁、义、礼、智"，汉朝时董仲舒扩充为"仁、义、礼、智、信"，被称为"五常"。常是长久不变的意思，大家认为仁、义、礼、智、信这五种品质应当是经久不变的，因此称为"五常"。"仁"指仁爱之心，"义"指公正合宜，"礼"指标准得体，"智"指明辨是非，"信"指诚实守信。仁、义、礼、智、信这五常的顺序不能够被打乱。传统儒家观念认为"仁"是一种道德观念，是最高的道德标准。儒家其他的思想都是以"仁"为核心价值，义、礼、智、信要以"仁"为前提，只有拥有了一个美好的内核，附加在上面的外物才能朝好的方向发展。

历史上，三国时期的刘备素以仁德著称，曹操率大军南下征讨荆州时，荆州牧刘表病逝，次子刘琮接替荆州牧。面对曹操大军，刘琮在手下的劝说下，欲将荆州献与曹操。刘备眼见在新野无法立足，只得仓皇逃出，但是因为心中舍弃不下新野百姓，也怕曹操屠城，就带上百姓一起转移，渡过长江往襄阳而去。因没有被襄阳方面收留，只得再次转战江陵。期间手下多次劝阻刘备抛下新野百姓，迅速撤离。但是刘备不听其劝阻，终于在长坂坡被曹操派的精骑追上。刘备弃妻儿留张飞赵云殿后，率百姓斜抄近路，急奔汉津渡口，与前来接应的关羽水师会合，得以渡沔水，前往夏口。

与仁互为表里，仁是礼的内在精神，重礼是我国的重要传统美德。"明礼"就是要讲文明，讲礼仪。在个人修养上，礼貌待人，在处理与他人的关系时，谦恭礼让。中国人讲究长幼有序，因此年轻人需要格外注意自己对老年人的言行举止是否达到要求了。张良是秦汉之间著名的谋士，刘邦评价他为运筹策于帷帐之中，决胜千里之外。相传张良年轻的时候，一次闲步沂水圯桥头，有一位老翁，穿着粗布衣，走到张良的跟前，直接把自己的一只鞋扔到桥下，回头对张良说："小子，下去把鞋取来！"张良愕然，但念其年事已高，便忍下心中怒火，违心地替他取了上来。老人又说："给我穿上！"张良想既然为他取回了鞋，又何必计较，便跪下来小心翼翼地帮老人穿好鞋。老人非但不谢，反而仰面长笑而去。张良大为惊奇，随着老人的身影而凝视。老人离开大约一里，返身回来，对张良赞叹道："孺子可教矣。"并约张良五天后的早上再到桥头相会。张良不知何意，但还是恭敬地跪地应诺。五天后，鸡鸣时分，张良急匆匆地赶到桥上。老人已先到了，生气地说："跟老人家相会，反而后到，为什么呢？"老人离去说："五天后早点相会！"结果第二次张良再次晚老人一步。第三次，张良晚上还没到半夜就去了。过了一会，老人也到了，笑着说："应当像这样才对。"于是送给他一本书，说："读此书则可为王者师，十年后天下大乱，你可用此书兴邦立国；十三年后再来见我。"说罢，扬长而去。这位老人就是传说中的神秘人物：隐身岩穴的高士黄石公，亦称"圯上老人"，而这本书就是《太公兵法》。后来张良以其深明韬略、足智多谋为刘邦完成统一大业奠定了坚实基础。

古人非常看重"信"，言而有信，才能得到别人的尊重和认可。有一个尾生抱柱的故事，是说春秋时，鲁国曲阜有个年轻人名叫尾生。尾生为人正直，乐于助人，和人交往诚实守信，受到邻里百姓的普遍赞誉。一次，他的一位亲戚家里醋用完了，来向尾生借，但是尾生家也没有醋。尾生没有一口回绝，而是对亲戚说："你稍等，我里屋还有，这就进去拿来。"然后便悄悄从后门出去，立即向邻居借了一坛醋，并说这是自己的，就送给了那位亲戚。

孔子知道这件事后，批评尾生不诚实，有点弄虚作假。但是尾生却不以为然。后来，尾生搬家到了梁地。在那里结识了一位年轻漂亮的姑娘。两人一见钟情，私订终身。但是姑娘的父母嫌弃尾生家境贫寒，反对这门亲事。为了追求真爱与幸福，姑娘决定私奔，随尾生回到曲阜老家去。两人约定在韩城外的一座木桥边会面，然后远走高飞。

黄昏时分，尾生提前来到桥上等候。不料，六月的天气说变就变，突然乌云密布，狂风怒吼，雷鸣电闪，滂沱大雨倾盆而下。不久山洪暴发，裹挟着泥沙的滚滚江水铺天盖地而来，瞬间淹没了桥面，没过了尾生的膝盖。

逐渐漫上来的江水，让尾生想起了与姑娘定下的誓言，死死抱住桥柱，寸步不离。最终，被淹死在茫茫的江水之中。而此时，姑娘因为私奔念头泄露，被父母禁锢家中，不得脱身。终于伺机逃出家门，来到城外桥边的她看到洪水退去，抱柱而死的尾生，悲恸欲绝，号啕大哭。哭罢，便纵身投入滚滚江水之中。

【原文】

稻粱菽①，麦黍稷②。此六谷③，人所食④。

【注释】

①稻：稻子，去壳后称大米，南方人以稻米为主食，分水稻和旱稻，但"稻"通常指水稻。粱：即粟，其籽实未去壳称谷子，去壳后称小米。菽：豆类的总称。②麦：麦子。黍稷：同类异种的谷物，有黏性的是黍，又称黄米；没有黏性的是稷又称小米。③谷：谷物，粮食。④食：吃。

六谷。

【译文】

稻米、小米、豆类、麦子、黄米和稷，这六种谷物的果实颗粒饱满、产量丰富，是人类维持生存的主要粮食作物，合称为"六谷"。六谷既养活了中华民族的众多人口，又孕育了源远流长的中华文明。

【细说活解】

"六谷杂粮"

有一句成语："四体不勤，五谷不分"，说的是一个人好吃懒做，不能分辨出五谷。我们也经常用"五谷丰登"来表示农作物的大丰收。但是《三字经》中却说有"六谷"，因为在古代，种植技术不像现在这样发达，所以适宜在南方生长的稻子并没有在北方耕种，而古代的经济文化中心一直在北方，因此五谷中没有稻子。后来随着人们耕种水平的不断提高，稻子在北方也变成一种常见的主食，也就被列为"五谷"之中，称为"六谷"了。

稻，就是水稻，碾制去壳后叫大米；粱，去壳后就是我们常说的小米；菽，是豆类的总称；麦，一般指小麦，脱皮去壳后，可磨成面粉；黍，是一种黏性比较大的黄米，而稷则是一种粳性比较大的黄米。

其实在古代，当时的农作物一定不仅仅就这几种，也存有"百谷"和"九谷"的说法。现在所谓五谷，实际只是粮食作物的总名称，或者泛指粮食作物罢了。"五谷"说之所以盛行，显然是受到五行思想的影响所致。因此，笼统地说来，"五谷"指的就是几种主要的粮食作物，是粮食的总称，因为受到五行思想的影响，而被称为"五谷"。

【原文】

马牛羊，鸡犬豕①。此六畜②，人所饲③。

【注释】

①犬：狗。豕：猪。②六畜：指马、牛、羊、鸡、狗、猪这六种家畜。畜，家畜。③饲：饲养、喂养。

【译文】

马、牛、羊、鸡、狗、猪开始都生活在野外，但是聪明的古人将它们驯服后，喂养在家里，它们从各方面改善了人们的生活，有的还能帮助人类干重活，节省了人的力气和时间。

马能供人骑乘、搬运重物，牛是农夫耕田的重要帮手，猪是人们日常生活中最主要的肉类来源，羊可以提供皮毛和肉类，狗能看家、保护人们的安全，鸡的肉、蛋可以食用。这六种动物对人们有不同的重要贡献，合称为"六畜"。

【细说活解】

六畜兴旺

常常与"五谷丰登"连用表示社会繁盛的成语即为"六畜兴旺"。六畜指马、牛、羊、猪、狗、鸡这六种动物,在《周礼·天官·膳夫》中,这六种动物又称"六牲",《周礼·天官·冢宰下》称之为"六膳",而《周礼·夏官·职方氏》又称之为六扰。

古人们在实际的生产和操作过程中,选择了马、牛、羊、猪、狗、鸡这六种动物驯化饲养,经过漫长的岁月,使他们脱去本身具有的野性,成为有利于人类劳作的禽畜。牛能助人耕田,马能负重致远,羊能供备祭器,鸡能司晨报晓,犬能看家护院,猪能宴飨宾客,这六种禽畜各有所长,为人们的生活提供了保障。古人对于禽畜的划分与现在不同,并不如现在这样明确,六畜中的鸡实际为家禽类。到现在,六畜指各种牲畜、家禽。

"六畜"中,除去马以外,又称为"五牲",是古人祀神供祖所用的祭品。我国著名药学著作《本草纲目》中记载,古方多六畜心用药,以心治心,主要用于治疗心病。

【原文】

曰喜怒①,曰哀惧②。爱恶欲③,七情具④。

【注释】

①喜:高兴、开心。怒:生气、愤怒。②哀:伤心、悲伤。惧:恐惧、害怕。③爱:喜欢、喜爱。恶:讨厌。欲:想得到某个东西或想达到某个目的。④七情:指喜、怒、哀、惧、爱、恶、欲这七种情绪。情:情绪、情感。具:具备。

喜、怒、忧、思、悲、恐、惊为七情。

【译文】

高兴、生气、悲伤、害怕、喜欢、讨厌、贪欲,这七种情感是人类共同拥有的,合称为"七情"。

这七种情绪是人类与生俱来的基本情绪,我们不能排斥或消灭它,但是放纵或过分压抑自己的情感都是不健康的,我们要学会掌握理智与情感之间的平衡。

【细说活解】

发乎情,止乎礼

七情是人与生俱来的七种感情,即喜、怒、哀、惧、爱、恶、欲。喜,即喜悦;怒,即气愤;哀,即忧伤;惧,即恐惧;爱,即爱恋;恶,即厌恶;欲,即欲求。虽然它们是人生而具有的感情,但是不能由得它们任意发展,儒家讲究"发乎情,止乎礼",正常的感情表达是可以的,但是要用理智加以制约,不能逾越礼法的界限。

情感如果不加以抑制,放任感情的宣泄,就会导致疾病的发生。范进中举是一个十分有名的故事,讲述了范进从二十多岁开始应考,连续考了三十多年,由年轻力壮的青年变为年过半百的中年,才考上了秀才。考上秀才之后,范进又打算考举人,大家都纷纷劝他癞蛤蟆不要想着吃天鹅肉,还是教书赚钱比较好。范进执意去参加了考试,没想到真的中了举人。在接到中举的喜报后,范进跑着一边拍手一边大笑,不小心跌倒池塘里再爬起来继续拍手大笑。范进因为中举喜不自胜而发疯了。

范进长期失败得不到成功,使他在面对突如其来的成功之时,没有办法控制自己的情绪,最终喜极而疯。

【原文】

匏土革[①],木石金[②]。丝与竹[③],乃八音[④]。

【注释】

① 匏:匏瓜,形状像葫芦,这里指匏瓜制成的乐器。土革:这里分别指用陶土烧制的"埙"以及用皮革制成的鼓、二胡等乐器。② 木石金:指用木材、玉石、金属制成的乐器。③ 丝(竹):用丝弦(竹管)演奏发声的乐器。④ 乃:是。

【译文】

古人把制造乐器的主要材质分为:匏瓜、陶土、皮革、木材、玉石、金属、丝线和竹子,用它们制成的乐器合称为"八音"。

匏土革,木石金。

"八音"的主要代表分别为笙、埙、鼓、板、磬、钟、琴、箫,它们的音色各具特点，听的人很容易就能分辨出来。八音经过组合变化能产生多种优美的旋律，使音乐更加丰富。

【细说活解】

千金易买，知音难求

常言道，千金易买，知音难求。这里的"知音"，就是指能在音乐中听出演奏者心意的人。音乐是一种寄托人们思想，表达人们情感的艺术。能在千变万化的音符中，体会到弹奏者的思想和情感，是十分难得的，因此南朝刘勰的《文心雕龙》中有："音实难知，知实难逢，逢其知音，千载其一乎！"表达了知音难求的感慨之情。

知音的故事，最为著名的便是伯牙和钟子期的故事。伯牙，春秋战国时期晋国的上大夫，春秋时著名的琴师，擅弹古琴，技艺高超，既是弹琴能手，又是作曲家，被人尊为"琴仙"。伯牙虽是一代杰出琴师，但真心能听懂他的曲子的人却很少。

一夜伯牙乘船沿江旅游，行至一座高山旁时，一场大雨突如其来，伯牙便将船停泊在山边避雨。伯牙望见雨打江面的朦胧画意，听着雨滴顺着船檐滑下的淅沥声，只觉琴兴大发，揽琴而弹。渐入佳境之际，忽闻岸上有人拍手叫绝，伯牙走出船外，果然看见岸上树林边坐着一个叫钟子期的打柴人。伯牙将子期引至船内避雨，伯牙说："为你弹奏一曲，可好？"子期笑曰："洗耳恭听。"伯牙弹琴的时候，心里想到巍峨的泰山，钟子期听了赞叹道："好啊！就像巍峨的泰山！"伯牙弹琴时，心里想到宽广的江河，钟子期赞叹道："好啊，宛如一望无际的江河！"钟子期都能听出琴中所表达的含义。伯牙放下琴感叹地说："好啊，好啊，你能听出他人的想法，所想的如同我的心意。我的琴声从哪儿逃走呢？"伯牙将子期视为知音，两个人结拜为生死之交。伯牙说自己还要继续旅行，结束后一定会去拜访子期，为他演奏。

后来，伯牙如约前来子期家拜访他。但是子期却因病去世了。伯牙认为世界上再也没有人听得懂他的琴声，悲痛欲绝，奔到子期墓前为他弹奏了一首充满怀念和悲伤的曲子，然后将自己珍贵的琴砸碎于子期的墓前，断了琴弦，发誓终生不再弹琴。

孔子说："兴于《诗》，立于礼，成于乐。"大意为读诗经能使人精神振奋，懂礼节能令人进退有度，而通晓音乐则让人境界升华、道德完善。可见音乐的重要性。

【原文】

高曾祖①，父而身②。身而子③，子而孙④。

【注释】

①高：高祖父，是祖父的祖父。曾：曾祖父，是祖父的父亲。祖：祖父，是父亲的父亲。②父：父亲。身：指自己。③子：儿子。④孙：孙子。

【译文】

从高祖父、曾祖父、祖父、父亲，再到我们自己为止，这样从上往下一共是五代，代表着家族中的长幼秩序，是家庭伦理的基础。中华文化非常重视伦理传统，因为血缘亲情就是这样直接继承下来的。

【细说活解】

昭穆制度

"昭穆"是我国古代一种宗法制度，指古代祭祀时，子孙按照父子、远近、长幼、亲疏的顺序排列行礼，也指墓地葬位的排列次序，一般始祖居中，昭在左，穆在右。《周礼》一书中就有"先王之葬居中，以昭穆为左右"的规范。

《说文解字》中，"昭"的解释为"日明"，即光明的意思。"昭穆"中的"昭"，是指始祖居中，二世、四世、六世子孙位于始祖的左方，朝南向，南向朝阳且明亮，因此称为"昭"；"穆"有深远、幽微的意思，昭穆制度中，三世、五世、七世，位于始祖的右方，朝北向，北向背光而冥昧，故称"穆"。

东汉著名经学家郑玄注《周礼》时，解释"自始祖之后，父曰昭，子曰穆"。周朝时，贵族阶级把始祖以下的同族男子逐代先后相承地分为"昭""穆"两辈。

明白了"昭穆"制度之后，我们就能读懂古代书籍中有关昭穆的内容。比如《左传定公四年》中有："曹，文之昭也；晋，武之穆也"意思就是说曹国的祖先是文王的儿子，晋国的祖先是武王的儿子。

【原文】

自子孙①，至玄曾②。乃九族③，人之伦④。

【注释】

①自：由，从。②玄：玄孙，指孙子的孙子。③九族：从高祖父到玄孙，一共九代人。④伦：人伦，指尊卑长幼之间的等级关系。

【译文】

从我们自己传到儿子、孙子，再往下传，就是曾孙与玄孙。从高祖父算起，曾祖父、祖父、父亲、自己、儿子、孙子、曾孙、玄孙，一共九代，就是"九族"。

古代家族往来十分密切，大家互相照应、祸福与共，因此特别强调长幼尊卑的伦理秩序，要求每个家族成员都要尽到自己的本分，共同维护家族的平安与荣誉。

【细说活解】

话说"九族"

我们在阅读古代历史小说或看历史戏的时候，常会看到皇帝处罚大臣时采取的最严酷的措施就是"灭门九族"，其意在剪草除根。由此也可以反证，看出古代家族关系的紧密性和重要性。由此我们也就可以明白，周朝"搜孤救孤"的故事的历史背景了。程婴等忠臣义士为了救一个孤儿，不惜一切，实际上是为了一个大家族的命运。

【原文】

父子恩[1]，夫妇从[2]。兄则友[3]，弟则恭[4]。

【注释】

①恩：恩情、慈爱。②从：顺从，和睦相处。②兄：兄长，哥哥。③则：表示并列关系。友：友爱、爱护。④恭：恭敬、敬重。

【译文】

在家庭中，父母对子女要慈爱，子女对父母要孝顺，丈夫和妻子要和睦相处，兄弟姐妹之间要团结友爱，哥哥姐姐要爱护弟弟妹妹，弟弟妹妹则要尊敬哥哥姐姐。这些是家庭关系中最基本的道理。

家庭是社会的基本组成单位，只有每个家庭都和谐融洽，社会才可能安定祥和。

夫妇从。

【细说活解】

为人处世的准则

父慈子孝、夫义妇随、兄友弟恭、朋谊友信、君敬臣忠是古人立为为人处世准则的"十义",它明确地规定了人与人之间相处时应当持有的心态。如果人人都能注意长幼有序、尊卑有秩、言而有信、侍君有忠等方面,那么家庭和睦兴旺,社会和谐繁盛,达到"老吾老以及人之老,幼吾幼以及人之幼"的大同社会也就不远了。

古时有关兄友弟恭的故事很多,比如唐宋八大家中苏轼和苏辙。

苏轼和苏辙从小一同学习一同长大,兄弟二人手足情深,那曲著名的《水调歌头·明月几时有》就是苏轼在密州时中秋怀弟之作。苏轼兄弟情义甚笃,写作此词时,他与苏辙已有六年没见面了。这一年的中秋,皓月当空,银辉遍地,苏轼独自一人立于院中,手捧一壶浊酒,也想学学古人"对影成三人",但看着这一轮明月却想起了自己多年未见的弟弟苏辙。想到自己仕路受挫,牵连着弟弟也一同坎坷,心中十分愧疚。不觉间,心潮起伏,于是乘酒兴正酣,挥笔写下了这首被称为"中秋词,自东坡水调歌头一出,余词俱废"的千古名篇。

第二年,苏轼出任徐州知府,苏辙在徐州停留百余日。临别之际,适逢中秋佳节,他们一同泛舟赏月,苏辙就写了《水调歌头·徐州中秋》来回赠苏轼。虽有重逢之乐,但苏辙想到中秋一过,两人就要再度分开,再聚不知何时,一想到当下二人的境遇,不由得悲从中来,泪沾衣衫。苏轼见弟弟如此,摇头微笑,在分手之时,苏轼再和之以《水调歌头安石在东海》,开解弟弟。

当兄长被一贬再贬时,弟弟也因为受牵连而日子很不好过,但做弟弟的从来未有过丝毫怨言。在中国古代作家中,苏轼和苏辙不愧为一对的"兄友弟恭"模范兄弟。

【原文】

长幼序①,友与朋②。君则敬③,臣则忠④。

【注释】

①长幼:指年长的与年幼的。序:排列顺序,次序。②友:志趣相投,志向相同的人。朋:在同一个老师门下接受教育的人。③君:皇帝。敬:尊敬,敬重。④臣:大臣。忠:尽忠,诚心尽力做事。

【译文】

在人际交往中一定要注意长幼有序,不可以没大没小。朋友往来要讲信用,真诚相待。身为君主（在现代社会是上司），要懂得尊重、体恤臣民百姓（在现代社会是下属）；身为臣子（下属）要忠于职守，尽心竭力地做事。这些是社会上人际交往的基本原则。

掌握了这些基本道理，在应对交往中才有所依据，不会无缘无故惹来麻烦。

【细说活解】

唐玄宗"临轩"

唐玄宗前半生是位明智有为的君主，他29岁做皇帝，对极为贤明能干的大臣十分敬重，每次和宰相宋璟或姚崇谈完国事都要站起来送到屋外，就是"临轩"。他们君敬臣忠开创了大唐盛世。

【原文】

此十义①，人所同②。

【注释】

①十义：指父慈、子孝、夫和、妇从、兄友、弟恭、朋谊、友信、君敬、臣忠十种美德。②同：共同遵守。

【译文】

古人认为上面提到的十种人伦关系是每个人都必须遵从的美德，于是称之为"十义"。

每个人都应该根据身份的变换，随时做出调整，努力遵循这十种人伦义理，因为这十义不是无理专制的规定，它可以帮助我们发挥人性善良美好的一面。

【原文】

凡训蒙①，须讲究②。详训诂③，明句读④。

【注释】

①凡：凡是。训蒙：对小孩子进行启蒙教育。训，教育、教导；蒙，没有知识，这里指刚开始读书识字的儿童。②讲究：尽力做到精美完善。③详：详细。训诂：用通俗的话语解释古代语言文字或方言的字

凡训蒙，须讲究。

义。④明：明白。句读：标上标点符号，给文章断句。

【译文】

教育刚入学读书的儿童，必须注意方式方法，尽量做到无微不至、面面俱到。文章中每一个字的读音和意义都要详细讲解；一句话到哪里停顿意思才是完整的，都要解说得明明白白，这样才能正确标注标点符号，使段落间层次分明，方便儿童了解文意。

【细说活解】

训诂和句读

训诂一词出自《尔雅》的前三篇《释诂》、《释言》、《释训》，就是用简单易懂的当下用语去解释晦涩难懂的古代文字。训，即用较通俗的语言去解释字义。诂，即用当代的话去解释字的古义。

训诂有三种具体方式：形训、音训和义训。形训是通过文字形体结构，即字形来分析解释词义。我国古代主要有六种造字法，为象形、指事、会意、形声、转注和假借。分析字形对了解字的本义有着重要的作用。形训为三种训诂方式中最为基础的方式。音训是用音同或音近的词来解释词义；而义训则是直接说明词的含义。

句读是阅读古文时文词停顿的地方。古文是没有标点符号的，读书人在阅读时，会根据自己的理解在文章上加注句读。正确地标注句读对于文章阅读时语气通顺、文章本意传达是否恰当都具有重要的作用。因此正确地标注句读除了明白句子和文章原意，还可显现一个人基本的学识涵养。

【原文】

为学者①，必有初②。小学终③，至四书④。

【注释】

① 为学者：读书求学的人。为学：求学，研究学问。② 必：一定。初：开始、基础。③ 小学：指研究字形、字音、字义，并学会使用的学问，这里指古人编的讲字音、字形、字义方面知识的儿童启蒙课本。终：结束。④ 至：到，到达。四书：《论语》、《孟子》、《大学》、《中庸》这四部书合称为"四书"。

【译文】

好的开始是成功的一半。每一个求学的人，都要打下坚实的基础。

刚入学的时候，必须先学习每个字的音、形、义。只有把小学里的知识学透了，才能开始研读经书。

《论语》、《孟子》、《大学》、《中庸》是儒家的四部重要经典著作，合称为"四书"，它能让人了解并思考更深奥的道理。

【细说活解】

小学之道，在于训蒙

小学的意义，主要是对孩子进行启蒙教育。儒家文化认为，万事以"仁"为起点，要先成为一个有道德的人，才能做一个有知识的人。所以先让孩子明白了生活中应该注意的规范，养成良好的规矩，行为举止符合礼仪之后，再对其进行知识上的教育。

古时小学的教育不仅是学习训诂和句读，也要学习算术等基本学问。怀抱之木始于毫末，只有将最基础的知识融会贯通了，才能去研究更加深刻的学问。从古至今，中国人一直都认为一个人字写得好不好，是和这个人的品德修养相关的。正所谓，心正字则正，心不正则字不正。

宋朝时著名的儒学家朱熹小时候在一个叫"半亩方塘"的地方读书，半亩方塘这个地方花红柳绿，景色宜人。一日桃花盛开，而朱熹正在窗前抄写唐诗《赠汪伦》。诗中有一句：桃花潭水三千尺，不及汪伦送我情。朱熹一想，外面桃花开得正艳，与其在这里写桃花，不如出去看桃花好了。于是，着急出去赏桃花的朱熹，一不小心将"桃"字写成了"挑"字，他自己也没有多做检查，就跑去给父亲检查。父亲看到这处错误，就指给朱熹说："心正字则正，心不正则字不正。"

朱熹听到父亲的批评后非常羞愧，打算重新抄写一千遍"桃"字。这时，窗外忽然雷雨大作，倾盆大雨打落了一地的桃花。而此时此刻的朱熹根本没有注意到窗外的场景，而是专心致志地抄写着"桃"字。当他把一千个"桃"字工工整整写好后送去给父亲看时，天空放晴，阳光明媚，枝头上的桃花又重新绽放。

为学者，必有初。

【原文】

论语者①，二十篇②。群弟子③，记善言④。

【注释】

①论语：书名，儒家的经典著作之一，是孔子的弟子及再传弟子对孔子及其弟子言行的记录。②二十篇：《论语》整部书一共有二十篇。③群：众多。弟子：徒弟，学生。④记：记录、记载。善言：有益的、有保存价值的重要语言。

【译文】

《论语》总共有二十篇，是儒家最有代表性的著作之一，直接体现了孔子的思想、学说及处事原则。

相传孔子有三千多弟子，其中以贤能著称的有七十二人。《论语》就是孔子的弟子及再传弟子编成的。他们将孔子的教诲，孔子和弟子相处时的情形，研究学问的内容，以及孔子应答当时人的言论等都整理记录了下来，孔子博大精深的思想和高尚的品德因此得以流传千古。

【细说活解】

孔子座下三千人

《论语》是儒家学派的经典著作之一，是由孔子的弟子以及再传弟子编撰而成。《论语》的"论"字，是编纂的意思，"语"字是语言、话语的意思。《论语》就是将孔子的话以及孔子与其弟子讲的话编纂到一起。《论语》以语录和对话的方式，表达了孔子的基本主张，同时教给生活在现代的我们一种人生的智慧和态度。

《论语》共二十篇，一万五千多字。《论语》用言简意赅的语言和生动形象地描写，为我们刻画了二千五百多年前圣人孔子和他诸多徒弟的形象。

孔子首创私学，打破了当时学在官府的教育体制，提出有教无类，让更多的人都有得到学习的机会。孔子一生诲人不倦，相传他的学生多达三千人。

孔子门下有七十二贤，都是孔子的弟子，而且这些弟子年龄差距很大，其中年

论语是由孔子的弟子及其再传弟子编撰而成。

龄最大的是子路，只比孔子小九岁；最小的是子张，比孔子小四十多岁。

在诸多弟子中，孔子最为钟爱的是颜回。颜回是孔门七十二贤之首，被后世尊称为"复圣"。论语中，孔子曾一再褒奖过颜回，"贤哉回也！一箪食，一瓢饮，在陋巷，人不堪其忧，回也不改其乐"、"回也好学，不迁怒，不贰过"等。

《吕氏春秋》中曾记载了孔子与颜回这样一则故事：孔子在陈国和蔡国之间的地方受困，七天都没有吃上米。这日颜回出去讨米，孔子在原地休息。不一会儿颜回讨得米回来生火煮饭。快熟的时候，孔子看见颜回正用手抓锅里的米吃，孔子也没说什么。等到吃饭的时候，孔子就说："我刚刚梦见我的先人，我自己先吃干净的饭然后才给他们吃。"颜回听到这话，立刻明白孔子刚刚看到自己抓饭了，就解释说："不是那样的，刚刚炭灰飘进了锅里，弄脏了米饭，我觉得把米饭就这么丢了不好，就抓来自己吃了。"孔子听到颜回的解释后，心里非常感慨，说："人都说眼见为实，但是眼睛见到的也不一定是真的。应该相信自己的内心，但是自己的内心有时候也会是有偏向的。了解人真的很不容易啊！"

面对逆境与不幸的时候，是最能够体现一个人胸怀的。孔子七日不食米，见到弟子"偷吃"也没有发脾气，在知道真相后还能自责自省，十分难能可贵。

【原文】

孟子者①，七篇止②。讲道德③，说仁义④。

【注释】

①孟子：名轲，战国时代著名的思想家、政治家、教育家，这里是书名，指记录孟子言行的著作。②七篇止：共有七篇的意思。止，结束、停止。③讲：讲述、阐述。道德：人们共同生活及其行为的准则和规范。④说：论述、说明。仁义：宽厚正直、仁爱正义的行为。

【译文】

孟子是儒家的另一位代表人物，他继承孔子"仁"的思想，创立了"仁政"学说。

《孟子》整部书共分七篇，由孟子本人亲自编写而成，文章气势浩然，长于辩论，言语犀利，说理透辟，充分阐述了儒家精神。

《孟子》这部书主要讲的是道德、仁义问题，主张个人修养浩然正气，希望君王实行王道和仁政，建设"老吾老以及人之老，幼吾幼以及人之幼"（对待别人家的老人、小孩和对待自己家的老人、小孩一样，一视同仁）的理想社会。

【细说活解】

浩然之气

《孟子》是儒家学派的经典之一，是由孟子的弟子以及再传弟子编撰而成。《孟子》一共七篇，表达了孟子的治国主张和政治策略。孟子继承了孔子的学说，主张仁义和道德。与言简意赅的《论语》相比，《孟子》中有非常多的长篇大论，但是孟子的语言直白，逻辑严明；善用排比，使文章节奏感增强，有气势磅礴之感；善于运用比喻和对比，将复杂的道理以非常生活化的比喻传输出来，易于被人接受。

孟子中有一则揠苗助长的故事。从前有个宋国人，他每天看着自己家的禾苗，但是禾苗却不长高，他为此感到很着急。有一天他想到了一个好办法，他想：既然禾苗不长高，我把他们拔出来种高一些不就长高了么！想到这里，他觉得十分有道理，就着手做了起来。一天下来，他把地里的禾苗全部都拔高了。晚上他筋疲力尽地回到家，看到自己的家人就非常高兴地说："今天可把我累坏了啊，不过在我的帮助下，禾苗全部都长高了！"他儿子一听，心想禾苗怎么可能一天就长高呢？于是顿感不妙，匆匆忙忙赶到田里去看禾苗，结果发现，他家地里所有的禾苗都枯萎了。

孟子认为，天下没有人不希望自己家的禾苗长得快一些。那些看着禾苗不长高就想放弃耕耘的人，就是不给禾苗除草的懒汉；而那些想帮助禾苗长高的人，就像那揠苗助长的人，不但没有好处，反而还害了禾苗。

这则故事是孟子在与公孙丑讲"浩然之气"时讲的一个小故事。孟子认为"浩然之气"应当用内心的道与义去培养，怀仁爱之心，行正直之事，才能培养出一身的浩然正气。只有当心中有了这种刚正博大的浩然之气，人们在面对威胁和诱惑的时候，才能做到处变不惊，真正达到"富贵不能淫，贫贱不能移，威武不能屈"的境界。

【原文】

作中庸[①]，子思笔[②]。中不偏[③]，庸不易[④]。

【注释】

①作：写作、创作。中庸：书名，作者是子思。②子思：本

作中庸，子思笔。

名孔伋,字子思,孔子的孙子,是儒家学说的重要传承者。笔:执笔、写作。③中:中正、不偏不倚。不偏:没有偏差。④庸:平常。易:改变。

【译文】

子思写了《中庸》。"中"就是坚持原则,不偏不倚、不走极端;"庸"是永恒不变。

【细说活解】

中庸之道,过犹不及。

《中庸》上古一篇三千多字的小文章,由孔子的孙子子思所做。朱熹将它从《小戴礼记》中提取出来,整理成《中庸》。宋朝的儒学大家程子曾经说:"不偏之为中,不易之为庸。"说的就是为人处世,应当不偏不倚,不走极端。面对问题时,采取最持中合适的方法。

在《论语》中,孔子将"中庸"看作是道德的最高标准,也是解决问题的最高智慧。《中庸》的意义,在于教育人们自觉地修养自身,将自己培养成圣人,至善至仁。《中庸》也是忠恕之道,提倡忠恕宽容、体仁而行。

儒家所提倡的中庸,并不是我们现在人所理解的那种中立、平庸,现代人常常将中庸与明哲保身画等号,认为中庸就是"桥头草随风倒"。事实上并不是,虽然明哲保身也不失为一种生活态度,但是"中庸"其实更讲究至诚尽性,认为中庸就是上天赐予人的本性,人应当保持这种本性,与天合一,修养自己的道德成为至善至美的人,如同好善良的天一样造福于人类。

【原文】

作大学①,乃曾子②。自修齐③,至平治④。

【注释】

①大学:书名,原本是《礼记》中的一篇,作者曾参。②曾子:名参,字子舆,是孔子的弟子。③自:从。修齐:指修身齐家。修身,陶冶身心、涵养品德;齐家,治理家庭,使家族成员能够齐心协力、和睦相处。修,修身养性。④平治:治国平天下,治理国家,使天下太平。

【译文】

曾子是孔子的学生,他写了《大学》这部书。

《大学》的主要内容是,一个人要想有所作为,首先必须学习为人处事的道理,提高自身品德修养，广泛吸收知识。只有这样，才能治理好家庭；家庭和睦融洽，才能为国家发展做出贡献；最后推广到世界上的其他地方，使天下太平。

【细说活解】

一屋不扫，何以扫天下

《大学》是四书中最短的一篇，全文只有一千七百多字。古时的"大学"与现在的"大学"不同，古时的"大学"是相对于"小学"的大人之学，学习的内容是治国安邦的道理，教导学生提高自身品德才是立世的根本。因此《大学》一开篇，就阐明了大学的三个纲领：在明明德，在亲民，在止于至善。就是说，大学的主旨，在于使人们的美德得以显明，在于鼓励天下的人革除自己身上的旧习，在于使人们达到善的最高境界。

《大学》中有"修身齐家治国平天下"的说法，它认为只有修养好自身的品德，达到至美至善的德行，才能够整治好家庭；深谙齐家之道后，才能拥有治国的长远眼光；将一个国家治理得井井有条，才能谈及平定天下的事情。这就是"一屋不扫何以扫天下"的道理，提高自身品德才是根本，如果不以修养自身品德为基础，却妄想做到齐家治国平天下，那是不可能的。

【原文】

孝经通[1]，四书熟[2]。如六经[3]，始可读。

【注释】

①孝经：书名，记载了孔子和弟子曾子谈论孝顺的道理。②通：通晓，了解，明白。熟：熟悉，了解透彻。③六经：指经过孔子整理而传授的六部先秦古籍，分别是《诗经》、《尚书》、《仪礼》、《乐经》、《周易》、《春秋》。

孝经通，四书熟。如六经，始可读。

【译文】

《孝经》是儒家的重要典籍，它从头到尾只讲了一个问题：什么是孝。俗话说"百善孝为先"，孝是中华民族的传统美德，是每个人都应该具备的品质。因此，把《孝经》的道理了解透彻，熟读《论语》、《孟子》、《大学》、《中庸》四部经书，这样才算打牢了做学问的基础。

接下来就可以开始阅读更加深奥的六部经书了，它们分别是:《诗经》、《尚书》、《仪礼》、《乐经》、《周易》、《春秋》。

【细说活解】

孝感动天

俗话说："百善孝为先"，孝顺是中华民族传统美德，也是古代重要的伦理思想之一。《孝经》是儒家学派非常重要的一本经典。孔子认为孝是各种美德的根本，是上天赐予人类的美好品德，"夫孝，天之经也，地之义也，人之行也。"人类拥有孝顺之心，是天经地义的本质。国君可以用孝治天下，臣民可用孝立世治家。

古时有《全相二十四孝诗选》，是通过二十四个孝子的故事，向孩子讲述孝道的意义。二十四孝中有一个"子路负米"的故事：子路生长在非常贫穷的家庭里，吃得不好，穿得也不好。他怕父母营养不够，想让父母吃到米饭，每次都要到百里之外才能买到米，然后背回家奉养父母。虽然这样辛苦，但是子路甘之如饴，孝敬之心始终没有间断和停止过。后来子路发达了，环境和物质条件好了，他很想报答父母之恩，可是他的父母已经先后过世了，所以他非常痛心。

古时流传的木兰代父出征的故事，表现出了巾帼英雄本色，也体现出了木兰的孝顺。木兰看见军中的文告，皇上在大规模地征兵，征兵的名册很多卷，上面都有父亲的名字。而花木兰家中除了年迈的父母，就是年幼的弟弟，衰老的父亲怎能去远征杀敌，可是祖国的召唤又义不容辞，面对这双重的考验，木兰挺身而出，替父从军。

【原文】

诗书易①，礼春秋②。号六经③，当讲求④。

【注释】

①诗：这里是书名，即《诗经》。书：也是书名，即《书经》，又名《尚书》。易：书名，《易经》。②礼：书名，《礼记》。春秋：书名，相传是孔子根据鲁国史书修订整理而成。③号：号称，称为。④当：应该，应当。讲求：仔细阅读、研究。

【译文】

《诗经》是我国第一部诗歌总集；《书经》又名《尚书》，中国上古历史文件的汇编，是我国最早的官方史书；《易经》讲述了宇宙和哲学，内容非常深邃；《仪

礼》记载古代的典礼仪节；《春秋》相传是孔子根据鲁国史书修订整理而成。这五部书和早已失传的《乐经》合称"六经"，是儒家的重要经典。"六经"是了解古代政治、历史、思想、制度的重要途径，应当仔细阅读和研究。

诗书易，礼春秋。号六经，当讲求。

【细说活解】

"六经"

"六经"是六部儒学经典，是经过孔子整理而传授的六部先秦古籍，分别是：《诗经》、《尚书》、《礼记》、《乐经》、《周易》、《春秋》。《乐经》在流传过程中失传，所以我们现在经常说"五经"。

这"六经"在中国文化史上占据了非常重要的地位。《庄子·天下》篇对"六经"的价值进行了精辟的概括："《诗》以道志，《书》以道事，《礼》以道行，《乐》以道和，《易》以道阴阳，《春秋》以道名分。"庄子认为，《诗经》用来表达思想感情，《尚书》用来记述政事，《礼记》用来规范行为举止，《乐经》用来传递和谐的音律，《易经》用来阐明阴阳的奥秘，《春秋》则用来讲述名分的尊卑与序列。

古人认为，熟读六经，可以使人气质温厚，通达事理，举止端庄，聪慧爱人。但是在学习"六经"的过程中，我们也应当注意到"六经"中一些不良的影响。

世界上没有完美的书籍，无论什么样的书籍，都是由人编订的，势必会有这样那样的问题。《礼记·经解》中就说"六经"可能会有的不良影响，如"诗之失，愚。书之失，诬。乐之失，奢。易之失，贼。礼之失，烦。春秋之失，乱。"所以学习"六经"一定要讲求方法，就是《三字经》中的那句"当讲求"。至于如何讲求，每本书又有每本书不同的方法。

【原文】

有连山①，有归藏②。有周易③，三易详④。

【注释】

①连山：书名，相传是伏羲氏所作。②归藏：书名，相传是黄帝所作。③周易：书名，相传是周文王所作，古人用它来预测未来、决策国家大事、反映当前现象。④三易：指《连山》、《归藏》、《周易》三本书。详：详细，详尽，完备。

【译文】

传说伏羲氏作《连山》，黄帝作《归藏》，周文王作《周易》，三本书虽然作者不同，但都是以"卦爻"来阐明天地万物生灭变化的道理，因此合称为"三易"。《连山》《归藏》已经失传，《周易》就是现在流行的《易经》。儒道两家都把《易经》尊为经典，其中所讲的阴阳之道及其变化规律，以及与时俱进、天人合一等哲学思想，对中国人产生了深远的影响。

【细说活解】

阴阳八卦

《易经》是一部古代讲占筮之书，占筮是古代一种占卜活动，古人在进行一些重要的活动之前，都要通过占卜来预知活动的吉凶祸福变化。

《易经》通过两个基本的符号，即阴和阳之间多样离奇的排列组合，以及高深莫测的卦辞，来揭示宇宙的规律。"阴阳"是古代中国的一种自然观，古人在生活和实践中发现，宇宙万物，如天地、日月、昼夜、寒暑、男女、上下等自然现象，都是既对立又相连的，于是就提出了阴阳的概念。

八卦是由阴阳组成的八种排列形式，每一种卦式都具有不同的意义，例如乾代表天，坤代表地，坎代表水，离代表火，震代表雷，艮代表山，巽代表风，兑代表泽。这八种卦式又相互搭配，组成六十四种卦式，象征自然现象和社会现象。相传八卦是由伏羲所创，通过测量太阳位置，从而知季节、记录劳作规律的手段，后来用作占卜。

《易经》中包含丰富的哲学知识和人文知识，就连一向不语怪、力、乱、神的孔子，在晚年的时候也经常读《易经》，其中的道理是十分值得我们去研究的。

前面说："易之失，贼。"《易经》中确实包含一些占卜和迷信的东西，如果过分看重这些东西，是十分有害的。古人常说，尽人事，听天命，意思就是把自己能做的事情都做到，最后再以卦辞做参考。我们现在也一样，在看待《易经》时，多去研究它包含的深刻哲学知识和道理，孔子曾：加我数年，五十以学易，可以无大过矣。《易经》中的道理若能学深用好，可以避免犯大的错误。

【原文】

有典谟①，有训诰②。有誓命③，书之奥④。

【注释】

①典谟：古代文体，《尚书》中《尧典》、《舜典》和《大禹谟》、《皋陶谟》等篇的并称。典是立国、治国的基本原则，谟是计谋策略。②训诰：古代文体，《尚书》中《伊训》、《召诰》等篇的并称。训是臣子劝导君王的进谏之词，诰是君王颁发的号令、通告。③誓命：古代文体，《尚书》中《秦誓》、《说命》等篇的并称。誓是起兵讨伐时的文告，命是君王对臣子下达的命令。④书：这里指《书经》，又名《尚书》。奥：精深奥妙的道理。

【译文】

《尚书》是夏、商、周三个朝代历史文献汇编。它的内容分六个部分：一典，记载立国、治国的基本原则；二谟，记载计谋策略；三训，记载臣子劝谏君王的言辞；四诰，记载君王颁发的号令、通告；五誓，是起兵讨伐时的文告；六命，是君王对臣子下达的命令。《尚书》丰富翔实的材料、精深奥妙的道理，就是通过这六种特别的体式展现的。

【细说活解】

焚书坑儒

《尚书》是我国现存最早的史书，"尚"是年代久远的意思，"书"就是文字记录，《尚书》即为年代久远的历史记录。《尚书》分为《虞书》、《夏书》、《商书》、《周书》。战国时期总称《书》，汉代改为《尚书》，为"上古之书"的意思。后来《尚书》被列为儒家经典，因此又称为《书经》。

《尚书》有六种文体，就是《三字经》中的典、谟、训、诰、誓、命。典是记载嘉言懿行和典章制度的，谟是大臣为君主出谋划策的言谈，训是贤臣训导劝谏君主的言谈，诰是君主的命令，誓是君主讨伐出征时誓师的文告，命则是君主对大臣的训命。

《尚书》主要内容是阐明仁君治民之道，记古贤臣事君之道，供给后人学习之用。《尚书》战国后期成书，但是到了秦朝时，秦始皇在李斯的建议下焚烧《秦记》以外的各国史书，《尚书》也难逃厄运。到了汉朝初年的时候，原秦朝儒学博士伏胜，才将藏在墙中的部分《尚书》公之于世，共二十九篇。后来的学者互相授受，分大小夏侯及欧阳三家。因后来的《尚书》是用汉隶书写，因此称今文《尚书》，以区别于古文《尚书》。

但是到了西晋初年,纷繁的战乱使《尚书》又再一次失散,东晋王朝建立后,一名叫梅赜的人进献了一本尚书,我们现在所能看到的《尚书》就是从这本来的。

虽然有学者质疑这本《尚书》的真实性,并确定了它是伪造的,但是我们仍然没有办法舍弃掉它。从《尚书》坎坷悲惨的命运中,我们应该意识到,传统文化遗产能够流传到今天,是多么艰辛和不易,我们应当怀着敬畏之心去看待这些典籍,爱护保护它们。

【原文】

我周公①,作周礼②。著六官③,存治体④。

【注释】

①周公:姓姬名旦,亦称叔旦,是周文王第四个孩子。②周礼:书名,最系统地记录了礼的体系,相传是周公所作。③著:写作、撰写。六官:《周礼》中以天官冢宰、地官司徒、春官宗伯、夏官司马、秋官司寇、冬官司空帮助君王掌管朝政,称"六官"或"六卿"。④存:保存,保全。治体:治理国家的纲领、要旨。

周代设立了六官制度。

【译文】

周公在《周礼》一书中将周代的礼乐制度、行政官制与政府组织体系完整记录下来,为后代留存了宝贵的资料。

周朝设立天官冢宰、地官司徒、春官宗伯、夏官司马、秋官司寇、冬官司空这"六官",各自掌管不同的职务,帮助君王治理朝政,使国家运作迈入正式的轨道。

【细说活解】

六官制度

《周礼》由西周时期的著名政治家、思想家、文学家、军事家周公旦所著,是一部通过官制来表达治国方案的著作,是第一部明确规定了组织管理与典章制度的专著。《周礼》的内容非常丰富,上到天文地理,下到花鸟鱼虫,深入到社会生活的各个方面，而且记载的体系也十分地全面，对后世的政治制度、管理体制具有极其深远的意义。

《周礼》全书大约五万字，共六个部分，也就是六官，分别为：天官冢宰、地官司徒、春官宗伯、夏官司马、秋官司寇、冬官司空。天官冢宰是六官之首，其职责是"帅其属而掌邦治，以佐王均邦国"，即掌管属下各官以及建邦六典，来辅佐君王治国，因此被称为"治官"。其中六典分别是治国安邦的治典，教化国民的教典，和谐社会的礼典，平国正官的政典，刑讯纠纷的刑典，以及富国治事的事典。地官司徒的职责是"帅其属而掌邦教，以佐王安抚邦国"，掌管国邦的版图和人民的数量，并执掌建邦的教法，因而被称为"教官"。春官宗伯的职责是"帅其属而掌邦礼，以佐王和邦国"，即掌管天神、人鬼、地祇等方面的祭祀礼仪，以及建国的神位，因此称为"礼官"。夏官司马的职责是"帅其属而掌邦政，以佐王平邦国"，主要是掌握国家的法政制度，称为"政官"。秋官司寇的职责是"帅其属而掌邦禁"，掌管法度法规，被称为"刑官"。《周礼》的冬官篇在流传的过程中遗失，所以冬官司空的具体职能也无从知晓。

六官是按照天、地、春、夏、秋、冬来分配的，它根据宇宙运行的原理，以及顺应自然的原则进行配系，例如古代有"秋后问斩"这一说法，是因为秋天万物凋零，毫无生机，因此刑法要安排在秋天以后才不违背自然的发展规律，因此秋官是掌管法规刑法的。

《周礼》中的六官制度直接影响到了后世的政治制度的确立，比如隋唐之后，中央政权也同样设置六部，为吏、户、礼、兵、刑、工，分别对应天、地、春、夏、秋、冬六官，时至今日，政府的管理体系的构架也没有跳出六官的框架，我们就可以看出《周礼》对于后世政治的深远意义。

【原文】

大小戴①，注礼记②。述圣言③，礼乐备④。

【注释】

①大小戴：西汉今文经学家，大戴是戴德，小戴是戴圣，两人是叔侄关系。②注：解释古书原文的意义。③述：记述，阐述。圣言：圣人所说的话。④礼乐：礼节仪式及典礼乐章。备：完备，完整。

【译文】

西汉学者戴德和戴圣叔侄二人，都曾仔细研究过《礼记》这部书。叔叔戴德编辑的称为《大戴礼记》，侄子戴圣编纂的称为《小戴礼记》。

《大戴礼记》与《小戴礼记》的篇章内容虽略有不同，但都整理并详细注解了《礼记》，忠实记载了圣人的言论，其中各种礼节仪式及典礼乐章的制度都记述得十分完整详细，使后代人充分了解了前代的典章制度及礼乐文化的精神与意义。

【细说活解】

大戴礼记和小戴礼记

《礼记》是战国至秦汉年间，儒家学者解释说明《仪礼》的经典书籍，主要记载和论述先秦的礼制、礼仪。同时记录了孔子和弟子之间的问答，阐明修身做人的准则。《礼记》全书共九万字左右，它的门类繁杂，内容广博，涉及政治、法律、道德、天文历法、地理、日常生活等诸多方面，集中体现了先秦时期儒家学派的政治、哲学和伦理思想，是一部研究先秦时期儒家学派思想和当时社会生活的重要资料。

《礼记》同时具有相当的文学价值，我们现在经常说的一些成语警句，大都出自于《礼记》，如"瑕不掩瑜"、"苛政猛于虎"、"放之四海而皆准"等。《礼记》还善于运用生动的故事阐述一个深刻的道理，使人一目了然；结构严谨，气势磅礴，语言方面言简意赅，同时擅长心理描写。《礼记》中的很多思想，已经潜移默化到我们的思维和生活之中。

我们今天所能看到的《礼记》，是汉朝时戴圣从《礼记》中选编了四十九篇，叫《小戴礼记》，戴圣的叔叔也从《礼记》中选编了八十五篇，叫《大戴礼记》。这两本《礼记》在内容上各自有所侧重，各有特色。东汉末年时，著名学者郑玄为《小戴礼记》做了注解，《小戴礼记》因此长盛不衰，到唐代被列为九经之一。而《大戴礼记》却没有这么好的命运，到了唐朝时，只剩下三十九篇了。

大小戴，注礼记。

【原文】

曰国风[①]，曰雅颂[②]。号四诗[③]，当讽咏[④]。

【注释】

①国：这里指古代诸侯的封地。风：民间歌谣。②雅：朝廷正乐，宫廷宴飨、朝会时的乐歌，分为大雅和小雅，多数是朝廷官吏及公卿大夫的作品，有一小部分是民歌。颂：宗庙祭祀的乐歌和史诗，内容多是歌颂祖先的功业。③四诗：指国风、大雅、小雅、颂。④讽咏：朗诵吟咏。讽，不看着书本念，背书；咏，唱，声调有抑扬地念。

【译文】

《诗经》是我国第一部诗歌总集，收入自西周初年至春秋中叶五百多年的诗歌共三百零五篇，又称《诗三百》，分为风、雅、颂三部分。

风，指国风，是各诸侯国地区的民间歌谣；雅，分为大雅、小雅，大雅多为西周王室贵族的作品，主要是赞颂天子功绩的乐歌，小雅是天子宴飨宾客时的乐歌；颂，分为周颂、鲁颂、商颂，是宗庙祭祀时赞颂祖先功业的乐歌和史诗。国风、大雅、小雅、颂合称为"四诗"。《诗经》的内容非常丰富，充满了浓郁的感情和生活气息，我们应该经常加以朗诵吟咏。

【细说活解】

四始六义

东汉名儒郑玄曾在文章中提到，"四始者，风也，小雅也，大雅也，颂也。此四者人君行之则为兴，废之则为衰。""四始"就是指风、大雅、小雅、和颂。

风，即国风，是黄河流域，各个诸侯国的民歌民谣。国风是《诗经》中的精华，是最主要的部分，国风中描写了周朝时期，各诸侯国劳动人民真实的生活，也记载了当时发生的很多事件，同时也表达了他们追求美好，反对剥削和压迫的信念，是我国现实主义诗歌的源头。国风的内容十分丰富，主要表现在劳动人民对待剥削和压迫的反抗，以及讽刺统治阶级的荒淫无道的生活，描述了古代人民对于战争的反感，以及反映男女婚恋的诗歌。如果说国风是十分具有地方色彩的音乐歌谣的话，那么雅就是"王畿"之乐，是"正声"，即典范的音乐。大雅是诸侯觐见周天子时进献的诗歌，内容通常为赞颂周王室的功绩。小雅的内容则更丰富一些，一部分内容与国风

《国风》大部分作品是劳动人民的集体创作。

相似,有关于战争和劳役的诗歌,也有反映上层社会欢乐和谐的飨宴诗,以及揭露当时政治腐朽黑暗,统治者残暴的怨刺诗。"颂者,美盛德之形容,以其成功告于神明者也。"颂主要是在宗庙祭祀的时候,表达对祖先和神明的赞颂。

关于四始的定义,司马迁认为四始是指《风》、《大雅》、《小雅》、《颂》的四篇列首位的诗,即《关雎》为《风》之始,《鹿鸣》为《小雅》之始,《文王》为《大雅》之始,《清庙》为《颂》之始。

《诗经》的六义是风、雅、颂、赋、比、兴。一般认为风、雅、颂是诗的分类;赋、比、兴是诗的表现手法。"赋"是铺陈直叙地描写一件事情。"比"相当于现代修辞中的比喻,即用一个事物比喻另一个事物。"兴"是借他物来引出此物,相当于现代修辞中的象征。

【原文】

诗既亡①,春秋作②。寓褒贬③,别善恶④。

【注释】

①诗:这里指周朝曾经实行的到民间采诗的制度。既:已经。亡:失去,消失。②春秋:书名,相传是孔子根据鲁国史书修订整理而成。作:书写,创作。③寓:寄寓,包含。褒:赞美,称赞。贬:批评,指责。④别:区分,辨别。善:好的。恶:坏的。

【译文】

自从把国都迁移到东方的洛邑之后,周天子的势力逐渐衰弱,各诸侯国都不将周天子放在眼里,互相争夺霸主的地位,《诗经》的礼乐教化已经不再受到重视,逐渐没落了。

孔子看见当时纷乱的情形,于是根据鲁国史书修订整理了《春秋》,书中以隐喻的方式评论史事,或是给予赞扬,或是给予指责,辨明了各国行为的是非善恶。

【细说活解】

春秋笔法

"春秋笔法",也叫"春秋书法"或"微言大义",是由孔子首创的一种古代历史叙述方式。

就是在文章的记叙之中表现出作者的思想倾向,通过细节描写和词汇的褒贬来表达作者的主观看法,并不在文章中直接对人物和事件进行评论。

"春秋笔法"来源于孔子所撰写的《春秋》一书。《春秋》是孔子依据鲁国的历史,根据自己心中的"大义",加以修订。历来经学家认为《春秋》中每用一字，都暗含褒贬，因此将这种曲折而意含褒贬的文字为"春秋笔法"。为《春秋》作传的左丘明评价《春秋》为"微而显，志而晦，婉而成章，尽而不污，惩恶而劝善，非贤人谁能修之？"意思是《春秋》用词精炼而且意思明显，记录史实含蓄深远，婉转而顺理成章，详尽却没有歪曲史实，警诫邪恶而褒奖善良。如果不是圣人谁能够编写？

《春秋》虽然是参照鲁国历史所写，但并不是真正意义上的史书。《春秋》在记载史实的基础上还表达了作者的褒贬意图，而且"微言大义"中的"大义"，也并非是传统的"史义"，而是孔子将自己对政治的理想赋予到了历史之上。对孔子来说，历史只是他表达思想的形式，理想中的政治才是真正的核心。孔子认为当时礼乐崩坏，世道衰亡，所以想要写这样一部"寓褒贬，别善恶"的史书，来警醒世人。因此，我们不应当将《春秋》单纯地看做一部史书，而是将其作为儒家经典，才能读懂孔子在其中的良苦用心。

【原文】

三传者①，有公羊②。有左氏③，有谷梁④。

【注释】

① 传：替经书作注解的著作。三传就是指解释史书《春秋》的三部书《左传》、《公羊传》、《谷梁传》。② 公羊：指《公羊传》，也叫《春秋公羊传》或《公羊春秋》。③ 左氏：指《左氏春秋》，也叫《春秋左氏传》，简称《左传》。④ 谷梁：复姓，这里指《谷梁传》，也叫做《春秋谷梁传》或《谷梁春秋》。

三传者，有公羊。有左氏，有谷梁。

【译文】

孔子撰写的《春秋》文字极其简练，却蕴藏精微深远的寓意，这样的微言大义不用功钻研是难以理解的。"三传"是解释《春秋》的三本书，分别是《公羊传》，相传为鲁国人公羊高所作；《春秋左氏传（左传）》，相传为鲁国人左丘明写成；《谷梁传》，相传为鲁国人谷梁赤所著。"三传"能帮助读书人更好地阅读、理解《春秋》这部书。

【细说活解】

"春秋三传"

《春秋》因为语言精练、言简意深，如果没有注释，很多人都没有办法理解，因此出现了很多注释《春秋》的书。这些注释《春秋》的书籍很多都已经失传，我们现在能够研读的只有左氏、公羊、谷梁三家所作的《左氏春秋传》、《春秋公羊传》、《春秋谷梁传》，合称"春秋三传"。"春秋三传"虽然都是编年体史书，但是却有不同的特色，东晋经学家范宁评价"春秋三传"说"《左氏》艳而富，其失也巫。《谷梁》清而婉，其失也短。《公羊》辩而裁，其失也俗。"

《左传》原名为《左氏春秋》，汉代改称《春秋左氏传》，简称《左传》。相传由春秋末年史学家左丘明所作。《左传》的内容丰富，不仅记录了当时发生的历史事件，还对各类礼仪规范、文化典章、道德观念、神话传说等方面都有记述和评论，对后世的史学和文学都有重要的影响。《左传》的语言"情韵并美，文采照耀"，尤其善于描写战争场面，能以严密简练又不失文采的笔触将变化多端的战争描绘得生动形象。但是范宁认为，《左传》有失的地方在于，对于鬼神之事描写的过多。但是《左传》中增加了很多《春秋》中并没有提及的历史事件，是我们了解和研究先秦时期和春秋时期历史的重要文献，它代表了先秦史学的最高成就。

《公羊传》亦称《春秋公羊传》、《公羊春秋》，相传其作者是战国时齐人公羊高，受学于孔子弟子子夏。《公羊传》在讲述历史方面十分地简略，主要是对春秋中的微言大义进行阐述，以问答的方式解读经典。范宁认为《公羊传》叙事分明而且善于裁断，但缺点是流于粗疏。

《谷梁传》是《谷梁春秋》、《春秋谷梁传》的简称，由战国时鲁人谷梁赤所著，相传谷梁赤也受教于子夏，《谷梁传》是由子夏将内容传给谷梁俶，再由谷梁赤将它写成书记录下来的。

《谷梁传》以语录体和对话文体为主要方式来逐层逐句注解《春秋》。《谷梁传》的特点是强调礼乐教化的作用，主张仁德治国。《谷梁传》的文风准确、凝练，范宁评价他辞清义通而且明净畅朗，但缺点是资料短缺不足。

【原文】

经既明①，方读子②。撮其要③，记其事④。

【注释】

①经：圣贤所作，具有特殊性和权威性的典籍，这里主要指儒家经典。既：已经。②方：然后，才。子：记载诸子百家及佛道宗教思想的书籍。③撮：选取，选择。要：要点。④记：

记下，记住。

【译文】

"四书"、"六经"、"三传"这些重要典籍都读熟之后，就可以开始接触诸子百家的思想了。这些记载各家各派思想言行的书，统称为"子书"。

"子书"数量庞大，内容包罗万象，必须选择比较重要的来读，并且仔细分辨读过的内容，抓要点，记住每件事的因果本末，才能收到事半功倍的效果。

【细说活解】

百家争鸣

百家争鸣是中国文化史上非常辉煌的一页，它是指春秋战国时期，知识分子中不同学派纷纷涌现，并争相斗艳的局面。

春秋中期，学习知识从官学变成了私学，人们想要学什么不需要再去跟随官员，因此各种学说在民间开始得到广泛的流传。战国时期，社会动荡、战火纷飞，各诸侯国都争相进行变法改革。新兴的地主阶级利用政权力量将封建领主制向封建地主制过渡，各国处于封建割据的状态。由于这些新兴的地主阶级，本身政权还不牢固，他们的思想也还没有成为封建社会的统治思想，因此，代表各阶级、阶层、政治力量的学者或思想家，都按照本身的利益和要求，对宇宙、社会进行解释。各个学派在这样一个波涛汹涌的背景下著书立说、广收门徒，指点江山、激扬文字，形成了一个思想领域里"百家争鸣"的局面。

"百家争鸣"时期，各家各派纷乱繁多，《汉书·艺文志》将战国主要思想学派分为十家——儒、墨、道、法、阴阳、名、纵横、杂、兵、小说。西汉人刘歆在《七略·诸子略》中将小说家去掉，称为"九流"。俗称"十家九流"就是从这里来的。

我国近代著名朴学大师章太炎先生认为，诸子百家中，儒、道、墨、法、名这五家是最为重要的，对后世的影响最为深远。

儒家的创始人是孔子，理论核心是"仁"；道家的创始人是老子，提倡"无为而治"；墨家学派创始人是墨子，主张"兼爱、非攻、尚贤"，代表人民的利益；法家的代表人物是韩非子，"以法为本""法不阿贵"，法家学派代表新兴地主阶级的利益；名家则以善辩著称，代表人物是惠子和公孙龙。

【原文】

五子者[①]，有荀扬[②]。文中子[③]，及老庄[④]。

【注释】

①五子：这里指荀子、扬子、文中子、老子与庄子。②荀：指荀子，姓荀名况，著名思想家、文学家、政治家，儒家代表人物之一。扬：扬子，名扬雄，西汉学者、辞赋家、语言学家。③文中子：指隋朝的王通，著名教育家、思想家。④老：指老子李耳，春秋人，我国古代最伟大的哲学家和思想家之一，道家学派的创始人，后被封为太上老君，在道教中被尊为道祖，著有《道德经》（又称《老子》）。庄：指庄子，名周，战国人，伟大的思想家、哲学家和文学家，道家学派的主要代表人物之一，与道家始祖老子并称为"老庄"，代表作为《庄子》，道家尊称此书为《南华经》。

老子像。

【译文】

诸子百家的言论著作繁多，不胜枚举，其中比较重要和著名的有五位，即所谓的"五子"，分别是：荀子、扬子、文中子、老子、庄子。

荀子主张人性本恶，和孟子人性本善的观点恰好相反，著有《荀子》一书；扬子模拟《易经》作《太玄》，模拟《论语》作《法言》；文中子著有《续六经》（又称《王氏六经》），众弟子在他去世后，仿效孔子门徒作《论语》编撰了《中说》，保存了他讲课的主要内容，以及他与众弟子、学友、时人的对话；老子与庄子是道家的代表人物，老子著有《道德经》，庄子著有《南华经》，他们的哲学思想体系被思想学术界尊为"老庄哲学"。

【细说活解】

老庄之道，在于天人合一

我国传统文化主要受到儒、释、道三家思想的影响，这里的"道"指的就是道家。我国著名的史学家吕思勉在《先秦学术概论》中说，"道家之学，实为诸家之纲领。诸家皆于明一节之用，道家则总揽其全，诸家皆其用，而道家则其体。"

道家思想的核心是"道"，认为"道"是宇宙万物的本源，是自然界一切运动的法则。道家哲学和儒家哲学不同，道家直接从自然运行的层面入手，是以自然主义为主的哲学，是用自然原因或自然规律来解释一切现象的哲学观念。相对于儒家的社会哲学，道家认为社会只是一个存在的客体，生活在其中的人民不受任何意识形态的束缚，重视人性的自由和心境的自由，讲究"天人合一"，即人和自然在本质上是一致的，因此应该顺乎自然规律，达到人与自然和谐发展。

无为，是道家思想中的重要概念。无为并不是字面意思上的什么都不做，而是行一切人事都遵从自然发展的规律。依靠民众的自为实现无为无不为，依靠民众的自治实现无治无不治。《淮南子》中认为，"所谓无为者，不先物为也"，遵循事物的自然规律而为，即是无为。汉朝初期，统治者采取了"无为而治"的政策，让百姓人民休养生息，对当时社会的稳定和发展都有着重要的作用。

道家对中国文化的影响不仅仅表现在政治上，对养生保健也有非常重要的影响。道家主张的清静无为和返璞归真，就是鼓励人们"少私寡欲"，无欲、无知、无为，回复到人生最初的状态，才有利于心神的保养。而道家文化在中国文学、绘画等艺术领域上的影响，更是占有绝对性优势的地位，魏晋和隋唐时期的文人艺术家，都受到道家思想的影响。

【原文】

经子通①，读诸史②。考世系③，知终始④。

【注释】

①经子：经书和子书。通：通透，了解透彻。②诸史：指历代以来的历史著作。③考：探究，研究。世系：家族世代相承的系统，这里指朝代的系统次序。④终始：从头到尾，这里指国家从兴起到灭亡。

【译文】

熟读经书与子书，了解、掌握了各种思想之后，就应该开始阅读各朝各代流传下来的史书了。

经子通，读诸史。

研读史书的时候要注意历代王朝的次序，深入研究其中的关系与因果，才能明白国家兴亡盛衰的道理，掌握治国的方法和原则。确切地研读史书才能从中汲取历史教训，避免再犯同样的过错。

【细说活解】

学习历史的意义

英国著名哲学家弗朗西斯·培根说过："读史使人明智，读诗使人灵秀，数学使人周密，科学使人深刻，伦理学使人庄重，逻辑修辞之学使人善辩。"读史使人明智，就是要从历史中吸取经验和教训，思考如何避免重犯历史错误，将历史作为一本指导人生的教材加以学习。唐太宗李世民也说过"以铜为镜，可以正衣冠；以史为镜，可以知兴替；以人为镜，可以明得失"，是一样的道理。学习历史并不仅仅是记下几个朝代、几个人物或者几次重大的事件，而是要在这些发生过的事件中明白一定的道理，读史可以明兴亡、知更替，鉴古识今，少走弯路。

中国人对历史非常重视，古语说"欲知大道，必先治史"，历史是一种经验，历史的轮回，王朝的交替必然存在着一定的规律，只要掌握了这其中的规律，总结历史经验的同时并根据现状加以利用，才能算是真正的学习历史、掌握历史。

学习历史对个人来说，可以提高人的素质和修养，增长人的智慧，培养人的爱国主义情怀，并以潜移默化的方式树立人积极向上的意志品格。

《三字经》中认为，读史之前，应该先形成一种比较可靠的评判历史事件和历史人物功过是非的标准，只有这样，读书才能变成一项有意义的活动，而不只是看看故事、瞧瞧热闹。

【原文】

自羲农[①]，至黄帝[②]。号三皇[③]，居上世[④]。

【注释】

①羲：指伏羲氏，号太昊，中华民族的人文始祖，是我国古籍中有记载的最早的王之一。农：指神农氏，即炎帝，远古传说中的太阳神，被后世尊为农业之神。②黄帝：有熊氏，姓公孙，名轩辕，他首先统一华夏族的伟绩被载入史册，也是华夏民族文明的始祖，传说中远古时代华夏民族的共主，五帝之首。③三皇：指伏羲氏、神农氏、黄帝。④居：处于。上世：上古时代。

【译文】

上古时的人过着茹毛饮血的原始生活。伏羲氏发明了八卦，成为中国古文字的源头，结束了"结绳记事"的历史。他又结绳为网来捕鸟打猎，并在人类中普及了这个方法，他的活动，标志着中华文明的开始。后来神农氏播种五谷、尝遍百草，教导人们耕种饲养，以及如何使用火，人类至此开始定居的生活。黄帝统一华夏族，又率领族人打败外敌，保卫家园。他的功绩包括创造文字，制作衣冠，建造舟车，发明指南车等，在中华文明中起着承前启后的重要作用。

伏羲氏、神农氏、黄帝都是勤政爱民的首领，被尊称为"三皇"。他们是上古时代功劳最大、最受敬爱的伟大领袖。

【细说活解】

黄帝战蚩尤

三皇中，黄帝对中华民族的影响最大。中国人称自己为炎黄子孙，就是因为黄帝对后来所做的巨大贡献。古人认为，黄帝发明了数学，组建了军队，推算出历法，创建了文字，规定了音乐，我们现在的衣食住行，无不与黄帝有关。关于黄帝最有名的传说，还是战争，如黄帝与炎帝的战争，黄帝和蚩尤的战争。

数千年前，中国黄河、长江流域一带住着许多氏族和部落。其中有两个部落是黄河流域最为有名的部落，就是黄帝所率领的部落和炎帝所率领的部落。后来，两个部落争夺领地，展开阪泉之战，黄帝打败了炎帝，两个部落渐渐融合成华夏族。

炎帝部落中有一个支系，为九黎族，他们的首领名叫蚩尤，十分强悍。蚩尤有八十一个兄弟，他们个个兽身人面，铜头铁臂勇猛无比。他们擅长制造刀、弓弩等各种各样的兵器。在阪泉之战后，九黎部落不肯跟着炎帝投降。黄帝于是联合各部落首领，在涿鹿的田野上和蚩尤展开一场大决战，这就是著名的"涿鹿大战"。

战争之初，蚩尤凭借着良好的武器和勇猛的士兵，连连取胜。后来，黄帝请来熊罴貔貅貙虎六种猛兽助战。蚩尤的兵士虽然凶猛，但是遇到黄帝的军队，加上这一群猛兽，也抵挡不住，纷纷败逃。黄帝带领兵士乘胜追杀，忽然天昏地黑，浓雾迷漫，狂风大作，雷电交加，天上下起暴雨，黄帝的兵士无法继续追赶。原来蚩尤请来了"风伯"和"雨师"来助战。黄帝也不甘示弱，请来天上的"女魃"帮忙，驱散了风雨。一刹那之间，风止雨停，晴空万里。蚩尤又用妖术制造了一场大雾，使黄帝的兵士迷失了方向。黄帝利用天上北斗星永远指向北方的现象，造了一辆"指南车"，指引兵士冲出迷雾。

经过许多次激烈的战斗，黄帝先后杀死了蚩尤的八十一个兄弟，并最终活捉了蚩尤。黄帝命令给蚩尤带上枷锁，然后处死他。因为害怕蚩尤死后作怪，将他的头和身子分别葬在相距遥远的两个地方。蚩尤戴过的枷锁被扔在荒山上，化成了一片枫林，每一片血红的枫叶，都是蚩尤的斑斑血迹。蚩尤死后，他勇猛的形象仍然让人畏惧，黄帝把他的形象画在军旗上，用来鼓励自己的军队勇敢作战，也用来恐吓敢于和他作对的部落。后来，黄帝受到了许多部落的支持，渐渐成为所有部落的首领。

【原文】

唐有虞[①]，号二帝[②]。相揖逊[③]，称盛世[④]。

【注释】

①唐：这里指陶唐氏，也就是尧。虞：指有虞氏，也就是舜。②二帝：指尧帝、舜帝。③相：互相。揖逊：揖让，这里是禅让的意思，即古代帝王让位给别人。④盛世：安定兴盛的时代。

【译文】

黄帝之后，先是尧得了天下，国号唐；后来舜得了天下，国号虞，两位帝王都是古代贤明君王的代表，并称为"二帝"。

尧年老时，认为自己的儿子品行不好，不如德才兼备的舜，因此没有把帝位传给儿子，而传给了舜。舜果然不负尧所托，勤政爱民，到了年老时，就效法尧，将帝位传给比自己儿子更加优秀的禹。

尧和舜都是大公无私的优秀帝王，在他们的治理下，开创了安定繁荣、人人称颂的太平盛世。

【细说活解】

禅让制度

禅让制度，是中国原始社会部落联盟民主推选首领的制度，指古代帝王让位给不同姓的人。禅让制度是一种对"父子相继、兄终弟及"的王位继承制度的模拟。它的产生是由于远古时代生产力落后，人类若想生存下去，必须依靠集体的力量，共同劳动、平均分配食物。因此，一个集体中的人们一定要选出贤能、公正的人当首领，进行生产劳动和平均分配食物。

关于"禅让"的故事，我们最为熟悉的就是尧舜禅让的故事。

帝尧年事已高，在位已经七十年，由谁继位的问题开始提到议事日程。有人推荐丹朱继位，帝尧不同意。帝尧觉得丹朱不讲道德，行事粗野，喜好闹事，没有同意。大家对尧说："民间有个尚未娶妻的人，名叫虞舜。"帝尧说："对，我听说过。他究竟怎样？"四岳说：

禅让制度。

"他是个盲人的儿子。父亲不讲道德,后母爱说坏话,弟弟骄纵凶狠,但是他能够用孝行与他们和睦相处,使他们人心向善,免于邪恶。"尧听了暗暗赞许,但是还是说:"让我考验一下他吧。"

于是尧把两个女儿嫁给舜,来观察他怎样治家,又派了九个男儿与舜相处,来观察他于家庭之外怎样待人接物。舜住到沩水北岸,在家里行为越发谨严。尧的两个女儿不敢因为出身高贵而以傲慢的态度对待舜的亲属,很遵守做媳妇的礼节。尧的九个男儿更加淳朴厚道了。舜在历山种田,历山的人都互让肥沃的农田;在雷泽捕鱼,雷泽四周的人都互让最好的房屋和捕鱼场;在黄河边制作陶器,生产的陶器都十分精良,没有粗制滥造的。他住过一年的地方,便形成了村落,住过两年的地方,便形成了集镇,住过三年的地方,便形成了都市。期间,帝尧还让虞舜做了各种事情以便考验他,虞舜都经过了考验,尧认为舜德行伟大,就召见他说:"你考虑事情周到,说了的事能办得有成效,已经过了三年了。你登上帝位吧。"舜却一再推让,认为自己的德行不足以胜任帝位,心中十分不安。正月初一,舜在文祖庙接受尧的禅让。

禅让制度反映了原始公社的民主制度,体现了"以人为本,任人唯贤"的思想。这在当时部落联盟的社会状态下,协调了社会生产,促进了当时生产力的发展。

【原文】

夏有禹①,商有汤②。周文王③,称三王④。

【注释】

①夏:这里指夏朝。禹:夏禹,传说中夏朝的第一个君主,因治理洪水有功被尊称为"大禹"。②商:商朝。汤:指成汤,商朝的建立者。③周:周朝。④三王:指大禹、成汤、周文王。

【译文】

夏朝的开国君王是大禹,商朝的开国君王是成汤,周朝的开国君王是文王。这三个人都是德才兼备的好君王,勤于政事,爱护百姓,分别开创了一段太平盛世,因此被尊为"三王"。

【细说活解】

大禹治水

禹是与尧、舜齐名的贤圣帝王。禹最卓著的功绩,就是被人们周知和传颂的治理滔天洪水。后人称其为大禹,即伟大的禹的意思。同时,大禹也是我国历史上第一个奴隶制国家——夏朝的建立者,因此也被称为夏禹。

在帝尧还在位的时候,黄河流域经常发生严重的洪水,房屋被冲毁,天地被淹没，也淹死了很多人，老百姓没有办法只得移到高地去住。于是帝尧召开会议，商量治水的问题。他征求四方部落首领的意见：派谁去治理洪水呢？首领们都推荐鲧。

鲧花了九年时间治水，没有把洪水制服。他用土掩的方法，哪里有洪水就把土堵到哪里，结果没有起到什么作用，洪水仍旧四处泛滥。他就偷了天上的一种土叫"息壤"，此土能自生自长。天帝知道了非常生气，就命令火神将鲧处死，鲧临死前嘱咐儿子一定要把水治好。

大禹成婚三日，便离开家去治理洪水。

于是禹就接替了父亲的工作。当时，黄河中游有一座大山，叫龙门山。它堵塞了河水的去路，把河水挤得十分狭窄。奔腾东下的河水受到龙门山的阻挡，常常溢出河道，闹起水灾来。于是禹带领群众凿开了龙门，挖通了九条河，经过十年的努力，终于把洪水引到大海里去，地面上又可以供人种庄稼了。

禹到了三十多岁还没结婚，在涂山遇到一个名叫女娇的姑娘，两人相互爱慕，便成了亲。禹新婚仅仅三天，还来不及照顾妻子，便为了治水，到处奔波，三次经过自己的家门，都没有进去。第一次，妻子生了病，没进家去看望。第二次，妻子怀孕了，没进家去看望。第三次，他妻子涂山氏生下了儿子启，婴儿正在哇哇地哭，禹在门外经过，听见哭声，也狠下心没进去探望。这就是著名的"三过家门而不入"的故事。

【原文】

夏传子①，家天下②。四百载③，迁夏社④。

【注释】

①传子：把王位传给自己的儿子。②家天下：帝王把国家政权据为己有，作为一个家族的私有财产，世代相传。③载：年。④迁：变迁、改变，这里是结束的意思。社：社稷，"社"是土神，"稷"是谷神，古代君主都要祭祀社稷，后借指国家。

【译文】

大禹年老时，将王位传给了儿子夏启。从此，尧舜以来的禅让制度被父传子的世袭制度所代替，国家成为一个家族的私有财产，世代相传。相传夏朝先后历经了十七位君王，维持了四百多年，直到成汤起兵才宣告结束。

【细说活解】

"家天下"

"家天下"是指帝王把国家当做自己家的私产，世代相袭。大禹是中国历史上最后一个真正实行禅让制的国君，虽然后世也有各种各样禅让的说法，但都是打着禅让的名声行篡权的事情，历史上最后一次真正的禅让，就是大禹。《礼记·礼运篇》中讲，禹以前的社会是天下为公的大同社会，一切财产都是公共所有，首领是依据贤德与才能选举产生。而到了禹以后的社会，国家财产成了一家私产，即天下为家，父死子继就成了理所当然的事，才有了"家天下"的制度。

"家天下"是历史发展的必然产物。西周时期，"家天下"的制度已经发展成"普天之下，莫非王土。率土之滨，莫非王臣"，天下的土地、臣民都是君王一家的私产。

史料记载，大禹年老后，打算将王位让给曾与自己一同治水的伯益，禹觉得自己的儿子启没有什么特别的功绩和巨大的贡献。但是人们怀念大禹的功绩，想要拥戴启为君主。于是伯益和启两方打了一仗，获得胜利的启继承了王位。启继位后，有扈部落不服，于是宣布独立。启向有扈部落进攻，有扈部落不敌启的军队，以失败告终。这样，启巩固了自己的帝位，而且确定了君主世袭的局面。夏启是中国历史上将传位制度由"禅让制"变为"世袭制"的第一人。"父传子，家天下"的局面由他开始沿袭了几千年。

【原文】

汤伐夏^①，国号商^②。六百载，至纣亡^③。

【注释】

①汤：指成汤，商朝的建立者。伐：讨伐，出兵攻打。②国号，即国家的称号，或一个朝代的名称。国家或朝代创建后的第一件事就是确立国号。商：成汤的国号。③至：到。纣：指纣王，是商朝的最后一位君王。亡：灭亡。

【译文】

夏朝最后一位君王——夏桀的统治非常残暴。汤是夏朝一个附属小国的国王，他率领人民起兵讨伐夏桀，最后灭了夏朝，建立了新的国家，取名"商"。

汤王建立的商朝相传一共维持了六百多年，直到商纣王即位，商朝才走向灭亡。

【细说活解】

夏桀和商纣

夏桀和商纣都是历史上著名的暴君，两个人都天资聪颖，文武双全，却又都荒淫无度，暴虐无道，而且两个人都是各自王朝的终结者，都与贪恋美色有关。

夏桀有一个名叫妹喜的宠妃，是被夏朝攻灭的有施部落酋长为了复仇而进献给夏桀的礼物。妹喜长得十分好看，夏桀对她格外宠爱。相传妹喜有三个癖好：一是笑看人们在规模大到可以划船的酒池里饮酒；二是笑听撕裂绢帛的声音；三是喜欢穿戴男人的官帽。因此夏桀建造酒池肉林，并邀请三千名饮酒高手在池中日日欢歌畅饮，夏桀还令宫人搬来织造精美的绢子，在她面前一匹一匹撕开，以博得妹喜的欢心。夏桀为了满足自己的欲望，无休止地征发夏民，强迫他们无偿劳役，人民对他的暴政忍无可忍，都愤怒地说："时日曷丧，予及女偕亡！"。后来商汤起兵推翻夏朝，夏桀和妹喜同舟渡江，逃到南巢之山中饿死了。

妲己是商纣的宠妃，是商纣征服有苏氏时，有苏氏献出的美女，人称"一代妖姬"。商纣同夏桀一样，沉迷于妲己的美色之中，荒废朝政，通宵达旦地饮酒作乐。相传妲己喜欢看"炮烙之刑"，纣王为了博得妲己一笑，滥用重刑。不久，纣王的残忍无道，也激起了人民的反抗。周武王乘机举兵伐纣，一举灭商，商纣逃到鹿台自焚，妲己也被斩首而死。

妹喜和妲己也因此被后人称为妖姬，与周朝的褒姒以及春秋时期的骊姬合称四大妖姬。但是史书上并没有关于两人的种种恶行，都是后人的杜撰。国家兴亡是历史发展的必然结果，不是一两个女子能够左右的事情，要她们为君王沉迷美色，荒废政事的后果负责，是不公平的。

【原文】

周武王①，始诛纣②。八百载，最长久③。

【注释】

① 周武王：姓姬名发，周文王的第二个儿子，西周的开国君王。
② 始：开始，才。诛：杀死有罪的人。
③ 最长久：指周朝是历史上持续时间最长的朝代。

周武王誓师伐纣。

【译文】

商朝最后一位君王——纣王是历史上著名的暴君。周武王是商朝属国的国王，他雄才大略，趁机率领军队讨伐商朝。最后，纣王放火烧死了自己，商朝灭亡。武王建立了新的国家，取名为"周"。周朝总共持续了八百多年。放眼整个中国历史，没有任何朝代能与周朝的历史长度相比。

【细说活解】

武王伐纣建周

一个朝代的灭亡，内部的腐坏败落是根本原因，外部因素也是推动加速灭亡的重要因素。

残暴荒淫的商纣王统治商朝时，活动在渭河流域的姬姓周部落，在周文王姬昌的带领下逐渐强大起来。文王勤于政事，礼贤下士，拜姜尚为军师，使"天下三分，其二归周"。他分化商朝的附庸国，使一些小国纷纷投靠自己，同时占据膏腴之地，将商都包围起来。

当时商纣王发明了"炮烙之刑"，滥用重刑只为博妲己一笑，使各国诸侯和百姓没有不痛恨纣王的。这时，文王献上自己的一块土地，请求废除"炮烙之刑"。纣王同意了文王的请求，答应废除炮烙。文王借此大肆宣传，赢得了广大诸侯和百姓的拥护。

周文王在完成灭商大业前不久去世，他的儿子姬发，即周武王即位后，继承父亲的遗志，重用姜尚，按照既定方针增强国力。纣王见周人虎视眈眈地包围了自己，感觉受到了严重的威胁，决定对周用兵。就在这时东夷叛乱，纣王只得调动全部兵力平息东夷的反叛。商王朝的精锐部队都被纣王调往东部平定夷族，致使西部兵力空虚匮乏，武王趁此机会联合各个部落，朝着商朝的国都朝歌进发。

纣王听到消息，立即调集军队，但是经过之前与东夷大战，兵力严重受损。无奈之下，纣王只得把奴隶、囚徒和俘虏武装起来，强迫他们去应战。行至牧野的时候，这些由奴隶俘虏组成的军队临阵倒戈，配合着周军一同向朝歌进攻，纣王大败，最终自焚而死。

武王灭商后建立了周朝，统治了中国将近八百年，是中国历史上统治时间最长的王朝。

【原文】

周辙东[①]，王纲坠[②]。逞干戈[③]，尚游说[④]。

【注释】

①辙：车轮经过留下的痕迹，这里指帝王的车驾。②王纲：君王的政治法度纲纪。坠：落下，掉下，引申为崩溃，衰落。③逞：放纵，任意。干戈：干和戈是古代常用武器，故而以"干戈"用作兵器的通称，引申为战争。④尚：尊重，注重。游说：用言语劝服他人听从自己的主张。这里指战国时代策士们周游列国，劝说君主采纳其政治主张的一种活动。

【译文】

周平王将周朝国都迁到东方的洛阳之后，东周时代开始了。从此，周天子在诸侯中的权势威望和统治力日益衰落。诸侯们不再听从周天子的号令，为了争夺霸主的地位，相互间战争不断。在乱世动荡中，有才能的士人各凭本事四处向国君推荐自己，希望能说服君王采用自己的政治主张，从而施展才华、实现抱负。

【细说活解】

烽火戏诸侯

周朝建立后，虽也发生过许多大事，但是一直处于一个相对稳定的局面上。直到历史上又一个著名的无道昏君继位，周王朝的命运由盛转衰。

周宣王去世后，他的儿子周幽王即位。周幽王昏庸无道，到处寻找美女。大夫越叔带劝他多理朝政。周幽王恼羞成怒，革去了越叔带的官职，把他撵了出去。这引起了大臣褒响的不满。褒响来劝周幽王，但被周幽王一怒之下关进监狱。

褒响在监狱里被关了三年。褒响的儿子知道周幽王爱美色，就将美女褒姒献给周幽王，周幽王才释放褒响。周幽王一见褒姒，喜欢得不得了。但是褒姒却老皱着眉头，不爱笑，史书上形容褒姒"艳若桃李，冷若冰霜"，周幽王想尽法子引她发笑，褒姒就是不笑。虢石父对周幽王说："从前为了防备西戎侵犯我们的京城，在翻山一带建造了二十多座烽火台，以防万一敌人打进来，就可点燃烽火，让邻近的诸侯瞧见，好出兵来救。现在天下太平，烽火台早没用了。不如把烽火点着，叫诸侯们上个大当。娘娘见了这些兵马一会儿跑过来，一会儿跑过去，就会笑的。您说我这个办法好不好？"

烽火戏诸侯。

周幽王眯着眼睛一想，觉得不错就认可了。烽火一点起来，半夜里满天全是火光。邻近的诸侯看见了烽火，赶紧带着兵马跑到京城。听说大王在细山，又急忙赶到细山。没想到一个敌人也没看见，也不像打仗的样子，只听见奏乐和唱歌的声音。诸侯们面面相觑，都不知道是怎么回事。周幽王叫人去对他们说："辛苦了，各位，没有敌人，你们回去吧！"诸侯们这才知道上了大王的当，十分愤怒，各自带兵回去了。

褒姒瞧见这么多兵马忙来忙去，于是笑了。周幽王很高兴，赏赐了虢石父。隔了没多久，西戎真的打到京城来了。周幽王赶紧把烽火点了起来。这些诸侯上回上了当，这回又当是在开玩笑，全都不理他。烽火点着，却没有一个救兵来，京城里的兵马本来就不多，只有一个郑伯友出去抵挡了一阵。可是他的人马太少，最后被敌人围住，被乱箭射死了。周幽王和虢石父都被西戎杀了，褒姒也被掳走了。

【原文】

始春秋①，终战国②。五霸强③，七雄出④。

【注释】

①始：开始。春秋（战国）：历史时期的名称。②终：结束。③五霸：春秋时期势力强大而称霸一时的五位诸侯，一般指齐桓公、晋文公、宋襄公、秦穆公、楚庄王。强：强盛，强大。④七雄：指战国时期秦、楚、齐、燕、韩、赵、魏这七个强大的诸侯国。

春秋五霸。

【译文】

历史上将东周分为两个时期：第一个是春秋时期，从鲁隐公元年起，到鲁哀公十四年为止，总共二百四十二年；第二个是战国时期，从春秋时代结束，到秦始皇统一六国为止，总共一百八十二年。

春秋时代先后称霸的诸侯君王依次是齐桓公、晋文公、宋襄公、秦穆公、楚庄王。战国时代则是秦、楚、齐、燕、韩、赵、魏这七个强大的诸侯国并立。

【细说活解】

春秋五霸和战国七雄

春秋时期烽烟四起，战火连天，在这不到三百年的时间里，发生了有史料记载的军事行动四百八十多起。司马迁在《史记》中记载，"春秋之中，弑君三十六，亡国五十二，诸侯奔走不得保其社稷者，不可胜数。"据说，春秋初期总共有一百四十多个诸侯国，经过不断的征战合并，只剩下几个国力强大的诸侯国。这些诸侯国为了争夺霸权，互相征战。先后称霸的五个诸侯叫做"春秋五霸"。

《史记》中春秋五霸是指齐桓公、宋襄公、晋文公、秦穆公和楚庄王。王褒的《四子讲德文》认为，春秋五霸是齐桓公，晋文公，楚庄王，吴王阖闾，越王勾践。还有人说是齐桓公，晋文公，秦穆公，楚庄王，吴王阖闾。另有人认为，所谓"五霸"，应是一种虚指，并非实指五位国君。郑庄公、齐桓公、晋文公、秦穆公、楚庄王、晋悼公、吴王阖闾、越王勾践，这八个足智多谋、有胆有识的君主串联起了整个精彩纷呈的春秋时代，见证了这数百年的兴衰荣辱，难以取舍。

春秋末年，晋国被韩、赵、魏三家瓜分，就是著名的"三家分晋"事件，史学界将此作为春秋与战国的分界点。春秋的无数次战争使诸侯国的数量大大减少，到战国时期实力最强的七个诸侯国被史学家称作"战国七雄"。

与春秋五霸的众说纷纭相比，战国七雄的定义就比较简单，分别为燕、齐、楚、秦、赵、魏和韩。七个诸侯国之中，除了秦国在崤山以西之外，其余的六国均在其东边。因此这六国又称"山东六国"。

战国中期，七国争雄的格局形成之后，就开始了为时数百年的征战，期间合纵连横、变法改革、运筹帷幄，为我们讲述了一个个惊心动魄、纷繁精彩的历史故事，直到公元前221年，秦国将其余六国各个击破，一统天下，结束七国争雄的局面。

【原文】

嬴秦氏[①]，始兼并[②]。传二世[③]，楚汉争[④]。

【注释】

①嬴秦氏：指秦国或秦王朝。秦国的国君姓嬴，故称嬴秦。这里指秦始皇嬴政。②兼并：大国吞并小国。③传：传位。二世：指秦始皇的儿子秦二世胡亥。秦朝自秦始皇始，只传了二世就因其严酷黑暗的统治而被农民起义所推翻。④楚：这里指西楚霸王项羽。汉：指汉高祖刘邦，他被封为汉王，最后建立了汉朝。争：这里指争夺王位。

【译文】

战国末年，秦国日渐强大，通过各个击破的方式吞并六国，统一天下，建立了中国历史上第一个封建王朝，秦国国君便自称为"始皇帝"。

秦始皇去世，他的儿子胡亥继承皇位。由于施行严刑峻法，加上宦官赵高专权，不过短短三年时间，秦朝的统治就被推翻了。

高祖兴。

秦朝灭亡后，群雄并起，其中以西楚霸王项羽与汉王刘邦实力最强大，彼此争斗不止，各不相让。

【细说活解】

书同文，车同轨，统一度量衡

秦始皇是中国历史上第一个以汉族为主、多民族中央集权制帝国——秦朝的创立者，无论是中国历史还是世界历史，秦始皇都具有深远而重大的影响，因此被明代思想家李贽誉为"千古一帝"。《史记·秦始皇本纪》中记载着"一法度衡石丈尺，车同轨，书同文字"这样的内容，就是秦始皇在经济文化上做出的巨大贡献。

战国时期，诸侯国各自为政，文字的形体复杂紊乱，秦始皇统一六国后，各个区域的民间文字依旧存在着差异，不但阻碍了各地的经济文化交流，也影响了中央政策的推行，因此秦始皇命李斯等人对文字进行整理统一。李斯以秦国文字为基础，参照六国文字，制定出小篆作为官方规范文字，同时废除其他异体字；程邈根据当时民间流行的字体，整理出隶书。两种文字均在全国推广。

战国时期，由于连年征战，各诸侯国为互相防范在各地修筑很多关塞堡垒，各国间的道路宽窄不一，车辆形制也不统一，严重影响交通往来。秦始皇统一中国后，下令拆除关塞、堡垒，并陆续修建了以咸阳为中心的三条驰道，形成了以咸阳为中心的四通八达的交通网络，把全国各地联系在一起，规定车宽以六尺为制，一车可通全国，便利了交通往来，促进经济的交流发展。

战国时期，各诸侯国自铸货币、自立度量衡，使得各国货币和度量衡也很不统一（度量衡是指在日常生活中用于物体计量长短、容积、轻重的统称）。秦始皇下令将货币统一分为上币和下币两种：上币为黄金，以镒为单位；下币为圆形方孔铜钱，以半两为单位。秦始皇还把商鞅变法时制定的度量衡制度在全国推广，促进了商品的交换和经济的交流，促进了统一国家的发展。

【原文】

高祖兴①，汉业建②。至孝平③，王莽篡④。

【注释】

① 高祖：这里指汉高祖刘邦。兴：兴起。② 汉业：指汉朝的天下大业。建：建立。③ 孝平：指汉平帝。④ 王莽：汉元帝王皇后的侄子，曾任汉朝宰相，后来自立为皇帝，建立了新朝。篡：特指封建时代臣子夺取君位。

【译文】

刘邦在楚汉之争中最后胜出，打败项羽，登上帝位，成了汉高祖，开启了刘家的天下大业。到汉平帝时，野心勃勃的王莽掌握了国家大权，他杀了平帝，篡夺了帝位，建立了新朝。

刘邦在楚汉之争中最后胜出，打败项羽，登上帝位，成了汉高祖，开启了刘家的天下大业。到汉平帝时，野心勃勃的王莽掌握了国家大权，他杀了平帝，篡夺了帝位，建立了新朝。

【细说活解】

罢黜百家，表章六经

"罢黜百家，表章六经"是西汉武帝实行的封建思想统治政策，也是儒学在中国文化中居于统治地位的标志。我们经常说的"罢黜百家，独尊儒术"是后人在解读时的曲解。"罢黜百家，表章六经"是由董仲舒提出的，这时的儒家已经和春秋战国时期的儒家思想不同了，而是融合了道家、法家、阴阳五行家部分思想，与时俱进，适应当时统治阶级需要的新思想。

汉朝初期，为了减轻百姓负担，同时休养生息，在政治上实行无为而治，经济上轻徭薄赋，思想上清静无为，总之，文景之治时期，黄老学说占据主要的地位。到了汉武帝时期，与世无争的道家思想已经不能满足政治上的需要，为了维护封建统治的秩序，加强中央集权，必须有一种新的思想来占据主导。这时，董仲舒就向好大喜功的汉武帝献上了"儒术"。儒家中的大一统思想、仁义思想及君臣伦理观念非常符合汉朝当时所面临的局势。想要建立大一统帝国的汉武帝和争夺学术地位的董仲舒两人一拍即合，开始了"罢黜百家，表章六经"的文教政策。儒家思想从这时候开始，超越了各个学派，取代道家了统治地位，成为两千多年来中国传统文化的正统思想。

"罢黜百家，表章六经"的思想在当时虽然有利于统治阶级建立一个稳定、牢固的宗法制的国家，增强各民族之间的凝聚力。但另一方面，汉武帝时代连年战争与攻伐，造成了社会动荡、民不聊生之恶劣后果。而"独尊儒术"也造成了后代中国思想发展被禁锢，造成中国思想界万马齐喑的现象。

【原文】

光武兴①，为东汉②。四百年，终于献③。

【注释】

①光武：东汉光武帝刘秀，东汉的开国君主。②东汉：刘秀恢复汉朝，建都洛阳。由于洛阳在东边，而汉朝以前的都城长安在西边，为了区别，后人就把光武帝之前的汉王朝称为"西汉"，把光武帝重新建立的汉王朝称为"东汉"。③终：终止，结束。于：在。献：指汉献帝，是东汉最后一位皇帝。

光武帝刘秀开创东汉基业。

【译文】

王莽建立新朝后，人民无法安稳生活，于是国家重新陷入纷争局面。王莽在混乱中被杀，新朝灭亡。

刘秀沉稳冷静，又有谋略，最终打败其他势力，光复汉室，史称东汉，刘秀就是汉光武帝。汉朝到最后一位皇帝献帝为止，总共持续了四百年之久。

【细说活解】

王莽篡位和昆阳大战

汉朝在文景之治和汉武帝的开疆拓土后，进入了一个相当鼎盛的阶段。但是表面的安定繁荣不能掩盖统治阶级内部的混乱。外戚和宦官专权是汉朝自建立以来就有的一股随时准备爆发的暗流。从汉元帝开始，西汉开始走向衰败，外戚与宦官的势力不断增强。到了汉成帝时，汉成帝贪恋美色，沉迷于皇后赵飞燕姐妹的温柔乡中，荒废朝政，致使皇太后王政君权力增加，为外戚王室的兴起提供了有利的条件。汉成帝刘骜死后，汉哀帝刘欣即位，汉哀帝终日与宠信董贤玩乐不理朝政，外戚王室的势力进一步膨胀，终于在汉哀帝去世后，外戚王莽被太皇太后王政君任命为大司马。其后拥立九岁的汉平帝登基，由王莽代理政务。汉平帝后因病医治无效而崩，王莽拥立年仅两岁的刘婴为皇太子，太后王政君命王莽暂代天子朝政，称"假皇帝"或"摄皇帝"。王莽在朝中的势力如日中天，没多久，王莽逼迫王政君交出传国玉玺，接受孺子婴禅让后称帝，改国号为"新"，改长安为常安，是为始建国元年。王莽在朝野广泛的支持下登上了最高的权位，开了中国历史上通过篡位做皇帝的先河。

刘秀是汉高祖刘邦的后代，看到王莽篡位，一心想恢复刘氏江山。他率领的起义军和绿林军合并后驻扎在昆阳，并且声势越来越大。王莽知道后，连忙集结军队前去镇压。

为了虚张声势，王莽军找到一名叫巨毋霸的巨人，巨毋霸身材高大粗壮，而且还有一个本领，就是能够驯养一批老虎、豹、犀牛、大象。王莽派他为校尉，让他带了一批猛兽上阵助威。昆阳城的绿林军只有九千人，面对声势浩大而且带着猛兽的王莽军队，人们都很恐慌。刘秀觉得死守昆阳城只有死路一条，于是自己带领十二个勇士趁夜冲出去搬救兵。第二天开战，王莽军队实力雄厚，绿林军不敌王莽大军。这时，刘秀率领的几千援军赶到城下。他们一以当百，奋勇争先，一下就把王莽的军队冲得大乱。城中的绿林军见此状，也趁机冲出来与援军里应外合。大战正酣，忽然刮起大风，紧接着就电闪雷鸣，大雨倾盆而下。王莽军队所带的野兽都被吓得浑身发抖，四处逃窜。这下王莽军队的优势彻底没有了，逃跑的士兵互相践踏，死伤无数。

昆阳大战消灭了王莽的主力的消息，鼓舞了各地人民，纷纷起来响应汉军。王莽新朝维持了十五年，最终土崩瓦解。

【原文】

魏蜀吴①，争汉鼎②。号三国③，迄两晋④。

【注释】

① 魏：国名，是三国中最强大的国家，曹操的儿子曹丕废除汉献帝后建立。蜀：这里是国名，刘备建立，定都成都，其国号"汉"意味着是汉朝的延续，又因其占据的益州俗称蜀地，也称"蜀汉"。吴：国名，孙权建立，定都金陵。② 鼎：传国宝物，是王位

和权力的象征。③ 三国：指魏、蜀、吴三个国家。④ 迄：到。两晋：指西晋与东晋。

【译文】

东汉末年，天下大乱，赤壁之战奠定了三国鼎立的局面：曹操占据了北方绝大部分地区，他的儿子曹丕取代汉献帝自立为王，国号"魏"；刘备占据西南，国号"汉"，史称"蜀汉"；孙权统治了长江下游地区，国号"吴"。魏、蜀、吴三分天下，史称三国时代。

公元263年魏军攻入益州，蜀国灭亡。然后司马炎逼迫魏王退位，改国号为"晋"。晋武帝司马炎灭吴，重新统一天下，结束分裂局面。之后，晋元帝往东迁都，定都建康（现在的南京），史称东晋。

【细说活解】

分久必合，合久必分

《三国演义》第一回中有，"话说天下大势，分久必合，合久必分。周末七国纷争，并入于秦。及秦灭之后，楚、汉纷争，又并入于汉。汉朝自高祖斩白蛇而起义，一统天下，后来光武中兴，传至献帝，遂分为三国。"

中国的封建史从周朝开始就一直处于统一和割据的交替循环中，这是社会发展的一种必然现象和过程。引用辩证唯物主义的观点，事物内部或事物之间的对立统一的辩证关系，事物之间同时并存着相互吸引和相互排斥的关系，这两种关系使得事物处在一种动态的平衡中。事物内部这种对立统一的关系，使事物不断运动发展，朝着一定的轨道运行。分离久了就会趋向于合并，而合并久了就会趋向于分离，周而复始，循环往复。

但是史学界认为，在中国古代史上，国家统一是中国历史发展的不可抗拒的历史潮流。即使在封建国家的分裂割据的时期，也孕育着统一的因素，这些因素的积聚必然为统一创造条件。

而分裂割据是封建社会所没有办法避免的。封建社会实行的是一种自给自足的自然经济，这种自然经济本身具有极强的分散性和割据性，因此极容易造成割据势力的形成，最终造成国家分裂，硝烟四起，最终使一个王朝土崩瓦解。

但是分裂却是中国历史上非常重要的历史现象。中国历史上的几次分裂，对经济的发展，文化的繁荣，以及民族的融合都具有重要的意义。

【原文】

宋齐继①，梁陈承②。为南朝③，都金陵④。

【注释】

①宋齐（梁陈）：南北朝时期南方的四个朝代名称。继：继续，继承。②承：承接，承继。③南朝：东晋之后建立于南方的四个朝代的总称，分别是宋、齐、梁、陈四国。④都：定都，建都。金陵：地名，即现在的南京。

【译文】

刘裕灭了东晋，改国号为"宋"。六十年后，萧道成灭宋，改国号为"齐"。二十三年后，萧衍亡齐，改国号为"梁"。五十六年后，陈霸先灭梁，改国号为"陈"。三十三年后，陈的国运也最终宣告结束。

宋齐继，梁陈承。为南朝，都金陵。

宋、齐、梁、陈四朝都把国都设在金陵，国土都局限于长江以南地区，统治时间又都非常短暂，于是历史上合称为"南朝"。

【细说活解】

"南朝四百八十寺"

这句诗出自唐朝诗人杜牧的《江南春》中的"南朝四百八十寺，多少楼台烟雨中"，形容南朝时期，佛法兴盛，庙宇众多，寺院林立。

西汉末年，佛教传入中国。佛教传入之初，就受到了西汉统治阶级的重视，但是那时候的佛教仅仅影响了上层统治阶级，并没有在民间广泛流传。南北朝时期是我国佛教发展的一个重要阶段，这个时期的佛教在帝王的支持下，发展得极为兴盛：寺院林立，僧尼剧增；译经事隆盛，无论是译经卷数还是译经范围，都相当可观；成立了独立的佛教学派，不再依附于儒道。这段时期是中国佛教发展最快的时期。

南朝的佛教在梁武帝在位达到全盛。梁武帝年老后崇奉佛教，多次舍身出家，当住持，讲解经书。梁武帝信佛后，不近女色、不吃荤，不仅自己这样做，还要求全国人民效仿他。梁武帝潜心专研佛经，荒废朝政、重用奸臣，致使朝廷昏暗。

有一个成语叫做上行下效，意思就是说居上位的人做不好的事情，居下位的人也会跟着做不好的事情。梁武帝提倡佛教，建造了很多寺庙塔院，在后妃和公主之间也引发了一场兴造寺塔的风潮，官员百姓也纷纷兴建庙宇。"南朝四百八十寺"并不是杜牧的夸张，根据相关史料的记载，梁武帝时期，南梁的都城建康的佛寺数甚至超过了五百座。

然而，这烟雨楼台却成为当时百姓非常沉重的负担。林立的寺院占据了大量的民田民宅，浪费大量人力财力去铸造寺庙和佛像，而且要供养数十万的和尚和尼姑，大大增加了人民的负担。每一座寺院都拥有庞大的土地和财产，可以从事商业和高利贷活动，致使人民所受到的压迫和剥削也就更为沉重了。

【原文】

北元魏①，分东西②。宇文周③，与高齐④。

【注释】

①北：北方，北朝。元魏：北魏是拓跋氏建立，拓跋氏是鲜卑族，后改姓元，所以又称元魏。②分东西：元魏后来分为东魏、西魏。③宇文周：指宇文觉所建立的北周政权。宇文，复姓。④高齐：高洋所建立的北齐政权。高，姓。

北魏孝文帝改革，移风易俗。

【译文】

长江作为天然界线将南方政权和北方政权隔开。拓跋氏在北方建立了魏朝，又称元魏。元魏到了孝武帝时，大臣高欢独揽大权，孝武帝向西投奔宇文泰，于是北魏分裂为东魏和西魏。

宇文泰的儿子宇文觉趁势夺取皇位，建立周朝，史称北周（宇文周）。高欢的儿子高洋同样趁机灭了东魏，建立齐朝，史称北齐（高齐）。

【细说活解】

民族大融合

中国是一个以汉族为主体的统一的多民族国家。我们称自己为中华民族，这里的中华民族并不是现代社会学和人类学上所说的，具有相同血系、语言、住所、习惯、宗教、精神体系的民族,而是一个政治概念。中华民族是由几千年来,各个民族之间不断地交流融合而产生的,具有民族凝聚力和民族感情,是一个和谐的大家庭。

中国古代历史上有几次非常重要的民族大融合时期,如春秋战国时期、三国两晋南北朝时期、宋元时期等。三国两晋南北朝时期是我国古代第一个民族大融合的高潮时期。这一时期,许多民族都建立了政权,并纷纷与汉族融合。无论是南方还是北方,各民族间都有双向或者多向的迁徙或对流。这一时期最为重要、影响最为巨大的就是北魏孝文帝的改革。

孝文帝改革的内容主要是创建新制、实行汉制、移风易俗等方面。政治上,制定官吏俸禄制,俸禄由国家统一筹集;经济上,推行均田制和新的租调制,减轻农民的负担,增加朝廷的收入,提高了生产力;文化上,孝文帝迁都洛阳,接受汉族先进文化,穿汉服、讲汉语、改汉姓,积极与汉人通婚等。

孝文帝的改革一方面促进了北魏政治、经济的发展,另一方面有效地推动了民族之间的融合。孝文帝所代表的鲜卑族以武力征服汉族和其他少数民族后,又被汉族所拥有的较高的文化所征服,不断吸取汉族先进文化,加快自身的发展,并巩固了封建统治。另外,汉族也从其他民族中吸收了其中优秀的部分,各民族间取长补短,使自己发展得更加完善。

民族融合是历史发展的必然趋势,中华民族就是在这样一次次的融合同化的过程中变成现在这样一个多元化的民族,我们应当尊重各民族的习惯,友爱各民族的人民,为我们这个和谐美好的大家庭感到自豪和骄傲。

我们应当尊重各民族的习惯,友爱各民族的人民,为我们这个和谐美好的大家庭感到自豪和骄傲。

【原文】

迨至隋[①],一土宇[②]。不再传,失统绪[③]。

【注释】

①迨:等到。隋:指隋文帝杨坚建立的隋朝。②一:统一。土宇:土地和房屋,指国家、天下。③失统绪:亡国的意思。统绪,政权、统治。

【译文】

南北朝时期朝代不停变换,直到杨坚以武力再度统一天下,才结束了这段纷乱的历史。杨坚建立隋朝,史称隋文帝。可惜只传到隋炀帝就亡国了。

【细说活解】

"功过"大运河

隋朝是我国历史上非常重要的王朝之一,它结束了自魏晋南北朝以来长达三百年的南北分裂的局面,完成了中国的大一统,重新建立出统一的多民族国家,使中国在之后的几个世纪里都保持着政治的统一。在隋朝不到四十年的统治里,确立了对后世具有深远影响的三省六部制,制定出完整的科举制度,军事上开拓疆土,征讨四周国家,扩张隋朝版图。不仅如此,还开发畅通了丝绸之路,开通了运河,修筑了长城。

隋朝种种举措中,对后世影响最为深刻久远的,当属大运河的开发。大运河以洛阳为中心,南起余杭,北至涿州,跨越地球十多个纬度,纵贯东南沿海和华北平原,连接黄河流域长江流域两个文明,使黄河流域长江流域逐渐成为一体,是中国古代南北交通的大动脉,隋唐大运河是世界上开凿最早、规模最大的运河,是我国古代劳动人民创造的伟大的水利建筑工程。元朝时,经取直疏浚,进一步通到北京,成为现在众所周知的京杭大运河。大运河的修建,军事上可以缩短军队调动行程和日期;政治上有利于对江南地区的控制,巩固中央集权统治;经济上加强了南北经济中心的联系,促进了生产力的提高。同时大运河使中国水运畅通、发达,为中国后世的繁荣富强打下了牢固坚实的基础。

隋炀帝开凿大运河耗尽民力。

然而,对一个刚从战乱走出,正逐渐恢复的新建国家,兴修这样一条运河是十分耗费国力的。由于大运河修建得急促,无休止地劳动加上疾病侵袭,掘河的民夫中死亡人数占全部一半以上。不仅如此,隋炀帝修运河后几次三番的乘龙舟南行,花费巨大,劳民伤财,天下百姓怨声载道,终于纷纷起义,导致隋朝灭亡。唐朝文学家皮日休在《汴河怀古》中说:"尽道隋亡为此河,至今千里赖通波。若无水殿龙舟事,共禹论功不较多。"

【原文】

唐高祖①,起义师②。除隋乱③,创国基④。

【注释】

①唐高祖:指唐朝的开国皇帝李渊。②起:起义,兴起。义师:反抗残暴或为正义

而战的军队。③除：去除，消除，平定。隋乱：指隋朝末年混乱的局面。④创：创立，开创。国基：国家基业。

【译文】

隋炀帝好大喜功、荒淫残暴，到处发动战争，大量增加税收，百姓们生活在水深火热之中，于是纷纷起义对抗朝廷。

最后，李渊率领的军队脱颖而出，逐个铲平各地势力，李渊登基为唐高祖，开创了大唐帝国的基业。

【细说活解】

忠言逆耳利于行

"忠言逆耳利于行，良药苦口利于病"最早出自于《增广贤文》，意思是好的药虽然非常苦，但是对于治病却非常有用；忠诚的话虽然伤人，但是有利于人们改正自身的缺点。这句话是教导我们要勇敢地接受批评，从而避免走上弯路。

纵观我国历史，大凡有成就的人，都敢于接受批评，关于听取别人的意见。他们能够吸取别人的经验和教训，从善如流，才成就了一番事业。

唐太宗李世民就是这样一个君主，他与大臣魏徵之间的故事广为流传。魏徵以"犯颜直谏"而闻名，即便惹怒了皇帝，他也泰然自若，是我国历史上最负盛名的谏臣。李世民曾经问魏徵什么是明君，什么是昏君，魏徵回答他："君之所以明者，兼听也，君之所以暗者，偏信也。"意思就是说，能够听取别人意见的君主是明君，不能听取别人意见或者偏信小人的就是昏君。成语"兼听则明，偏信则暗"就是从这里演化而来的。

史书上记载了很多关于魏徵直言进谏的事情。贞观十一年时，魏徵见唐太宗怠于朝政，生活渐加奢靡，便奏上著名的《谏太宗十思疏》，以"固本思源"为喻，说明了"居安思危，戒奢以俭"的重要性。《谏太宗十思疏》中向唐太宗提出了"十思"，即十条劝谏，这十条劝谏条条坦诚、句句惊心，唐太宗也都接受了。《谏太宗十思疏》所提到的"用人""纳谏"策略也成为唐朝初期的基本治国方略。

后来魏徵因病去世后，唐太宗经常思念魏徵，他对侍臣说："夫，以铜为镜，可以正衣冠；以史为镜，可以知兴替；以人为镜，可以明得失。魏徵没，朕亡一镜矣！"这"三镜"之说，成为被后世称道的名言。

【原文】

二十传①,三百载。梁灭之②,国乃改③。

【注释】

①二十传:指唐朝自建国到灭亡,一共传了二十位皇帝。②梁:指五代时后梁开国皇帝梁太祖朱温(全忠)。之:代指唐朝。③国:国号。乃:才。

【译文】

唐朝从建国到灭亡,总计历经二十位皇帝,统治将近三百年之久。

唐朝是一个文治武功都很有成就的大帝国,不过在"安史之乱"后,国势逐渐衰落,又经历了几次大规模的动乱,最后朱全忠掌握大权,篡夺了唐昭宣帝的皇位,改国号为"梁",为了与南北朝时期的梁朝相区别,史称"后梁"。

【细说活解】

盛极必衰,物极必反

事物发展到极端,会向相反方向转化。司马迁的《史记》中有"夫月满则亏,物盛则衰,天地之常也",他认为"物极必反"是一个普遍的规律,就像是月满则亏这种自然规律一样。历史上有很多人都认同"物极必反"这一命题,《吕氏春秋·博智》中明确地提出了"全则必缺,极则必反,盈则必亏。"我们现在经常说的"乐极生悲"、"否极泰来"也都有这样的意思。

"物极必反"的思想最早由老子提出,他在《道德经》中说:"物壮则老,谓之不道,不道早已。"事物壮盛到了极点就会衰朽,发展到极限就会向相反方面转化,这是"道"运行的必然结果,是自然运动的规律,世间万物内部就包含着对立的关系,万物消长盛衰,周而复始,都与事物内部的对立关系有关。

我国历史上也有很多"盛极必衰,物极必反"的例子,比如王朝的更替、家族的兴衰、个人的荣辱,"物极必反"作为一个自然界的普遍规律,存在于每个事物之中。

唐朝经历了唐太宗贞观之

朱全忠掌握大权,篡夺了唐昭宣帝的皇位,改国号为"梁"。

治和唐玄宗的开元之治后，达到了一个极为鼎盛的状态。在这之后，唐朝也像之前的朝代一样，出现了外戚专权、朝纲紊乱、朝廷昏暗的现象，最终导致了"安史之乱"的发生，使唐朝走向下坡路，最终灭亡。

【原文】

梁唐晋①，及汉周。称五代②，皆有由③。

【注释】

①梁唐晋（汉周）：分别指后梁、后唐、后晋、后汉、后周。②五代：唐朝灭亡之后，在中原地区相继出现了五个朝代，即上面所说的后梁、后唐、后晋、后汉、后周。③皆有由：都是有原因的。皆，全、都；由，原因、缘由。

【译文】

朱全忠篡唐建梁，史称后梁；李存勖篡梁建唐，史称后唐；石敬瑭篡唐建晋，史称后晋；刘知远篡晋建汉，史称后汉；郭威篡汉建周，史称后周，五个朝代合称"五代"。这些朝代最长的不过十几年，最短的甚至只有四年，是一个动荡不安的黑暗时代。

五代的开国君王都是篡夺了别人的帝位才当上皇帝，所以五个朝代的突然兴起和突然灭亡都是有原因的。

【细说活解】

正统史观与"五代十国"

正统史观是指历代史学研究者对历史事件持有的共同观点，是我国传统史学中最深层的历史观念之一，在史学研究中占主导地位，影响深远。

"正统"一词出自儒家经典《春秋》，本义是以宗周为正，尊先王、法五帝，为天下一统。宗周包括血统上的嫡长子继承制以及文化上的华夷之辨。华夷之辨是指以文明礼仪作为标准，对人群进行分辨。华夷之辨又叫夷夏之辨，顾名思义，是区辨华夏族和蛮夷之族的。正统史观就是以这种一脉相传的继承性或华夷之辨为主要观念的史学观。

"五代十国"最早出自北宋薛居正的《旧五代史》和欧阳修的《新五代史》这两部史书，古人撰写史书时一般就以正统史观为主，后梁、后唐、后晋、后汉、后周这五个国家因为建立于中原地区，就被视为正统，被称为"五代"。而前蜀、后蜀、吴、南唐、吴越、闽、楚、南汉、南平、北汉等十几个政权则被称为"割据势力"。《新五代史》中提出了"十国"的说法，是选取了当时众多割据势力中比较有代表性的十个政权，著为"十国世家"。但是，站在后来的角度看历史，"十国"也具有相当的影响和意义，因此不能以固有的、带有主观色彩的观点来看历史，会以偏概全，不利于史学的创新。因此，后人常常将"五代"与"十国"合称使用，这样更加严谨和全面。

【原文】

炎宋兴①，受周禅②。十八传③，南北混④。

【注释】

① 炎宋：自秦开始，历代王朝为标榜自己是正统，取代前朝是天命所归，便用五行的转换来解释朝代的更替，宣称自己是五行之一。宋朝认为自己代表"火德"，因此称宋朝为炎宋。炎，是火的意思。② 周：这里指五代中的后周。禅：禅让，古代帝王让位给别人。③ 十八传：一共传了十八位皇帝。传，这里是指传授帝王权位。④ 混：混同，掺杂在一起。

赵匡胤黄袍加身。

【译文】

后周的恭帝七岁即位，大权便落入了禁军将领赵匡胤手中，他与部下合力演出"黄袍加身"的戏码，后周皇室知道大势已去，只好将帝位禅让给他。赵匡胤登基后，改国号为"宋"，就是宋太祖。

宋朝自建国至灭亡，总计经历了十八位皇帝，这时北方少数民族势力非常强大，经常南下袭击宋朝边境，造成南北混战的局面。

【细说活解】

君权神授和君权"民"授

君权神授是封建专制时期的一种政治理论，认为君主的权利是神赐予的，君主代表神管理人民，享有江山。在《尚书》中，就有"有夏服天命"的说法，到了周朝时，就有了"丕显文武，皇天宏厌厥德，配我有周，膺受天命"这样直接宣传"君权神授"思想的铭文。汉朝时，这个思想有了非常系统的发展，董仲舒提出了"天人相与"的理论，认为天和人之间是相通的，天是最高的主宰，而人应该按照天的意志来行动。君主是天的儿子，是奉天的命令统治天下的，所以百姓应该对天子绝对地服从。君权神授的理论在中国产生了深远的影响，以至于无论是后代君王，还是起义造反的领袖，没有不假托天命的。

但是古代中国素有"民贵君轻"的说法。"民贵君轻"是由孟子提出的，他从仁政的角度出发，站在国家的立场上，认为百姓才是国家的基础，百姓比君主更重要。在孟子看来，朝代的更迭，皇位的易主，都是取决于民众。孟子的"民贵君轻"理论体现了一种民本思想，也有相当深刻的意义。后世很多君王都能认识到民众的重要性，比如汉高祖说过"王者以民人为天"、隋炀帝提出"非天下以奉一人，乃一人以主天下"，唐太宗也有"君依于国，国依于民"的说法等。

秦末农民起义时，陈胜吴广就利用"君权神授"的道理，将写有"陈胜王"的字条放置在鱼肚子里，待戍卒剖鱼腹时发现这一帛书感到惊异。陈胜以此来证明起义符合天意，说明他已不再是雇农，而是他们的真命天子。而到了宋太祖赵匡胤时，更注重的是士兵将领的拥护。他派自己的亲信在众将士中散布议论，说皇帝年幼，国家又处在多事之秋，我们如此拼命效力国家，有谁知晓？不如拥立赵匡胤为皇帝，然后再出发北征，或许还能多得些好处。于是将士们的兵变情绪被煽动起来，当夜就选出了代表，去见赵匡胤的弟弟赵匡义和亲信赵普。众人合谋将一件早就准备好的黄袍盖在假装醉酒刚刚醒来的赵匡胤身上，众人一起跪下，呼喊万岁，遂拥立他为皇帝。赵匡胤就这样"勉为其难"地黄袍加身，建立了宋王朝。

【原文】

辽与金①，皆称帝。元灭金②，绝宋世③。

【注释】

①辽：国名，契丹人耶律阿保机建立，后为金所灭。金：国名，女真人完颜阿骨打建立，后为蒙古所灭。②元：指元朝，蒙古人建立的朝代。成吉思汗铁木真建国，初号蒙古，1271年忽必烈定国号为元，1279年灭南宋统一全国。③绝：断绝，消灭。宋世：宋朝的天下。

【译文】

宋朝建立前后，北方少数民族势力强大，契丹人、女真人与蒙古人先后称帝，建立了自己的国家。他们全都野心勃勃，想攻打南方，以夺取更广大的土地和更丰富的物产。

契丹人建立了辽国，女真人灭辽建金，最后成吉思汗统一各部落，建立了蒙古国，并先后灭掉金朝与宋朝，结束了南北分裂的局面。忽必烈改国号为"元"，他就是元太祖。

【细说活解】

因俗而治

宋朝时期，北方很多少数民族崛起，并建立了自己的政权，其中比较强大的两个政权分别是以契丹族为主体建立的辽朝，和以女真族为主体建立的金朝。

这两个王朝在与中原的国家交往中，融汇了汉族先进的文化，使本身的经济、文化在短时间内得到了快速的发展，接连统治了整个中国北部。

辽朝建立了一个"南北面官制"，以"本族之制治契丹，以汉制待汉人"，实行"因俗而治"的政策。金朝初期也采用辽朝"因俗而治"的体制，熙宗改制以后才全盘采用女真制。

所谓的"因俗而治"，就是根据不同的民俗进行不同的治理。采用这种制度，可以使少数民族政权尽快地适应中原的社

完颜阿骨打建立金政权。

会习俗和社会制度，以及适应不同程度的生产力和生产方式，既有利于统治阶级维护统治，维持社会稳定，又有利于少数民族向先进的汉民族文化进行学习。我国历史上有很多"因俗而治"的例子，大多出现在少数民族统治时期，例如元朝和清朝，向上也可以追溯到周朝时期。统治者根据自身的情况，结合当地的民俗民风进行治理。唯物辩证法的方法论讲求一切从实际出发，这种"因俗而治"的体制就体现了一切从实际出发的要求，具有科学性和极高的可操作性。

【原文】

莅中国[1]，兼戎狄[2]。九十载，国祚废[3]。

【注释】

[1] 莅：治理，统治。中国：这里指中原地区，主要是现在的黄河中下游地区。[2] 兼：兼并，大国吞并小国。戎狄：先秦时对中国北方、西北等地少数民族的统称。[3] 国祚：祚是帝王的宝座。"国祚"引申为王朝统治的时间。废：废止，灭亡。

【译文】

蒙古人入主中原，又吞并了西方和北方各少数民族，统一全国。元朝疆域空前广阔，它的全盛时期，经济繁荣，国力强盛，在当时是世界上数一数二的大帝国。

元朝统治期间四处征战，导致民不聊生，结果只维持了短短九十年的时间就被农民起义推翻了。

【细说活解】

"一代天骄"成吉思汗

成吉思汗是世界史上杰出的政治家、军事家，是元朝的开国皇帝。铁木真年轻时就扫平蒙古草原上各个强大的部落，统一蒙古草原建立了"大蒙古国"，被推举为举世闻名的"成吉思汗"，成吉思汗的意思是"拥有海洋四方的大酋长"。建国后不久，成吉思汗就开始对外发动大规模征服战争，征服了将近整个欧亚大陆。成吉思汗和他的子孙建立了人类历史上疆域面积最大、人口最多、经济模式堪称第一的庞大帝国，元朝的疆域北至北冰洋沿岸，包括西伯利亚大部，南到南海诸岛，西南包括今西藏、云南，西北至今中亚，东北至外兴安岭（包括库页岛）、鄂霍次克海，领土不下两千万平方公里。

由于元朝的势力扩展到了西亚地区，使得欧洲和中国之间的交往便利起来，无论在经济、科学技术、文化艺术、天文历法、商业等方面，元朝都达到了前代所没有的水平，成为当时世界上最富庶的国家之一，在著名的《马可·波罗游记》都有体现。

成吉思汗作为古今中外著名的政治军事家，近千年来，收到很多中外名人的赞颂。法兰西帝国的皇帝拿破仑曾说："我不如成吉思汗。不要以为蒙古大军入侵欧洲是亚洲散沙在盲目移动，这个游牧民族有严格的军事组织和深思熟虑的指挥，他们要比自己的对手精明得多。"美国五星上将麦克阿瑟说："那位令人惊异的领袖（成吉思汗）的成功使历史上大多数指挥官的成就黯然失色。"

【原文】

明太祖①，久亲师②。传建文③，方四祀④。

【注释】

①明太祖：明朝开国皇帝朱元璋②久：多年，长久。亲师：亲自领兵出征。③传：传给，传位。建文：建文帝朱允炆，朱元璋皇长子朱标之子。④方：才，仅仅。四祀：四年。

【译文】

明太祖朱元璋，是一位亲身迎敌久历杀场的君王，其基业帝位皆是靠自己打下的，多年征战之后灭元建立大明王朝，是一位事事亲力亲为的开国之君。其去世后将帝位传于皇孙建文帝，可惜其孙生性懦弱胆怯，在与众皇叔的政治斗争中毫无反手之力，在位区区四年便被夺了帝位。

【细说活解】

靖难之役

明太祖朱元璋灭元朝建立大明王朝，为了稳固朱氏江山，便大肆封赏自己的宗亲，宗室中有二十多人被封为藩王，分散驻守国中各地。朱元璋所封的这些藩王虽然没有对封地的统治权，但是掌握实在的兵权，最少的藩王有数千护卫兵，最多的能达至两万卫兵。尤其是朱元璋的嫡三子晋王朱棡、第十六子宁王朱权和第四子燕王朱棣更是手握重兵，远远驻扎在北方边境。

洪武二十五年（1392），因朱元璋所立的太子朱标病逝，朱元璋改立朱标之子朱允炆为帝位的继承人。而此时远在边境的朱棣因其文武双全，谋略过人，势力与声望如日中天，且两次亲自率兵北征，在北方军队中广有威名。不久秦王朱樉、晋王朱棡相继去世，朱棣无论在能力与兄弟排位上都先于诸位藩王，因此众藩王都以其为尊，行事皆以朱棣马首是瞻。

洪武三十一年，明太祖朱元璋驾崩，朱允炆继位，是为建文帝，建文帝乃是少年天子，继位时年轻气盛，未继位时已经对诸位手握重兵的藩王的所作所为极其不满，尤其是燕王朱棣，更是令他感觉如芒在背，寝食难安。兼之曾经为其伴读的大臣黄子澄等人一力主张削藩，建文帝心中虽大以为然，但是毕竟对势力强大有很高威信的朱棣怀有忌惮，两难之下竟做出了一个加速矛盾激化的错误决定，他并未敢先动燕王，而是突然削去了几个势力单薄的亲王的爵位。此举在藩王中引起极大反响，燕王朱棣当即警醒震怒，借以明太祖的《皇明祖训》中"朝无正臣，内有奸逆，必举兵诛讨，以清君侧"为名，指责主张削藩的齐泰、黄子澄是奸佞之臣，需以诛讨，继而发兵攻取了京城周边居庸关、怀来、密云等外围之地，随后从容不迫地直逼京城。

年轻的朱允炆无论在智谋还是战略经验上都远远不及朱棣，兼之朱元璋在建国之后怕众位帮助他夺得天下的谋臣良将有功高盖主之嫌，将这些栋梁之材几乎屠戮殆尽。此时朱允炆更是无人可用，只得派古稀之年的老将耿炳文率军出征迎敌，其结果自不用说。之后朱允炆又妄信奸臣李景隆，受其将己过夸耀成功绩的蒙蔽，做出种种错误决定，致使自己的军队连连败退，而燕军趁势步步紧逼。

燕军自瓜洲渡江直抵金门，驻守金门的李景隆和谷王开门迎降，朱棣从容不迫地进入京城，百官跪迎拜服，争相拥戴其称帝。至此，这场历时四年的"靖难之役"，终告完结。燕军入宫之时，建文帝眼见大势已去，无望之下将宫中帷幔点燃，在混乱的火场中失去了踪迹。之后，朱棣登基改年号为永乐，是为明成祖。

【原文】

迁北京①，永乐嗣②。迨崇祯③，煤山逝④。

【注释】

①迁：迁都。②永乐：永乐为明成祖登基时所用年号，此处所指明成祖朱棣。嗣：继承，接续。③崇祯：崇祯为明朝最后一个皇帝朱由检的年号，此处指朱由检。④煤山：北京景山，朱由检于此山上吊自尽。逝：死去。

迁北京，永乐嗣。

【译文】

明成祖朱棣登基之后，将首都从南京改迁至北京，自此代代延续直至明朝最后一个皇帝崇祯帝，在国破家亡之后，来到故宫北边的景山上吊自尽。

【细说活解】

崇祯自缢

明朝的最后一位皇帝崇祯，是一位充满悲情色彩的亡国之君，历史上很多文人墨客，学者与评论家都对崇祯帝朱由检的性格与举措诸多诟病，但唯一无法否认的是，朱由检的确是一位勤政有志向的皇帝。

朱由检登基之时，明王朝已经全面衰败，天下动荡处于内忧外患之中，朝中阉党当权乱政，边境金兵屡屡进犯，国中义军四起，大臣之间纷争不断。朱由检刚一登基，面临的便是这样一副混乱不堪的局面，他眼见局势不断恶化心中焦虑，但国中上下矛盾交织，隐患弊端积压已久，根本无法在短时期内看见治理的成效。朱由检生性急躁，刚愎自用，求治心切，急于有所作为，接连做出错误的决定与举措，致使危如累卵的明王朝更加摇摇欲坠。

朱由检在登基之初大力铲除乱政的阉党，曾经使明朝衰败的政权有所提升，但是可惜其随后又任命了一批新的宦官，之前的努力顿时付之东流。更加雪上加霜的是朱由检心胸狭隘，多疑善妒，因为猜忌，将能抵御十万金兵入侵的兵部尚书袁崇焕骗回京城，以剐刑处死，此举无异于自毁长城，国中上下一片哗然，朝中臣子因此对朱由检心存芥蒂。

朱由检察觉天下动荡，人心不安，一番思量之后自觉处置多有不当，愧悔之下连发六道"罪己诏"，但悔之晚矣，明朝终究大势已去。

崇祯十七年（1644）三月十七日，李自成率领起义军攻陷京城直取紫禁皇城而来，崇祯闻讯心神俱乱，精神处于崩溃状态，命人带领三位皇子逃出皇城之后，下令各宫嫔妃自尽全贞，随后手提宝剑逐宫巡视，凡见有不肯赴死的妃嫔，随手砍杀，甚至连自己的亲生女儿也没有放过。据《明史》中记载，长平公主深得崇祯喜爱，时年十六岁正待成婚，当时被崇祯砍断左臂，幼女昭仁公主被刺死，周皇后自缢。

此时崇祯已经穷途末路，万念俱灰，在贴身太监王承恩的陪伴下来到紫禁城不远处的景山寿皇亭旁自缢身亡，临死前他将自己王冠除下，头发打散，意为自己不是称职的君王，致使朱氏江山落入旁人之手，死后没有颜面见列祖列宗，并咬破手指以血写书留与李自成，请求他不要伤害人民。

崇祯为人偏执，才能低微，所以难以胜任中兴大明朝的重任，其成为亡国之君亦是必然之事。

【原文】

清太祖①，膺景命②。靖四方③，克大定④。

【注释】

①清太祖：即清太祖爱新觉罗·努尔哈赤。②膺：承受，接受。景命：上天的命令。③靖：平定，使秩序安定。四方：指国土各地。④克：能够，这里引申为完成。定：平安，安定。

【译文】

清太祖爱新觉罗·努尔哈赤声称自己接受了上天的旨意，建立了后金国（清朝的前身）。到清世祖顺治皇帝时，派兵进入山海关，打败了李自成，夺取了原本由他占领的北京，定为国都，成了第

清太祖努尔哈赤像。

一位入主中原的大清皇帝。此后，清朝又先后平定了拥戴福王、鲁王、唐王、桂王等建立的南明小朝廷，以及全国各地的抗清斗争，建立了空前巩固的多民族国家。

【细说活解】

"清风不识字，何事乱翻书"

"清风不识字，何事乱翻书"是清朝雍正时期，翰林院庶吉士徐骏写下的两句诗。清朝廷认为这里的"清风"暗指了清政府，是存心诽谤，以"大不敬"的罪名实行了斩立决。这就是我们经常听说的文字狱。

文字狱是指封建社会统治者迫害知识分子的一种冤狱，《汉语大词典》定义为"旧时谓统治者为迫害知识分子，故意从其著作中摘取字句，罗织成罪"，顾名思义，就是统治者为了维护自己的统治，排除异己之见、迫害文人的一种方式，以明清时期最甚。

中国的文字狱由来已久，如魏晋时期嵇康因《与山巨源绝交书》被执政者司马师"闻而恶之"，而被斩于东市；北宋诗人苏轼也是因为统治者认为他诗中"包藏祸心，诽谤谩骂"而被捕入狱。到了清朝时期，清朝统治阶级为了维护地位，大兴文字狱，已经达到了空前绝后、登峰造极的程度。史料记载，顺治帝兴文字狱七次，康熙帝兴文字狱十二次，雍正帝兴文字狱十七次，乾隆帝兴文字狱一百三十多次。清朝文字狱大兴的原因是多重的，按照儒家"正统"观念，清王朝以少数民族入主中原，是"乾坤反覆，中原陆沉"，因此很多知识分子都对清政府持敌对态度。而文字狱的根本原因则是封建专制制度空前强化的产物。

从秦朝的焚书坑儒，到清朝的文字狱大兴，中国的传统文化一直在遭受浩劫，传统文化遗产能够流传至今，实属不易。我们更应当爱护我们现在所拥有的一切，尽自己最大的努力去发扬中国传统文化。

【原文】

读史者，考实录[①]。通古今[②]，若亲目[③]。

【注释】

①考：研究、推求。实录：符合实际的记载。②通：懂得，彻底了解。古今：古代和现代，这里指古往今来的历史脉络。③若：好像。亲目：亲眼看见。目，看。

【译文】

阅读史书还要注意进一步查找历史资料，和书籍互相对照参考，从多个角度和侧面去理解历史事件，对历史发展演变的过程及原因有一个比较客观的认识。

如果能做到这一点，就能深入透彻地掌握古往今来的历史脉络，好像自己身临其境，亲眼看见了历史上人、事、物盛衰兴亡的过程。

【细说活解】

史有"三长"

刘知几是唐朝时期著名的史学家，他撰写了我国第一部系统性的史学理论专著《史通》。《史通》不仅是我国第一部系统性的史学理论专著，同样，在世界上也是第一部。全书内容主要评论史书体例与编撰方法，以及论述史籍源流与前人修史之得失，分为史学理论和史学批评两大部分，系统地总结了唐朝以前史籍的全部问题，拥有极高的史学地位，影响深远。

刘知几在《史通》中还提出了"三长"的论点，三长即史才、史学、史识。所谓史学，是指拥有丰富的历史知识以及与历史相关的知识；史识，是既包含了历史见解，又拥有秉笔直书、忠于史实的品质；史才，是具有研究能力和表达技巧。刘知几认为，这三才必须兼备，而史识是最为重要的，因为史识的核心就是忠于历史真相，秉笔直书。刘知几还在《史通》中对史学工作进行了一些论述，比如他将史学家的工作分为三个等次：一是敢于秉笔直书，好是正直，善恶必书的，如董狐、南史；二是善于编纂史书，流传不朽的，如左丘明、司马迁；三是具有才高学广，举世闻名的，如周代的史佚、楚国的倚相。刘知几强调"直笔"，提倡"不掩恶、不虚美"的写作立场，认为"爱而知其丑，憎而知其善"。

董狐是春秋晋灵公时期的史官。据史书记载，晋灵公书荒淫无道，喜欢奢侈糜乱的生活，聚敛民财，致使举国上下怨声载道、民不聊生。执政大臣赵盾多次苦心劝谏。晋灵公不但屡教不改，还反过来派人刺杀赵盾。赵盾无奈只得出逃。赵盾逃到晋国边境的时候，听说晋灵公被自己的族弟赵穿杀死了，

读史者，考实录。

就赶回晋国都城。

史官董狐将这件事情记载下来，以"赵盾弑其君"宣于朝廷。赵盾认为晋灵公的死是赵穿所为，不应该怪在他头上。董狐说："子为正卿，亡不越境，反不讨贼，非子而谁？"意思就是，赵盾是国家执政大臣，出逃没有过边境，君臣之义就没有断。回朝之后，赵盾却没有讨伐逆贼，不尽责任，因此"弑君"的罪名就应该有赵盾来承当。

春秋时期，礼乐崩坏，权臣掌握着生杀大权，坚持以礼为书写原则的史官并不都能受到赞扬，比如战国时期齐国的太史公，因为如实写了权臣崔杼弑君的事情，崔杼命其修改，致使兄弟三人接连被杀。董狐的直笔，也是冒着巨大的风险的，因此孔子称赞董狐为"书法不隐"的"古之良史"，为后人所赞颂。

【原文】

口而诵[①]，心而惟[②]。朝于斯[③]，夕于斯[④]。

【注释】

①诵：朗诵、朗读，有高低起伏地大声读出来。②惟：想，思考。③朝：早晨。于：在，到。斯：此、这，这里代指所读之书。④夕：夜晚，晚上。

【译文】

掌握了研究历史应该注意的事项之后，就该总结学习方法了。

读书时，不仅要大声朗读、背诵，还要用心思考，深入了解所学的内容，这样可以让记忆更深刻。勤奋地学习是最重要的，必须持之以恒，才能对书中的内容熟记不忘，并不断有新的收获。

【细说活解】

语言是思维的工具

语言是人类最为重要的交际工具，人们通过语言相互交流，传递信息，继而组成共同的文化、形成共同的民族，因此，语言也是民族的重要特征之一。

语言也不仅仅是人类一种重要的交际工具，同时也是人类进行思维活动时重要的工具。语言是思维的载体和物质外壳以及表现形式，没有语言就不可能进行抽象的思维。

一般认为，思维的结果需要借助语言才能储存和传递。因此在学习的时候，经常诵读于口，更有利于理解和背诵，也有利于矫正发音，同时有助于我们培养抽象思维，提高对事物的认知能力。在浏览史书的时候，配合着诵读和思考，这样能更加全面地思考历史，了解历史，发现掩藏在历史现象背后的普遍规律，感悟出深刻的道理。

【原文】

昔仲尼①，师项橐②。古圣贤，尚勤学③。

【注释】

①昔：以前，过去。仲尼：孔子。孔子名丘，字仲尼。②师：把……当做老师，就是向人学习。项橐：人名，春秋时鲁国的神童。③尚：尚且，还。

【译文】

鲁国有个叫项橐的小孩，他只有七岁，但小小年纪便已十分聪明，很有主见，孔子并不因为自己是公认的大学问家，而对方

昔仲尼，师项橐。

比自己年纪小，就觉得向他学习是丢脸的事，仍然把他当做老师一样虚心请教。像孔子这样伟大的圣贤，尚且不耻下问、勤奋好学，我们普通人应该更加努力才对。

【细说活解】

三人行，必有我师

"三人行，必有我师焉。"这句话出自《论语·述而》，意思是与三个人同行，其中一定有一个人能够做我的老师。孔子认为，几个人同行的时候，其中一定会有人在某方面高于自己，这个时候就要虚心请教，如果那人为善，就虚心学习；如果为恶，就引以为戒，反省自己。这样，无论同行的人是善或者不善，都是自己的榜样。

孔子曾说"何常师之有"，求学没有固定的老师，能够让自己有所增益的，就是老师。相传孔子与弟子东游纪障城的时候，见几个孩子蹲在路中间，用沙子垒城堡，孔子的车到跟前，孩子们也不动。孔子就问他原因，那小孩回答说："城池在此，车马怎么能过去。再说只有车马让城，哪有城让车马的道理？"孔子无奈，只得绕"城"而过。

车子继续向前，有一农夫正在路边锄地，方才被孩子戏弄的子路，一路上心里一直不高兴，就上前蓄意为难农夫，问他一天锄头能抬起来几次，农夫一时无语。这时，项橐，赶来为农夫解围，反问子路拉车的马蹄一天要抬几次，子路哑口无言。项橐就是刚才让孔子绕"城"而过的孩子，孔子见他聪明伶俐，就说："看你这个小孩才智过人，现在你我二人各出一题，互相回答，答对的人就做答错的人师傅，怎么样？"项橐说："不可以骗我。"孔子说："童叟无欺。"接着说："小孩儿，你可知天上有多少星辰，地上有多少五谷？"项橐答道："苍天高远不可以用丈来测量，大地宽广不能用尺来测量，天有一夜星辰，地有一茬五谷。"答完，项橐问："夫子，你可知人又多少根眉毛？"孔子答不出，正要问如何拜师，却见项橐已纵身跳入一旁的水塘中，孔子一头雾水，项橐浮出水面道："沐浴后才可行礼，夫子你也来沐浴。"孔子说："我没有学过游泳，怕沉到水里浮不上来了。"项橐说："不会不会，你看那鸭子也没有学过游泳，也能浮起来。"孔子说："那是因为鸭子有阻隔水的羽毛，所以不沉。"项橐又说："葫芦可没有羽毛，也不会沉啊。"孔子说："葫芦圆圆而且中间是空的，所以不会沉下去。"项橐又问："那钟也是圆圆的而且中间是空的，为何就浮不起来呢？"孔子被自己绕进去，面红耳赤地答不上来。等项橐沐浴完毕，孔子设案行礼，拜项橐为师。

　　身为唐宋八大家之一的韩愈有一篇《师说》，其中也说过"圣人无常师""无贵无贱，无长无少，道之所存，师之所存也"，学习不分高低贵贱，不论年长年少，圣人孔子都向贤德不如他的人虚心请教，我们也应该如此。

【原文】

　　赵中令①，读鲁论②。彼既仕③，学且勤④。

【注释】

　　①赵中令：指宋太宗时中书令赵普。中令，宋朝官名，相当于宰相。②鲁论：书名，指《论语》。《论语》有三种流传版本，《鲁论》、《齐论》、《古论》，现在我们通常读的《论语》是《鲁论》。③彼：他，这里指赵中令。既：已经。仕：做官。④且：尚且，还。

【译文】

　　宋太宗时的中书令赵普虽然做了大官，工作十分忙碌，但仍然没有放弃学习。在所有书籍中，赵普最爱读《论语》，一有机会就捧在手中反复品味，于是就有了"半部论语治天下"的典故。

　　赵普已经当了高官，尚且刻苦攻读，我们普通人更加不能放松对自己的要求。

【细说活解】

业精于勤，荒于嬉

唐朝著名诗人、文学家韩愈曾在文章中说："业精于勤，荒于嬉；行成于思，毁于随。"意思是说：学业因为勤奋而精通，却因放松嬉戏而荒废；事情因为反复思考而成功，却因放纵随意而毁灭。我们常说：学无止境。任何时候都不放松对学习的要求，无论处在什么环境下，都将读书当做终生的事业来看待，在学习上精益求精，才能有所成就。

赵普是北宋著名的政治家，是宋太祖赵匡胤的手下，赵匡胤出谋划策，发动兵变，做了皇帝。后来，赵普又辅佐宋太祖东征西讨，统一了全国，被宋太祖任命为宰相。宋太祖死后，他的弟弟赵匡义继位，史称宋太宗。赵普仍然担任宰相。赵普读书不多，学问也不大，宋太祖赵匡胤曾劝他说："不读书是不行的，一定要多读书，才能有学问。"于是赵普便记在心里，无论朝政多么繁忙，也要钻研《论语》。

后来有人对宋太宗说赵普不学无术，所读过的书仅仅是一部《论语》而已，当宰相不合适。宋太宗不以为然地说："赵普虽然读书不多，这我一直都知道的。但是若说他只读过一部《论语》，我可不相信。"于是，一次宋太宗和赵普闲聊，宋太宗想起这件事，随意问道："有人说你只读一部《论语》，是真的吗？"赵普老老实实地回答说："臣读的书不多，所知道的，确实不超出《论语》这部分。但是过去臣以半部《论语》辅助太祖平定天下建立王朝，现在臣用半部《论语》辅助陛下，使天下太平。"后来赵普因为年老体衰病逝，家人打开他的书箧，发现里面果真只有一部《论语》。

这就是"半部论语治天下"的故事。古时候，出仕为官是一个人成功的标志，而赵普在当时已经是一国之相，身居高位却还能手不释卷，苦读《论语》，他这种学而不倦的精神，是我们学习的典范。

赵中令，读鲁论。彼既仕，学且勤。

【原文】

披蒲编①,削竹简②。彼无书③,且知勉④。

【注释】

①披:翻开,翻阅。蒲编:编起来的蒲草,这里指用蒲草编成的书,讲的是西汉路温舒的故事。蒲,草名,又叫草蒲。②削竹简:将竹子削成薄片,编成书册。削,用刀切去或割去;竹简,竹片,战国至魏晋时代用来书写的材料,这里讲的是西汉公孙弘的故事。③彼:他们,指路温舒与公孙弘。无书:意思是贫穷买不起书。无,没有。④勉:勤勉,勤奋。

公孙弘削竹简抄书。

【译文】

纸发明以前,所有的书都是逐字抄录在绢帛、羊皮、竹简和木牍上的,因此价格十分昂贵。西汉路温舒家里很穷,买不起书,但一心上进的他,把向别人借来的书抄在编起来的蒲草上阅读。

西汉还有个名叫公孙弘的人,和路温舒一样穷得买不起书,就把竹子削成薄片,再把文字一个个刻在竹片上,编成书册,供自己平时苦读。

路温舒和公孙弘家境贫寒买不起书,尚且勤勉好学。我们在学习中遇到困难,千万不能放弃,经过不懈的努力,最后定能取得优异的成绩。

【细说活解】

贫贱不能移

"贫贱不能移"出自《孟子》,是说一个人即便经历着贫穷卑贱,也不能轻易改变他的品质、信念或者理想。每个人都知道学习的重要性,都懂得各种道理,但是仍然有很多人都会找各种借口逃避学习,借口自己没有学习的条件,殊不知历史上有很多连书都读不起的人,却仍然坚持着读书。

路温舒是西汉著名的司法官,他从小聪明好学,热爱读书,但路家家境十分贫寒,经常连饭都吃不饱,不可能有钱让他买书,更不可能供他进学堂学习。小小年纪的路温舒不得不以放羊割草为生。看看有钱人家的孩子到学堂里读书,路温舒心里很是羡慕,同时也非常不甘心,他决心要想办法习字念书,将来做一个大官。路温舒在放羊的时候发现,蒲草又宽又长,可以用它写字,而且蒲草很薄,可以作书,比抄书用的竹木简方便许多。于是他采了一大捆蒲草背回家,晒干压平以后,细心地切成竹木简一样长短的蒲草片,用细线编连成书页。路温舒向人借来各种书籍,挤出时间认真地抄写在上面,做成一册一册的书。从此,他每逢出去放羊都会带着这种书,一边放羊一边读书,读完一本,再抄一本,反复读写,不断提高自身的水平。通过刻苦努力、坚持不懈的自学,路温舒成为一位著名的法律专家,也成为一代著名的学者。

我们常用"寒窗苦读"来形容读书环境的艰辛,古人在没有条件也要努力创造条件的情况下,也坚持学习,充实自己,厚积薄发,最终取得了成功。我们现在的学习环境要比古人优越得多,因此,还有什么理由不刻苦学习呢?

【原文】

头悬梁①,锥刺股②。彼不教③,自勤苦④。

【注释】

①头悬梁:头发挂在房梁上。头,这里指头发。悬,悬挂、吊挂。梁,房梁,架在墙上或柱子上支撑房顶的横木。这里说的是汉朝孙敬的故事。②锥刺股:用锥子刺自己的大腿。锥:锥子,尖头锐利的铁器;股:大腿。这里说的是战国苏秦的故事。③彼:他们,指孙敬和苏秦。不教:没有人教导。教,教导、教授。④自:自己。勤苦:勤奋刻苦。

【译文】

汉朝的孙敬为了防止自己读书时不小心打瞌睡,于是用绳子绑住头发,再把绳子悬挂在屋梁上,这样,只要打瞌睡时低下头,绳子就会拉扯头发,然后痛醒过来,抖擞精神接着读书。战国时的苏秦,只要读书时累得快睡着,就拿锥子刺自己的大腿,用疼痛战胜疲倦,强迫自己打起精神继续读书。

孙敬和苏秦两个人,没有人督促和教导他们学习,全靠自己勤奋刻苦。

孙敬悬发于梁苦读。

【细说活解】

悬梁刺股

"悬梁刺股"是一个我们十分熟识的典故,是汉代孙敬和战国时苏秦苦读奋进的故事,经常用来激励后学者,用以激发他们的不畏惧学习困难的勇气。"悬梁刺股"的意思是只要付出时间和精力,就会有收获。

孙敬是汉朝著名儒学家,年少时他博闻强识,勤奋好学,常常彻夜看书学习,街坊邻里都把他称为"闭户先生"。孙敬习惯边读书边做笔记,时常一看书就看到后半夜,时间久了,免不了会打瞌睡。每次醒来,孙敬都懊悔不已。有一天,他凝神苦思的时候,抬头看到了房梁,顿时眼前一亮。孙敬立马找来一根长绳,绳子的一头拴在房梁上,另外一头拴在自己的头发上。当他困了乏了想要打瞌睡时,头一低下来,绳子就会使劲地拽住他的头发,随之而来的疼痛会让他惊醒并且睡意全无。从此以后,每当晚上读书时,孙敬都会用这种办法。

苏秦以锥刺股发奋苦读。

苏秦是战国时期有名的政治家。年轻时的苏秦很想有所作为,想求见周天子,可是由于学问不精,没人为他引荐。一气之下他变卖了所有家产,投奔到别的国家。东奔西跑了许多年,也没谋到一官半职。落魄不堪地回到家后,家人对苏秦非常冷淡,父母狠狠地骂他一顿,妻子坐在织机旁不看他一眼,连嫂子都瞧不起他,扭身就走。苏秦受到了很大的刺激,决心要发奋读书,争一口气。他苦心钻研兵法,天天读书到深夜,又累又困想睡觉时,他就拿一把锥子刺自己的大腿,用疼痛让自己保持清醒。

就这样,苏秦积累了大量丰富的知识。后来他游说六国,六国诸侯接受了他宣传的"合纵"的主张,订立联盟。苏秦因此成为显赫的人物,挂上了六国的相印。

古人认为,只要付出时间和精力,就一定能有所收获。这样的想法是没有错的,但是该休息的时候强迫自己继续学习,其实是十分不科学的。我们都知道"事半功倍"和"事倍功半"的道理,也听过"磨刀不误砍柴工"的俗语,学习注重的是效率，并不是以损伤身体的方法来激发勤奋，换来好的成绩和成就。但是两个古人勤奋的精神却是我们永远学习的目标。

【原文】

如囊萤①，如映雪②。家虽贫③，学不辍④。

【注释】

①如：比如，像。囊萤：把萤火虫装入袋子里。这里说的是晋朝车胤的故事。囊，用袋子装。②映雪：映着雪光，借着雪地反射的亮光。这里说的是晋朝孙康的故事。③虽：虽然。贫：贫穷。④辍：停止，中断。

【译文】

比如晋朝的车胤，家里贫穷，买不起油来点灯看书，于是把萤火虫装进

车胤囊萤夜读。

用纱布做成的袋子里，借着它们发出的微弱亮光来读书。再比如晋朝的孙康，同样是家境贫困，买不起油点灯读书，他不顾冬夜的寒冷，借着屋外雪地反射出的亮光读书。

车胤和孙康虽然家境贫困，却从未停止学习。

【细说活解】

自古寒门出英才

中国有句古话："自古寒门出英才"，是说家境越是贫寒的人，学习越是刻苦，越上进。我国历史上，这样的例子也有很多，单单是《三字经》中就已经为我们罗列出很多这样的寒门英才，他们艰苦朴素，不屈不挠，坚持学习，最终皇天不负有心人，学有所成、光宗耀祖，在历史上写下属于自己的一页。有很多成语典故都向我们讲述了古人在恶劣艰苦的条件下，依然潜心苦读的故事，比如凿壁偷光、萤囊映雪、雪映窗纱等。

晋代时的车胤从小就勤奋好学，读书不倦。但由于家境贫寒，刚能维持温

饱，父亲拿不出多余的钱去给车胤买晚上读书用的油灯。家里无法为车胤提供一个好的学习环境，因此，他只能在白天抓紧时间背诵诗文。有一年夏天的一个夜晚，车胤正在小院里背一篇文章，忽然看见有很多萤火虫在低空中一闪一闪地飞舞，一个个小小的亮点在黑暗中竟然有些耀眼。车胤想，如果把足够多的萤火虫放在一起，它们的光亮不就可以做一盏灯了吗？于是，他找到一只白绢做的口袋，抓了几十只萤火虫放了进去，然后扎住袋口吊了起来。这亮光虽然很微弱，但总算可以勉强用来看书。从此以后，只要有萤火虫的季节，车胤就会去抓一些来当做灯用。由于他勤奋苦学，饱读诗书，后来终于成为一位职位很高的官。

古人有云："十年窗下无人问，一举成名天下知。"封建时期实行科举制度，只有不断地学习，终年埋头在书本里，才有可能取得功名，读书成为改变生活现状的一种捷径。学习是增长知识、修养自身道德修养的方式，不断的追求知识，追寻未知的事物，才能够不断地充实自己。

【原文】

如负薪①，如挂角②。身虽劳③，犹苦卓④。

【注释】

①负薪：挑着木柴。负，背，挑担；薪，木柴、柴火。这里说的是汉朝朱买臣的故事。②挂角：（把书）挂在牛角上。角，指牛角。这里说的是隋朝李密的故事。③劳：劳累。④犹：依然，仍然，还。苦：用心，尽力。卓：高超不平凡。

朱买臣砍柴不忘读书。

【译文】

比如西汉朱买臣出身贫寒，靠砍柴卖钱勉强维持生计。他总是把书挂在担子前，在挑柴去卖的途中一边走路一边看书。还有隋朝的李密，从小帮人放牛，他就把书挂在牛角上，一边放牛一边看书。

朱买臣和李密两个人，虽然天天都要干活，身体上非常劳累，但是依然用心学习。

彩图全解·三字经 百家姓 千字文

【细说活解】

一寸光阴一寸金

俗话说："一寸光阴一寸金，寸金难买寸光阴。""一寸光阴一寸金"中的光阴之所以称寸，是因为古人用"日晷"来测算时间，日晷是在一个圆形板上刻上表明时间的度数，在圆心的位置立一根小棍，放置在有太阳的地方。随着日升日落，小棍的阴影由长变短，由短变长地映在刻度上，就表示当时的时间。这种利用太阳投射的影子来测定时刻的方式，被人类沿用了几千年，是非常伟大的发明。

我们现在用"一寸光阴一寸金"来激励学子，利用任何能用的时光学习，不浪费一分一秒。隋朝有一个叫李密的人，小时候给人家放牛。每天出去都要带几本书挂在牛角上，趁牛吃草的时候，他就坐在草地上用心读书。有一回，当时的宰相杨素遇到他，并和他进行了一番交谈，认为他必定有大作为。杨素的儿子杨玄感因为李密才识过人，和他交上了朋友。他也参与了杨玄感起兵反隋。后来，李密投奔了瓦岗军，成为瓦岗军里一个重要的人物。李密正是抓住每一分每一秒的时间来学习，积累了知识，当历史给予他某种机遇的时候，他才能挺身而出，才能在历史上做出一番轰轰烈烈的事业。

我们都无法改变生命的长度，但是我们珍惜时间。我们都说，是金子总会发光的。现在一分一秒的学习，都是为了以后"发光"时能再为自己增添一丝丝的光亮，让这光亮更加闪亮耀眼，令人惊叹。

【原文】

苏老泉①，二十七②。始发愤③，读书籍。

【注释】

①苏老泉：北宋著名的文学家苏洵，大文豪苏东坡的父亲，唐宋八大家之一，老泉是他的号。②二十七：指二十七岁。③始：才。发愤：下定决心努力去做。

【译文】

北宋著名的文学家苏洵，年轻时

苏老泉二十七始发愤。

贪玩不爱学习，直到二十七岁才意识到自己的错误，下定决心努力向学。虽然起步比别人晚，但苏洵通过持之以恒地刻苦学习，最终成为大文学家。

【细说活解】

苏洵发愤

苏洵年少喜爱游历四方，二十五岁那年，被史彦辅和陈公美两人拉着，把峨眉山玩了个遍。游山途中，他们又听说西北数百里外的岷山景色也十分壮美，当即便启程去岷山游历，一玩又是半载。饱览岷山秀色之后，苏洵回到家中，发现妻子面有忧色，一再追问下才知道，原来他的夫人从没指望着自己的夫君有一天能够光宗耀祖，将所有的期望全都寄托在两个儿子身上，终日教他们读书认字，日渐精力不足。苏洵知道后，意识到自己再这样散漫下去，将来可能会沦落到被儿子们耻笑的地步，这才开始认认真真思考起自己和家庭的未来。

不久，苏洵的母亲史夫人病故，他的二哥苏涣从外地赶回家为母亲守丧。兄弟两个好不容易凑到了一起，便谈起各自的前途。苏涣认为，既然苏洵喜欢游山玩水，可以借此编一本苏家族谱出来。苏洵一听，觉得还挺有意思，便答应下来。之后苏洵便专心研究历史，把《史记》、《汉书》，还有更早的《左传》、《战国策》等都摆在床头，读了个通透。这时他才发现自己心有余而力不足，必须发愤读书，才能将心中所感付诸文字。于是，苏洵下定决心苦读诗书，还不忘教育自己两个儿子。终于二十年后，苏洵带领自己的儿子上京拜见欧阳修，一举成名，三苏的文名从此传扬开来。

【原文】

彼既老①，犹悔迟②。尔小生③，宜早思④。

【注释】

①彼：他，这里指苏老泉。既：已经。②犹：尚且。悔：后悔，懊悔。迟：慢，晚。③尔：你，你们。小生：小孩子，年轻人，对晚辈的称呼。④宜：应当，应该。早思：早点思考，早点想清楚。

【译文】

苏老泉到了二十七岁才发奋努力，尽管后来成了大文学家，但他还是后悔自己醒悟得太晚，只能更加勤奋以弥补过去浪费的时光。

你们这些小孩子，应该吸取苏老泉的教训，及早思考自己的人生道路，以免将来后悔。要珍惜最宝贵最适合读书的青春时光，努力用功。

【细说活解】

亡羊补牢，为时未晚

亡羊补牢这个成语出自《战国策》，意思是因为羊圈破损，羊被狼叼走，再去修补羊圈还不算晚。比喻问题出现后马上想办法补救，可以防止损失扩大。

战国时，楚国有一个叫庄辛的大臣，他看楚襄王身边总有四个讲究奢侈淫乐、不管国家大事的大臣在身边，就对楚襄王说这样太危险了。楚襄王不但没有听庄辛的劝谏，

庄辛劝谏楚王。

反而认为庄辛是在妖言惑众。庄辛一看楚襄王是这样的反应，就主动请求去赵国避难。

庄辛到赵国才五个月，秦国就派兵攻打楚国，襄王被迫流亡。这时楚襄王突然想起庄辛之前说的话，觉得特别有道理，就赶紧派人把庄辛找回来，问他有什么办法。庄辛说："我听过一句俗语：'见到兔子以后再放出猎犬去追也不晚，羊丢了以后再去修补围栏也不迟。'"后来楚襄王封庄辛为阳陵君，而庄辛也帮助楚襄王收复了不少失地。

我们都知道，学习应该从小学起，这样循序渐进更加有利于掌握和理解知识。但是世事难料，有很多人因为这样那样的原因而错过了最佳的学习时机。错误是没有人能够避免的，但是犯了错误及时改正，并吸取教训，避免再犯同样的错误，才是正确的选择。就如同苏洵，年近而立，意识到自己的错误，开始潜心学习，最终干出一番事业。

苏洵的故事也提醒我们，在年轻的时候就确定自己的志向，为之努力奋斗，老了之后才不会后悔。

【原文】

若梁灏^①，八十二^②。对大廷^③，魁多士^④。

【注释】

①若：如。梁灏：人名，生活在五代末北宋初。②八十二：这里指八十二岁。③对大廷：参加殿试（古代科举考试的最高一级，在皇宫的大殿上举行，由皇帝亲自主持）。对，答，回答，这里指回答皇帝的提问；大廷，朝廷。④魁：魁首、第一，这里指夺得第一名。多士：诸多考生。

【译文】

梁灏年轻时参加科举考试，成绩一直不理想，但他始终不放弃，终于在八十二岁那年金榜题名。他参加殿试时，对皇帝提出的问题总是对答如流，而且见解不凡，远远胜过其他诸多一同参加殿试的考生，最后高中状元。

【细说活解】

梁灏登科

北宋年间有个文人叫梁灏，酷爱读书，少年时曾立下誓言，不考中状元绝不罢休。可惜时运不济，从后晋、后汉、后周，一直到宋朝屡考不中，受尽别人讥笑，但梁灏并不在意。他总是自我解嘲地说："考一次就离状元近一步"。直到黑发变成了白发，脸上长满了皱纹。终于梁灏在宋太宗雍熙二年（985）的科考中，考中了头名状元，这时他已经八十二岁。高兴之余，他也写下一首自嘲诗：天福三年来应试，雍熙二年始成名。饶他白发头中满，且喜青云足下生。观榜更无朋侪辈，到家唯有子孙迎。也知少年登科好，怎奈龙头属老成。

这首诗的大意是：我辛辛苦苦考试这么多年，终于在满头白发之时考中了状元。平步青云确实很让人高兴，但是观榜的却不见昔日同窗好友和同辈人，回家出来迎接的也只有子孙了。我也知道年纪轻轻的时候能中状元是件好事，但是无奈今年的状元却是我这大器晚成的人。

【原文】

彼既成①，众称异②。尔小生，宜立志③。

【注释】

①彼：他，这里指梁灏。成：成功。②众：众人，大家。称异：感到惊异，认为是令人惊讶的。③立志：树立志向。

【译文】

和梁灏一同考上的人全都比他年纪小很多，对于梁灏勤奋好学，这么大年纪还能高中状元，大家都觉得既惊讶，又佩服。

彼既成，众称异。尔小生，宜立志。

你们这些小孩子，就应该向梁灏学习，树立远大的志向，不断向目标迈进。只要坚持到底，最后一定会有回报。

【细说活解】

及时当勉励，岁月不待人

东晋著名文学家陶渊明在他的《杂诗》中写道："盛年不重来，一日难再晨。及时当勉励，岁月不待人。"是说时光飞逝如白驹过隙，应当时刻勉励自己，抓紧时间学习，充分利用时间，使自己的人生更加充实。常言道：功到自然成。只要付出努力，就一定会有所收获的。清朝著名文学家、《聊斋志异》的作者蒲松龄也以"有志者事竟成"这样的道理勉励自己。蒲松龄19岁就应童子试，接连考取县、府、道三个第一。之后却屡试不第，直到71岁才破例补为贡生。他坎坷的经历使他深有感触，最终还创作出我国古代文言短篇小说中成就最高的作品集《聊斋志异》。

及时当勉励，岁月不待人。

虽然历史上有很多"大器晚成"的例子，但是年轻的我们一定要及早下定决心，想清楚自己到底想做什么，并且为了这个目标不断地努力奋斗。人生就是要拼搏，像雄鹰一般不屈不挠地搏击长空，像海燕一般飞翔在乌云和闪电之中，每一滴汗水和泪水都是弥足珍贵的钻石，在生命中散发着耀眼的光辉，这样才能在每一段人生中都不留下遗憾。

【原文】

莹八岁[1]，能咏诗[2]。泌七岁[3]，能赋棋[4]。

【注释】

①莹：祖莹，北魏人。②咏：唱，朗诵，声调有抑扬起伏地念。③泌：李泌，唐朝人。④赋棋：以下棋为题目作诗。赋，这里是作诗的意思。

【译文】

北魏的祖莹，从小聪明伶俐，喜欢读书，才八岁就会吟诗，让大人都惊叹不已。

唐朝的李泌，同样从小聪明活泼，热爱读书。在他七岁时，皇帝召见了这个小神童，想看看他是否如传说的那样有真才实学，于是要小李泌以"棋"为题做一首诗。小李泌毫不慌张，当场写了一首好诗，皇帝大加赞赏。

【细说活解】

祖莹诵咏

祖莹，字元珍，是北魏范阳遒人。

祖莹八岁的时候便能背诵《诗》、《书》等儒家经典，十二岁时就能在国家设立的教育机构里读书。祖莹非常喜欢读书，常常不睡觉，夜以继日地学习。他的父母担心他的身体，怕他会生病，晚上的时候就不给他点灯。祖莹就偷偷地在暗地里藏着蜡烛，等到父母睡着之后，用他的衣服遮盖窗户，点燃蜡烛读书。祖莹热爱读书，特别喜欢写文章，中书监的高允每次感叹说："这个孩子的才能不是大多数人能够达到的，以后一定会大有作为的。"

一天，老师讲解《尚书》，让祖莹站起来诵读，谁知前一天祖莹在夜里读书，不觉读到天亮，

祖莹诵咏。

昏昏沉沉中错拿了住在同一个房间的学生的《曲礼》就去听课了。老师平时很严厉，祖莹也不敢回去换书，于是将错就错把《曲礼》放在面前，连续背诵三篇《尚书》，一字不漏。后来知情的学生对老师说了这件事，所有的老师都觉得很惊讶。

后来，高祖听说了这件事，便召见祖莹，让他背诵儒家五经里的章句，并且概述大意。祖莹对答如流，高祖听后十分赞叹祖莹的才能，称祖莹为"神童"，大加赞赏。祖莹出去之后，高祖就跟卢昶开玩笑地说："当年共工被流放的地方，怎么就出现了这样一个才子啊！"祖莹长大后，在朝廷中担任重要的官职，在诗歌方面也取得了很大的成就。

【原文】

彼颖悟①，人称奇②。尔幼学③，当效之④。

【注释】

①彼：他，他们，这里指祖莹和李泌二人。②颖悟：天资聪慧，聪明过人（多指少年）。

②称奇：因不寻常而表示惊奇。③幼学：初入学的儿童。④当：应该，应当。效之：学习他们。效，效法、向……学习；之，他们，同样指祖莹与李泌二人。

【译文】

　　祖莹与李泌二人，天资聪颖，又热爱学习，小小年纪就能吟诗作赋，大家对他们的优异表现都是既惊奇又赞叹。

　　你们这些刚入学的小朋友，应该以他们为榜样，从小培养对学习的热情，用功读书。

【细说活解】

勤能补拙，笨鸟先飞

　　天才和神童在世界中所占比例其实甚少，这个世界大多数都还是平凡的普通人。很多伟大的名人都强调勤奋的重要性。世界上最伟大的发明家爱迪生曾经说过我们都熟知的一句话：天才就是百分之一的灵感加上百分之九十九汗水。就连鲁迅先生也说过"哪里有天才，我是把别人喝咖啡的时间都用在工作上了"这样的话。没有卓越的才能，却能够百折不回的努力，一心不断的勤勉，也是能够立身于世间的。这就是勤能补拙的道理。因此有"书山有路勤为径"，或许我们不如天才与神童那般，生下来就拥有异于常人的天赋，但是天才若不继续学习，也只是普通人而已。没有异于常人的天赋的我们，只有更早、更勤奋地去学习技能，笨鸟先飞，也能够为社会为世界做出贡献的。

　　我国著名的戏曲表演艺术家梅兰芳先生曾说："我是个笨拙的学艺者，没有充分的天才，全凭苦学。"梅兰芳小时候去拜师学戏时，被师傅说眼中灰暗呆滞，不是学习戏曲的材料而拒绝。但是梅兰芳并没有因为自己天资欠缺就灰心气馁。他通过各种方法锻炼自己的眼神，追寻鸽子在空中飞翔的身影，俯视水中的灵巧的游鱼。经过多年不断的努力，梅兰芳终于练得一双顾盼生姿，含情脉脉的双眼，最终成为全世界闻名的京剧艺术大师。我们可以说，梅兰芳先生的成功，就在于他勤奋和不服输的精神。

书山有路勤为径。

【原文】

蔡文姬①，能辨琴②。谢道韫③，能咏吟④。

【注释】

①蔡文姬：名琰，字文姬，东汉大学者蔡邕的女儿，精通音乐，是历史上著名的才女。②辨琴：辨识琴声。③谢道韫：东晋宰相谢安的侄女，诗才敏捷，也是著名的才女。④咏吟：这里是作诗的意思。

【译文】

蔡文姬是东汉末年大学者蔡邕的女儿。她天资过人，尤其在音乐方面非常有天赋，她能准确分辨琴声好坏，甚至能听出弹奏者的感情。谢道韫是东晋宰相谢安的侄女。她文思敏捷，很小的时候就会吟诗作对，所作的咏雪诗句甚至压倒了其他兄弟。

文姬辨琴。

【细说活解】

文姬辨琴和道韫咏雪

蔡文姬名琰，本来字昭姬，后因避司马昭的讳而改字为文姬。她的父亲蔡邕是东汉末年鼎鼎有名的大文学家和大书法家，还精通数理天文，音乐造诣也十分高，尤其是对琴的演奏和感悟能力超群，是曹操的挚友与老师。在这样的家庭中长大，蔡文姬自小就耳濡目染，聪明过人，不仅善诗赋，而且辩才好，更兼长于音律和辨别琴音。蔡文姬十岁时，一天夜里，蔡邕正在室外弹琴，忽然断了一根琴弦，文姬在室内听到父亲的弦断之音，马上判断说是第二根弦断了。蔡邕以为女儿不过是碰巧说对了，便故意弄断了第四根弦，然后考问女儿。蔡文姬毫不犹豫地答道："是第四根琴弦。"蔡邕被女儿在音乐上的天分所震惊，开始教女儿学琴。两年后，蔡文姬学成琴艺，蔡邕将自己的焦尾琴送给了她。

谢道韫出生名门望族，是赢得"淝水之战"的一代名将谢安之侄女，安西将军谢奕之女，大书法家王羲之的二儿媳，王羲之之子王凝之之妻。谢道韫聪慧过人，机智果断，是东晋著名的女诗人。

谢道韫七岁的时候，一日谢安将家中的子女召集起来与他们谈论文章的立意和写法。大家正在探讨之际，外面下起了大雪。谢安走到窗前，对着漫天飘洒的雪花，高兴地说："白雪纷纷何所似？"是说，这纷纷扬扬的大雪像什么呢？

他的侄子谢朗说："差不多像是盐从天空中撒下来"

谢安听了没有说什么。这时，他的侄女谢道韫轻声吟咏道："未若柳絮因风起。"意思是说，漫天的雪花飘飞，就如同那被东风吹得漫天飞舞的柳絮。谢安听后高兴地大笑起来。

这一咏雪名句，为后人所传诵。

【原文】

彼女子①，且聪敏②。尔男子，当自警③。

【注释】

①彼：指蔡文姬和谢道韫。②且：尚且。聪敏：聪敏，反应敏捷。③自警：自我警醒。

【译文】

蔡文姬与谢道韫都是女孩子，尚且如此聪明，有才华，一个能分辨音律，一个能吟诗作对。

你们身为男子，看到女生优异的表现，更应当

古人认为女子品行良好、善于持家便是好的。

时时刻刻自我警醒，以她们为榜样，珍惜时光，不断充实自己。

【细说活解】

"女子无才便是德"

自从父系氏族社会确立以来，男人在生产生活中占据了主要的地位，男尊女卑的意识就开始产生。到了周朝时期，男尊女卑的意识就已经十分明确了，《周易》中有"天尊地卑，乾坤定矣，卑高以陈，贵贱位矣……乾道成男，坤道成女"的说法。到了汉朝，东汉著名学者班昭著作的《女诫》就非常系统地阐述了男尊女卑的观念。董仲舒提出的"三纲五常"中，也有"夫为妻纲"这样的基本原则，

可见，男尊女卑现象在中华民族几千年的历史中，一直占据着主导的地位。

封建时期，为了父权制社会和父权家族的利益，儒家礼教对妇女在道德、行为、修养方面做了非常全面的规范要求，即是"三从四德"。"三从"出自《仪礼·丧服·子夏传》，未嫁从父，既嫁从夫，夫死从子。四德一词出自《周礼·天官·九嫔》，分别为妇德、妇言、妇容、妇功。要求女子品德良好，端庄稳重，在与人交谈的时候能够掌握说话的分寸，同时懂得治家之道。"三从四德"规定了古代女子一生中应该有的道德品质和行为规范。这种"三从四德"的规范演绎到后来，就出现了"女子无才便是德"的说法，认为女子有才能也不应该在丈夫面前显露，以丈夫为主，谦卑、顺从丈夫才是女子的德行所在。因此，女子在古代很少有受教育的机会，女子可以普遍地接受教育是从近代才开始的。

我们都知道，像"女子无才便是德"这样"男尊女卑"的思想是不可取的。虽然女子因为生理上的因素，在家庭和社会上有着难以克服的缺陷，但是现代社会已经同刀耕火种、茹毛饮血的原始社会不同，女子也因为特有的细腻温润的性格，和不同于男人的感性的思维方式，在社会中占据越来越重要的地位。

这样我们就明白了，古代的时候出现谢道韫、蔡文姬这样的才女是多么难得，而《三字经》的作者举这两个人的例子则是为了激励读书的男子们，连女孩子都如此刻苦读书，男孩子还有什么理由不发奋呢？

【原文】

唐刘晏①，方七岁。举神童②，作正字③。

【注释】

①刘晏：唐代著名理财家。②举：选拔。神童：唐代科举考试科目之一。唐代设童子科，参加考试者称应神童试。③正字：秘书省中主管文字校正的官员。

【译文】

唐朝的刘晏，天赋很高，热爱学习，小小年纪就能作诗写文章，年仅七岁就被推

刘晏出生于官宦家庭，从小接受良好的教育。

选为神童。唐玄宗听说了他的事迹，为了表示赞赏与鼓励，选拔他担任正字官，负责校对书籍文字。

【细说活解】

刘晏正字

刘晏出生于官宦家庭，从小接受良好的教育，而刘晏本身也天资颖悟，少年时期十分勤学，才华横溢，七岁时便被举为"神童"。

刘晏八岁时，唐玄宗封祭泰山。祭典结束后，礼官奏报有一童子名叫刘晏，要向皇帝敬献《东封书》。唐玄宗听说很高兴，便召见了刘晏。刘晏见到皇帝，一点也不怯弱，跪在地上行完礼便从容地背诵起自己做的《东封书》。唐玄宗惊叹八岁的童子能有如此文采，开始不信，便命令宰相来辨别真伪。宰相与刘晏当场做起对联，刘晏机智聪慧，对答如流，玄宗大加赞赏，立即下旨授以秘书省太子正字的官职。"神童"刘晏一时轰动全国。

刘晏十岁那年，唐玄宗又召见刘晏，问他做正字这么长时间，正得几字。刘晏答道："天下字皆正，唯有朋字未有正得。"刘晏这个回答一语双关，不仅说明了"朋"的字形结构，还指出了当时朋党勾结的现状。玄宗听得十分赞赏。

刘晏利用职务之便，博览群书，后来成为唐朝著名的理财家，而年轻时的勤奋苦读和虚心求教，对他后来的施政改革，有着重大的影响。

【原文】

彼虽幼①，身已仕②。有为者③，亦若是④。

【注释】

①彼：指刘晏。幼：年纪小。②身已仕：已经做官。已，已经；仕，做官。③有为者：指希望有所作为的人。④亦：也。若是：如同，像这样。若，如、像；是，这样。

【译文】

刘晏小小年纪就已经做了官，肩负重任，尽心尽力做好本职工作。希望将来能有所作为的人，应当像刘晏这样，

有志向不甘于平庸的人应该早早立下志向和目标。

认真负责、勤奋上进。

【细说活解】

舜人也，我亦人也

《孟子·离娄下》中有"舜，人也；我，亦人也"，意思就是像尧舜禹这样的古代圣贤，和我们一样都是人，与他们相比，我们缺少的是他们内心的仁爱之志。孟子认为君子之所以和一般人不同，就是因为他时刻将仁爱礼仪放在心里，这样才能为世人树立榜样。所以，不想成为平庸的人，就要像尧舜禹那样的圣人一般，树立志向，像他们那样为人，哪有不成功的道理。

刘晏年纪轻轻，就能得到皇帝的赏识，成为国家的肱股之臣，为唐朝中期的繁荣做出了巨大的贡献。有志向不甘于平庸的人就应该向刘晏学习，早早立下志向和目标，不断地勉励自己，学习各种知识和技能，最终才能成为刘晏那样的人才，为社会为国家多做贡献。

机会总是青睐那些有准备的人，我们要从现在开始勤奋上进，才能实现我们的理想。

【原文】

犬守夜①，鸡司晨②。苟不学③，曷为人④。

【注释】

①犬：狗。守夜：晚上担任守卫看家。②司晨：早上打鸣报晓。司，掌管。③苟：假如、如果。④曷为人：怎么做人呢？曷，如何、怎么；为人：做人。

【译文】

狗会在晚上充当警卫，看守门户，保护主人的安全；公鸡每天清晨都会高声打鸣报晓，催促人们按时起床。

狗和鸡尚且能尽责工作，身为万物之灵的我们如果整天懒惰贪玩，不肯认真学习有用的本领，还怎么做人呢？

【细说活解】

人具有社会性

马克思主义哲学认为，人具有自然属性和社会属性。"人的本质不是单个人所固有的抽象物，在其现实性上，它是一切社会关系的总和。"人总是劳动、生活在一定的社会关系之中，生活在现实中的人，总是要不可避免地与周围的人发生各种各样的关系，组成了复杂的社会关系，而这种社会关系就形成了人的社会属性。而人的这种社会属性是人与动物之间的根本区别。

美国著名心理学家马斯洛对人类的需求分出了五个层次，分别是生理需求、安全需求、社会需求、尊重需求，以及自我实现需求。除了生理需求和安全需求是人类的自然属性决定的之外，剩下的三种需求都是人类具有社会属性所决定的。人类生活、劳动在社会之中，需要社会的尊重和认同。然而想要获得社会的认同和尊重，是需要付出努力和劳动的。因此，人要在学习中不断提高自己的技能，拓展自己的视野，使自己成长为对社会有贡献的人，这样才能被社会所认可，从而达到自我价值的实现。

人的社会属性既然是人和动物之间的根本区别，那么人如果不学习的话，就不能更好地适应社会，就会被社会排斥在外，那么就与动物没有什么根本的区别了。

【原文】

蚕吐丝①，蜂酿蜜②。人不学，不如物③。

【注释】

①蚕：家蚕，一种动物，能够吐丝结茧，是丝绸的主要来源。②蜂：蜜蜂。酿：发酵酿造。③不如：比不上。物：这里指动物。

人要靠勤奋读书学习实现自己的价值。

【译文】

蚕会吐丝结茧，人们用它来制作布料、衣服。蜜蜂会采集花粉，酿成甘甜的蜂蜜给人食用。蚕、蜂和狗、鸡一样，都能尽职完成自己的工作。如果我们不懂得自己应尽的责任，不勤奋读书学习实现自己的价值，岂不是连这些动物都比不上吗？

【细说活解】

给永远比拿愉快

蚕的本能在于吐丝结茧，给人们制作衣服；蜜蜂的本能在于酿造蜂蜜，供人食用。动物都在尽自己的本分，来实现自己的价值，给人类提供方便，为这个社会贡献自己的力量；作为人类，我们也要勤奋学习，不断地充实自我、提升自我，为他人做更多的贡献，也只有这样，才能实现自身的人生价值，才能实现我们崇高的理想和抱负。

"赠人玫瑰，手留余香。"生命的价值在于奉献，我们的人生价值在于为别人贡献了什么，而不是取得了什么。我们在给别人的奉献和给予中，也在享受着别人的付出，收获自己心灵的慰藉，收获着属于自己的那份惊喜。作为祖国新时代的接班人，我们只有不断地学习科学文化知识，提高自己的综合素质，用知识的力量武装自己，才能不断地适应社会、服务他人，实现自己的人生价值，为建设和谐社会贡献出自己的一份力。

【原文】

幼而学，壮而行①。上致君②，下泽民③。

【注释】

①壮：壮年，古代以三十岁为壮年，泛指中年人。行：努力实行。②上：对上。致君：尽力辅佐国君。致，尽力。③下：对下。泽民：施恩惠于人民，使人民能得到福利。泽，恩泽，恩惠；民，人民，百姓。

【译文】

年轻的时候记忆力最好，学习能力最强，我们应当把握这段黄金时期，不断学习，努力充实自己，等到长大成人后，就要学以致用，用所学的知识和本领做出一番事业，对上为建设祖国贡献自己的力量，对下服务人民，造福百姓。

幼而学，壮而行。

【细说活解】

达则兼济天下

《孟子·尽心上》中有一句："穷则独善其身，达则兼善天下。"意思是一个人没有得志时，就应该修养好自己的道德品质，保持内心的仁善，得志时，则不背离道义，还要使天下人都能拥有仁善之心。这才是君子所为。

儒家学派认为，君子应当是心怀仁爱，并以张扬仁义为己任，以身作则，修养自己身心的同时，再去教化普通大众。不仅要具有内在的品德，同时还要有外在的文采。孔子说过"质胜文则野,文胜质则史。文质彬彬,然后君子",质是内在的品质,文是外在的文采。有质无文就看起来木讷呆板,而有文无质就会显得华而不实,文质兼备,内外兼修,才是真正的君子。

因此,在年幼的时候不断学习知识,修养道德,努力成为文质彬彬的君子,长大之后才能够起而实践,将学到的知识理论都运用到生活之中。读书并不仅仅是做学问,学好知识固然很重要,但是将学到的道理运用到实践当中,将圣贤的教诲落实到生活里,学以致用,"上致君,下泽民",既为国家为社会做出贡献,同时也为百姓谋福利,才是一个真正有用的人。

【原文】

扬名声①,显父母②。光于前③,裕于后④。

【注释】

①扬:显扬,传播。名声:名誉声望。②显:传扬,显扬。③光:光耀、增光。前:前人,指祖先、祖宗。④裕:富裕,富足。后:指子孙后代。

【译文】

如果长大后能用自己所学的知识和本领为祖国、人民做出应有的贡献,人民自然会赞扬你的功绩,不但自己能名扬天下,也使父母感到荣耀,给祖先增光,还能给子孙后代树立好榜样,使他们受益匪浅。

【细说活解】

孝之终

孔子在《孝经》中说:"身体发肤,受之父母,不敢毁伤,孝之始也。立身行道,扬名于后世,以显父母,孝之终也"。孝顺父母,保护好身体,修养好道德,不做让父母担忧、羞愧的事情,这是孝的基本。

自从隋唐科举制确立之后,天下的读书人都以建功立业、光前裕后、光宗耀祖为理想和目标,这是受到儒家出仕思想的影响。能够在社会中有所作为,在某个领域有所建树,建功立业,是大部分读书人的理想。其实这是误解了孔子的思想,孔子的"立身行道"是修养自身,奉行道义,就是我们之前说过的"十义",是每个人应该具备的十种美德。掌握知识,学会道理,能够行仁义之道,贯彻"十义"的道路,让父母因自己而感到荣光,这才是做到了真正的孝。《千字文》中讲"川流不息,渊澄取映",人的德行一代传至下一代,代代相传,延绵不绝。在祖先的基业上立身行道,让自己的作为贡献和美好的品德,既能够为祖上增添荣耀,又能为后人立下福荫。所谓"前人栽树后人乘凉",做到"光于前,裕于后",一生才没有虚度,才实现了自我人生的价值。

【原文】

人遗子①,金满籯②。我教子③,惟一经。

【注释】

①人:别人,有的人。遗:留给,遗留。子:孩子,子孙。②金满籯:满筐金子,意思是巨大的财富。籯,竹子编的筐。③教:教育。

【译文】

有的人疼爱子女,给子孙留下许多钱财,希望他们能过上富裕的生活。我的想法和那些人不同,留下来教育子孙的,

古人提倡以道德传家,耕读传家次之,诗书传家又次之。

只有这本《三字经》。希望能教给他们做人的道理,还有自己的人生经验和教训,让他们努力学习,打好根基,将来能开创自己的事业。

【细说活解】

授人以鱼,不如授之以渔

授人以鱼只救一时之急,授人以渔则可解一生之需。鱼是目的,钓鱼是手段。送给别人一条鱼,只能解决他一时的饥饿,不能解决他长久的饥饿;想要他永远都能有鱼吃,就要教授给他钓鱼的方法,比喻想要帮助他人解决难题,不如传授给他解决难题的方法。

这句话在当今家长教育孩子的问题上仍然具有重要的意义。孩子在成长的过程中,需要的不仅仅是解决问题,更需要解决问题的能力。家长是孩子的启蒙老师,家长的一言一行对于孩子都具有潜移默化的作用。所以,家长不仅要给孩子提供物质基础,还应该教给孩子做人的道理,分析人生的价值和意义,引导孩子走向正确的人生方向。

【原文】

勤有功①,戏无益②。戒之哉③,宜勉力④。

【注释】

①勤：勤奋，勤劳。有功：取得成就。功，功绩、功劳。②戏：玩乐，嬉戏玩耍。无益：没有好处。益，好处、利益。③戒之哉：要以此为警戒啊。戒：警戒、警惕；之：代指前面所说的"勤有功，戏无益"；哉：啊，表示感叹的语气。④宜：应该，应当。勉力：尽力，辛勤努力。

【译文】

勤奋努力的人最后一定能取得相应的成就，这就是俗话说的"有志者，事竟成"，"一分耕耘，一分收获"。相反，如果只知道贪玩，最终一定会后悔自己白白浪费了宝贵的时光，却一无所获。我们一定要把"少壮不努力，老大徒伤悲"的教训牢记在心，以此为警戒，经常提醒自己，珍惜时光，认真学习。

【细说活解】

书山有路勤为径

顾炎武在《与友人书》中说，"人之为学，不日进则日退"。人做学问，如果不是每天在进步，那么就是每天在退步。只有勤奋向学，才能有所收获。所谓耕耘才能有收获，努力总会有所得。韩愈说："业精于勤，荒于嬉；行成于思，毁于随"，荒废人生，沉迷于玩乐只会让光阴白白消逝，而人的身体也会受到损坏，是没有益处的。

"书山有路勤为径，学海无涯苦作舟"是韩愈一句治学名联，意思是想要攀上知识的顶峰，那么勤奋是唯一路径；想要到达知识海洋的彼岸，刻苦是仅有的行舟。他告诉人们，在学习的道路上，没有捷径可走，只能靠着不懈的努力和奋斗，才能在广博的书山和无尽的学海中获得更多更广的知识。这句话，激励着一代代年轻人走向成功。

勤有功，戏无益。

第二卷

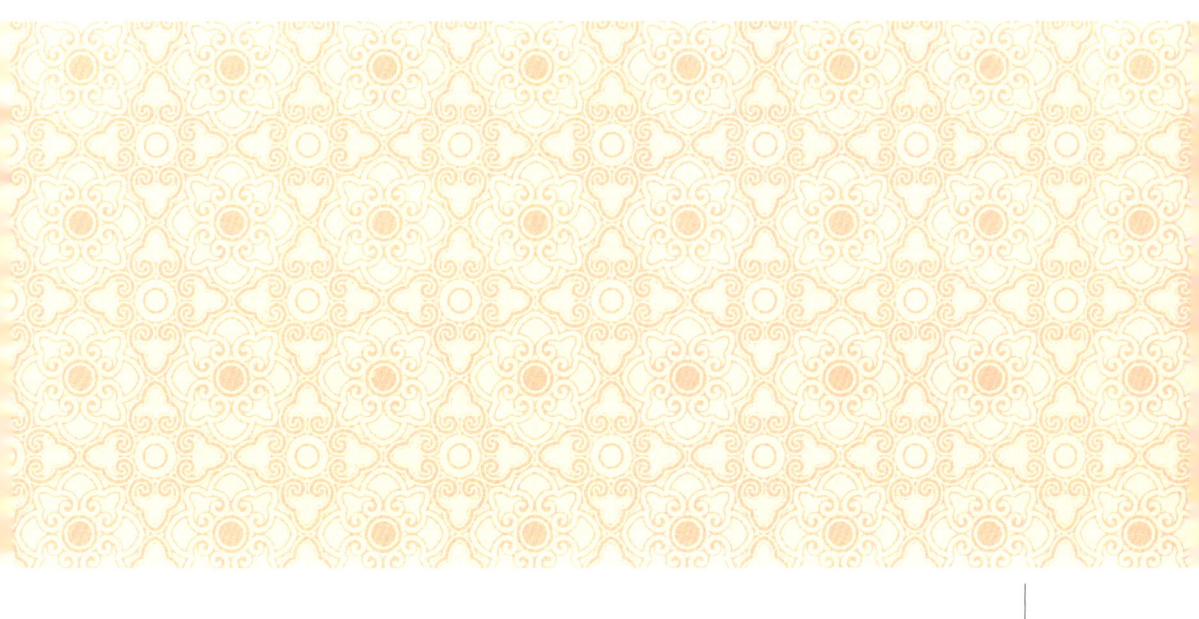

百家姓

百家姓

　　《百家姓》是一本关于中文姓氏的书，成书于北宋初。原收集姓氏411个，后增补到504个，其中单姓444个，复姓60个。全文四字一句，句句押韵，像一首四言诗一样，读来琅琅上口，易学好记。关于本书的作者，目前还没有定论，一般认为是由北宋初年杭州的一位读书人编著的。《百家姓》的次序的形成是有历史原因的，"赵钱孙李"成为《百家姓》前四姓是因为百家姓形成于宋朝的吴越钱塘地区，故而宋朝皇帝的赵氏、吴越国国王钱氏、吴越国王钱俶正妃孙氏以及南唐国王李氏成为百家姓前四位。

　　《百家姓》问世以后，广受欢迎，家喻户晓，代代流传。中国人是十分重视祖先、家族的。姓氏不仅代表一个人，还承载着浓重的家族、地域内涵和历史文化内容。

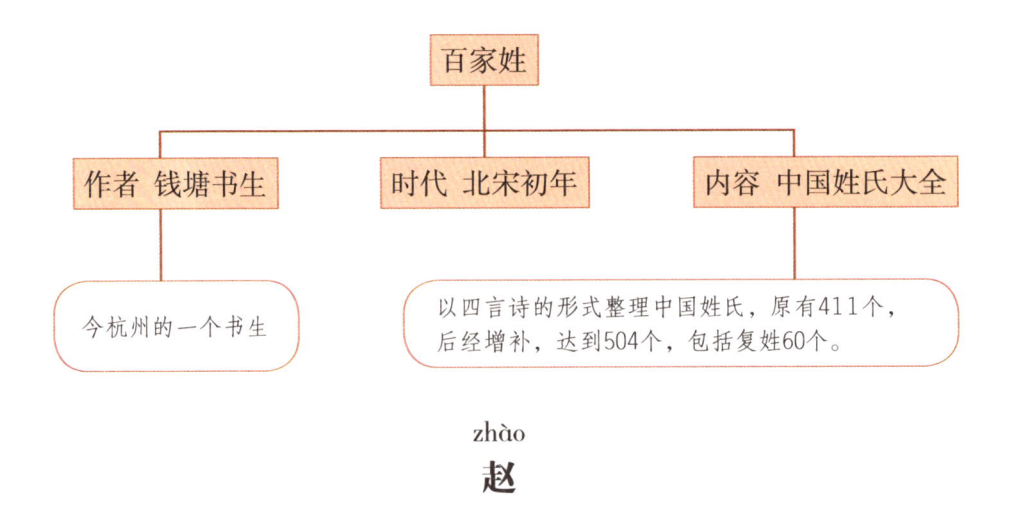

```
                       百家姓
        ┌───────────────┼───────────────┐
   作者 钱塘书生     时代 北宋初年    内容 中国姓氏大全
        │                               │
   今杭州的一个书生           以四言诗的形式整理中国姓氏，原有411个，
                             后经增补，达到504个，包括复姓60个。
```

zhào
赵

【姓氏来源】

　　其一：出自嬴姓，其始祖为以擅于驾车著名的造父。

　　西周时期，传说颛顼帝的子孙，有一个名叫造父的，他善于驯马和驾车，深得周穆王的喜爱。周穆王西巡去见西王母时，乘坐的就是造父在桃林一带挑选的八匹骏马拉的车。正当周穆王在西王母那游玩乐而忘返的时候，徐偃王叛乱了。造父及时驾车护送周穆王回都城，因为造父护送周穆王回都有功，周穆王便把赵

城赐给他作为封地。造父的后代们就以封地为姓，世世代代都姓赵。到了春秋时期，造父的第五世孙赵夙到晋国做将军，赵家的势力在晋国日益壮大。到了春秋末期，赵家的权势更大，进一步与同为大夫的韩家和魏家瓜分了晋国，

造父驾车。

成立了赵国，这就是历史上著名的"三家分晋"。后来，赵国越来越强大，成为战国七雄之一。

其二：出自他族改姓。

由匈奴、南蛮等少数民族改赵姓或赵宋王朝赐姓而来。如《汉书》所载，赵安稽，本匈奴人。《旧唐书》中记载，赵曳天，南蛮人。五代时期的赵国珍，原是牂牁酋长的后裔等。

【繁衍变迁】

赵姓发源于山西。到战国七雄之一的赵国灭亡时，赵姓已分布于山西、河北、河南、山东等地。秦初，始皇派赵公辅任西戎地区的行政长官，居住在天水，很快就繁衍成当地一大望族。同时，赵王赵迁因流放到今湖北房县，子孙在今湖北繁衍；后赵佗建立南越国，又把赵姓推进到两广。由涿郡赵氏赵匡胤建立的北宋，使赵姓人口得到了空前的发展，自宋代以后，赵姓遍布全国。

赵姓是当代中国人口排行第八位的姓氏，总人口约2600万，约占全国人口的2.06%，主要分布于黄河沿岸的省份和东北地区。

【历史名人】

赵雍：就是赵武灵王，他实行"胡服骑射"，改革军事装备和作战方法，以增强军事力量。同时积极倡导国家制度和文化风俗的改革，使赵国成为战国时期仅次于秦国和齐国的军事强国。

赵胜：平原君赵胜，是"战国四公子"之一，以"食客数千人"著称，曾任赵国宰相，著名的成语"毛遂自荐"就是源自毛遂向赵胜自荐的典故。

赵云：字子龙，三国时期的蜀汉名将，有胆有识武艺高强，在汉中以数十骑拒曹操大军，被刘备誉为"子龙一身都是胆也"，军士们都称他为"威武将军"。

赵匡胤：北宋王朝的建立者，为加强中央集权，策划了"杯酒释兵权"的事件，提倡文人政治，开创了中国的文治盛世，是一位卓越的政治家。

赵孟頫：元代杰出书法家，楷书四大家之一，精于正、行书和小楷，笔法圆转遒丽，人称"赵体"。在绘画方面，开创元代新画风，被称为"元人冠冕"。

杯酒释兵权。

赵普：字则平，北宋名相。足智多谋，后读《论语》，有"半部《论语》治天下"之说，普三世孙概自洛阳迁亳，为亳州始祖。五世孙赵期，为云塘赵氏始祖。

钱 qián

【姓氏来源】

钱姓出自彭姓，是以官职命名的姓氏。颛顼帝有玄孙陆终，陆终有子名篯铿，被封于大彭，建彭国，为商朝的诸侯国。因此篯铿又称彭铿。彭铿长寿，寿过八百，被称为彭祖。彭祖有孙子名叫孚，西周时任钱府上士。是掌管朝廷的钱财、负责钱财的管理和调度的职位，于是以官职为姓就姓"钱"了。孚的子孙也都以官名为姓，称钱氏。钱姓发源于陕西，兴盛于江浙。唐朝末年，钱镠（liú）建立吴越国，政绩卓著。

【繁衍变迁】

钱姓发源于今陕西西安，之后逐渐向南方发展。秦朝有御史大夫钱产，其子孙居下邳（今江苏邳州）。西汉徐州人钱林，因王莽专政，弃官隐居长兴（今属浙江）；钱逊，因避王莽乱，徙居乌程（今浙江湖州）。唐初，光州固始（今河南固始县境内）人陈政、陈元光父子入今福建开辟漳州，有钱姓将佐随往，在今福建安家落户。宋元时期，钱姓人发展到今广东、四川、安徽、湖南等省。明清时期，今上海、云南、湖北等省市均有钱姓的人聚居点。从清代开始，居住在今福建、广东及其他省市沿海地区的钱姓人陆续有迁至台湾、进而徙居海外者。

钱姓是当代中国人口排行第九十六位的姓氏，总人口近220万，约占全国人口的0.18%，尤盛于江苏、浙江、安徽。

彭祖像。

【历史名人】

钱起：字仲文，唐朝大诗人，为"大历十才子"之一，与朗士元齐名，世称"钱朗"。有《钱考功集》。

钱惟演：字希圣，北宋大臣，西昆体骨干诗人。著有《家王故事》、《金坡遗事》。

钱大昕：字晓征，清朝考据学家、史学家、汉学家。著有《唐石经考异》、《经典文字考异》等。

sūn
孙

【姓氏来源】

孙姓的起源主要有六：

其一：出自姬姓，为卫国国君康叔的后代。后稷继承姬姓，成为周族的始祖。周文王的小儿子康叔，因封于康，故称康叔。周公旦平定武庚叛乱后，将原来商都附近地区和殷民七族分封给康叔，即卫国。春秋时期，卫康叔的八世孙卫武公有子名惠孙，惠孙之子名耳，为卫国上卿，姬耳之子名乙，字武仲，武仲根据周制，以祖父的字命氏，即为孙氏。

其二：出自芈姓，为春秋时期楚国令尹孙叔敖之后。传说颛顼的后裔陆终之子季连，赐姓芈。季连的后裔熊绎在周康王时被封于荆山，建立荆国。后改国号为楚，战国时期，楚国称为战国七雄之一。熊绎的子孙蒍艾猎，即为孙叔敖，字孙叔，为楚国令尹，因其开发水利有功，深受楚民爱戴，其子孙便以他的字命氏，为孙氏。

其三：出自妫姓。相传舜帝曾住在妫河边，因此其后代又有妫姓。陈厉公时，陈完因内乱逃至齐国，改姓为田。田完五世孙田桓子无宇的儿子田书因伐莒有功，齐景公封田书于乐安，赐姓孙氏。后齐国内乱，孙书后人出奔逃至吴国。

其四：出自子姓，为商纣王的叔父比干之后裔。帝喾之后裔契，因协助大禹治水有功，被封于商，赐子姓。后世孙建立商朝。比干因直言进谏，被纣王挖心而死，其子孙为了避祸而改姓，有的以本为王族子孙之故，改为孙姓。

其五：出自他姓改姓。如夏侯婴曾孙夏侯颇取公主为妻，该公主随母亲外家的姓，称"孙公主"，夏侯颇的子女也随之为孙姓。又如战国时期著名军事家荀卿的后裔，在西汉时期，为避讳汉宣帝刘询，改为孙卿。后又复为荀卿，但一部分子孙没有改回，仍称孙氏。

其六：出自他族改姓。如北魏孝文帝时期，因实行汉化政策，将鲜卑族复姓拔拔氏改为汉字单姓孙氏。

【繁衍变迁】

孙姓发源于河南和山东，春秋末期，居于河南的卫国，后孙姓氏族北迁晋国；战国时，山东境内的孙姓氏族也繁盛发展，妫姓孙氏成为孙姓人的主力。秦汉以后，孙姓人由山东向西发展至山西，向南发展到浙江和湖北等地。三国时期，孙吴政权使得孙姓家族得到了空前的发展。魏晋南北朝时期，北方、中原、江南各地都有孙姓氏族的聚集，名家望族辈出，等到唐宋时期，孙姓人就遍布全国大江南北。明末清初，孙姓人开始渡海迁向台湾，并逐渐向海外发展。

【历史名人】

孙叔敖：蒍氏，名敖，字孙叔，春秋时期杰出的政治家，楚国名臣。主持修建了中国古代最早的大型渠系水利工程——期思陂，对当时农业经济的发展起到了重要的作用。

孙武：字长卿，春秋末期伟大军事家。应用了五行相生相克的原理，编撰成《孙子兵法》，被誉为"兵学圣典"。

孙权：字仲谋，三国时期吴国的建立者。是杰出的政治家、战略家，拥有雄才谋略，骁勇善战，后世有"生子当如孙仲谋"之说。

孙思邈：唐代著名的医学家，是著名的医师与道士，在中国乃至世界史上医药史上都占据着重要的地位，著有《千金药方》、《千金翼方》，被后人誉为"药王"。

孙中山：名孙文，字载之，中国近代民主主义革命的先行者，中华民国和中国国民党创始人，实行"三民主义"，被尊为"中华民国国父"。

李

【姓氏来源】

李姓的来源主要有三：

其一：出自嬴姓，为颛顼高阳氏的后裔。颛顼的后裔皋陶在尧帝时担任大理的职务，他的儿子伯益因为帮助大禹治水有功，被赐为嬴姓，伯益的子孙世袭大理的职务。按照当时的社会习惯，以官为氏，称理氏。到了商朝末年，皋陶的后人理徵为人正直，在朝廷做官，因为敢于直谏得罪于商纣王，被纣王处死。理徵的妻子带着儿子利贞逃到"伊侯之墟"藏匿起来，好几日没有吃饭的他们因为不敢走远，只得在附近寻找可以充饥的东西，终于靠着木子，也就是李子的果实得以活命，不敢再姓理，改姓李氏，以示纪念和避祸。

其二：出自他族改姓。据记载，三国时期蜀汉丞相诸葛亮平定哀牢夷后，曾赐当地各少数民族以赵、张、杨、李等姓。而北魏时期，鲜卑族有复姓叱李氏，在北魏孝文帝迁都洛阳后，实行全面汉化政策，改为汉字单姓李氏。

其三：出自他姓改姓。据记载，唐朝开国元勋以及有功之臣，都被赐予国姓，即李姓。如徐勣利，后改为李勣。

【繁衍变迁】

李姓发源于河南，西汉时开始向山东迁徙；东汉时分，李姓人开始向西南地区发展，在四川、云南地区都有所分布，其中，有融入当地少数民族的。唐朝之后，主要驻守北方的李姓开始迁向南方，进入福建等地。因为李姓在唐朝时为国姓，因此李姓在这一时期的发展达到顶峰。明朝初期，居住在福建的李姓人就开始渡海向日本等海外国家迁移，而明朝末期，有大部分的李姓人移居台湾。

李姓是当代中国人口

李时珍与学生采集标本、搜集药方，编写《本草纲目》。

最多的姓氏，全世界李姓的人数已经超过一亿，是世界上数量最多的同姓人群。

【历史名人】

李耳： 即老子，又称老聃，是道家学派的创始人，著有《道德经》，主张无为而治，对中国哲学发展具有深刻影响。

李世民： 唐朝皇帝，又称唐太宗，是一位出色的政治家，在位期间是历史上著名的"贞观之治"时期。

李白： 唐朝诗人，伟大的浪漫主义诗人，被称为诗仙，存世诗文千余篇，代表作有《蜀道难》、《行路难》、《梦游天姥吟留别》、《将进酒》等诗篇。

李煜： 五代十国时南唐国君，史称李后主。不通政治，十分具有艺术才华。精书法，善绘画，通音律，诗文创作均佳，尤以词的成就最高，被称为"千古词帝"。

李春： 隋朝著名工匠，世界上保存完好、最古老的单孔大石桥赵州桥的设计者，开创了中国桥梁建造的崭新局面。

李广： 西汉名将，多次参加反击匈奴的战争，以勇敢善战著称。在任右北平太守时，匈奴数年不敢攻扰，称之为"飞将军"。

李清照： 南宋女词人。论词强调协律，崇尚典雅、情致，提出词"别是一家"之说。

李时珍： 我国古代伟大的医学家、药物学家，历时二十七年编成《本草纲目》一书，是我国古代药物学的总结性巨著，被世人称为"药王神医"。

李自成： 明朝末年的农民起义军领袖，杰出的军事家，率领起义军推翻明王朝，人称"李闯王"。

zhōu
周

【姓氏来源】

周姓的起源主要有三：

其一：周姓的最早出现，可追溯到黄帝时期。据《姓氏考略》所载，黄帝时期就有一位名叫周昌的大将。到商朝，又有一名叫周任的太史，两人的后人均以周为姓氏，分散于各地。

其二：出自姬姓，为周文王之后。后稷因管理农业有功，帝尧封他为有邰氏的国君。夏朝末期，第十二代孙古公亶父，即周太王，为戎狄所逼，迁至周原，改国号为周，称为周氏。周武王时，推翻商朝建立周朝，其后人多以国名、以地名为姓，姬姓越来越少。等到秦国灭周后，周宗室子孙和周朝遗民纷纷以周为氏。如周平王少子烈，被封于汝川，人们谓之为周家，因以为氏；周赧王被秦国罢黜为庶人，迁至惮孤，称周赧王为周家，其后称周氏；周公旦被封周地，史称周公，其后人也以周为姓。

周太王为戎狄所逼，迁至周原，改国号为周，称为周氏。

其三：出自他氏、他族改姓。如唐先天年间，唐玄宗名叫李隆基，有姬氏为避讳改为周氏。又如北魏孝文帝时期，将鲜卑族复姓贺鲁氏改汉字单姓周氏。

【繁衍变迁】

周姓起源于山西，秦汉时期，周姓人主要集中在河南和陕西两地，形成了河南郡和陈留郡等名门望族，后来周姓人逐渐向江苏、安徽、山东等地迁居。魏晋南北朝时期，因为常年战乱，大部分的周姓氏族开始向南迁徙，到湖北、江西、江苏等地。唐朝时，周姓人有徙居到福建、广东等沿海地区的。到了宋元时期，周姓人继续南迁。在这一时期，南方周姓氏族出现很多知名人士。明清时期是周姓发展的比较繁荣的时期，云南、贵州、四川等西南地区都有了周姓氏族。康乾时期，居住在广东、福建等东南沿海地区的周姓人开始向台湾、海外移居。

周姓在当代中国人口排行中排位第九。

【历史名人】

周公：周文王姬昌第四子。是西周初期杰出的政治家、军事家和思想家，被尊为儒学奠基人，孔子一生最崇敬的古代圣人之一。

周瑜：字公瑾，三国时期吴国名将，相貌英俊，有"周郎"之称。周瑜精通军事、善音律，率东吴军与刘备军联合，击败曹操南犯大军，以少胜多赢得赤壁之战。

周敦颐：北宋著名哲学家。理学大师朱熹曾推崇他为理学的开创人，著《太极图说》、《爱莲说》等。

周树人：即鲁迅，伟大的文学家、思想家、革命家，中国现代文学奠基人，著作有《狂人日记》、《呐喊》、《彷徨》等。

周恩来：中华人民共和国第一任总理，杰出的革命家、政治家、军事家和外交家。为了党和人民无私奉献，获得了中国人民和世界人民的爱戴和尊敬。

吴 wú

【姓氏来源】

吴姓的起源主要有二：

其一：出自姬姓，为黄帝轩辕氏之后裔。后稷的第十二代孙古公亶父有三个儿子，太伯、仲雍和季历，太伯和仲雍让贤后，到荆蛮之地。季历之子姬昌为振兴周族苦心经营，最终由其子周武王姬发一举灭商，建立起周王朝。继而周王朝封太伯、仲雍后裔受封于吴，建立起强大的吴国，后世吴姓子孙则多把太伯、仲雍尊为得姓始祖。到了春秋时期，吴国逐渐强盛起来，但因夫差骄傲自大，被越国勾践所灭。吴国被灭后，其子孙以国为氏，称吴氏。

其二：出自虞氏或者有虞氏。仲雍的后代受封于虞国，后被晋国所灭，其子孙以国为氏，称虞氏。又相传上古时期部落，称有虞氏，舜乃其领袖。因金文中，虞和吴相通，因而其子孙也有吴氏。

【繁衍变迁】

吴姓起源于我国南方地区，战国时期，吴国被越国攻灭后，吴王夫差的后裔开始向江苏、浙江、安徽、山东、河南、山西等地迁居发展。秦汉时期，是吴姓第一个发展时期，吴姓人因参与秦末起义被封王，因此推动了吴姓的繁荣。南朝时，湖北地区的一部分吴姓人向四川迁徙。宋元时，吴姓在东南地区繁衍昌盛起来。明清及近现代，陆续有吴姓氏族向东南亚以及其他国家迁徙。

吴姓在当代中国人口排行中排位第十。

【历史名人】

吴起：战国初期著名的政治家、军事家，著有《吴子》，与孙武的《孙子》合称《孙吴兵法》，在中国古代军事典籍中占有重要地位。

吴广：秦末农民起义领袖。与陈胜一同发动反秦起义，建立张楚政权。

吴道子：唐代著名画家。他作品线条遒劲雄放，画风独特，被人们称为"吴带当风"。被后人尊为"画圣"。

吴承恩：字汝忠，是四大名著之一《西游记》的作者，明朝杰出小说家。

吴敬梓：字敏轩，清代著名批判现实主义小说家，著有《儒林外史》，是我国文学史上一部杰出的现实主义的章回体长篇讽刺小说。

zhèng
郑

【姓氏来源】

郑姓的起源比较纯正，出自姬姓，以国为氏，为黄帝裔孙后稷之后。黄帝之后，后稷继承姬姓，其后世周武王灭商建周。周宣王静将同父异母的少弟姬友封于郑地，称郑桓公。后平王东迁时，郑桓公之子郑武公借机占领了郐和东虢两国，在新政一带建立郑国。郑国在春秋初期为强国，后来日渐衰落，最终为韩国所灭。郑氏宗族纷纷外迁，以国为姓，称郑氏。

【繁衍变迁】

郑姓发源于河南和陕西地区，春秋时，郑国灭亡，子孙后裔分布在河南、山东、

郑板桥为竹传神写影。

山西、安徽、河北等地，还有少部分郑姓人迁居至四川。西汉时，因强宗大族不得聚居的政策，郑姓人南迁到浙江。西晋时，郑姓人因"永嘉之乱"而大规模南迁。唐朝时，郑姓人进入福建，在东南沿海地区集中发展。明朝时，郑成功收复台湾，郑姓人移居至台湾；清朝时，郑姓人逐渐移至海外。

郑姓在当代中国人口排行中排位第二十一，在浙江、福建、台湾地区最为昌盛。

【历史名人】

郑玄：字康成，东汉末年的经学大师。遍注群经，著有《天文七政论》、《中侯》等书，共百万余言，世称"郑学"，为汉代经学的集大成者。

郑和：原名马三宝。明朝著名航海家。

郑成功：字明俨，明末清初军事家，民族英雄。赶走荷兰殖民主义者、收复祖国领土台湾。有《延平王集》存世。

郑板桥：即郑燮，字克柔，清代官吏，著名书画家、文学家。其诗、书、画被称"三绝"。为"扬州八怪"之一。

wáng
王

【姓氏来源】

王姓的姓氏来源主要有五：

其一：出自姬姓，是周文王之后。据《通志氏族略》中所载，京兆郡、河间有王姓，为周文王十五子毕公高的后裔。毕公高被分封在毕地，为公爵，因而被称为毕公高。春秋时候，其子孙毕万去晋国当司徒，被分封于魏。到后来为秦所灭，子孙四散，因为是王者之后，而被称为王家，是为王姓。又有东周灵王太子晋，因直谏被废为庶民，由洛阳迁居于琅琊、太原，世人称其为"王"家，其后以"王"为姓，称为王氏。这一支王氏，后成为天下王氏最主要的支派。

书圣王羲之书法入木三分。

其二：出自妫姓，为齐田和之后。周武王灭商后，追封帝舜的后裔妫满于陈。春秋时期，陈厉公之子陈完，避难逃到齐国，为陈氏。其五世孙陈恒子在齐国做大夫，食于田，遂改姓为田。其后裔田和成为齐国国君，即历史上著名的"田氏代齐"。后来齐国为秦国所灭，到项羽反秦时，其裔田安被封为济北王，其后人为了纪念，便改"妫"姓为"王"姓，称为王氏。

其三：出自子姓，是殷商王子比干之后。商朝末期，商纣王昏庸无道，殷商王子比干因屡次直言进谏，被剖心而死。王子比干被杀后，就葬在当时的国都朝歌附近，他的子孙世世代代居于此处为他守灵，同时改姓为王，纪念为国献身的祖先。

其四：由少数民族改姓而来。据相关史料记载，鲜卑族的可频氏、西羌钳耳氏、高丽族、乌丸族均是北魏孝文帝时期，改复姓为汉字单姓时改为王姓的。

其五：出自赐姓或者冒姓的王姓。如《汉书》所载，西汉王莽新政时，赐姓战国燕王朱丹的玄孙喜为王姓；隋朝末年有王世充，本姓支氏。朱明王朝也赐许多蒙古人王姓，多为冒姓。

【繁衍变迁】

王姓起源于我国北方地区，早期主要在北方发展繁衍。秦时，周灵王的后裔为避战乱迁徙到山东地区。世居山西的王姓家族，辗转迁居到河南地区。西晋末年，王姓氏族开始向江南迁徙。唐朝时，原居于河南境内的王姓人进入福建，同时也有一支王姓人迁往四川、安徽、江西等地。北宋末期，开始有王姓在浙江、江苏一带定居。宋末元初，在福建地区的王姓人开始向两广地区迁徙。明朝末期，王姓氏族有向台湾迁居的；明清时期，王姓人向海外迁居，主要集中在欧美和东南亚等国家地区。

王姓在当代中国人口排行中排位第二。

【历史名人】

王诩：即鬼谷子，春秋战国时期纵横家的鼻祖，军事教育家，苏秦、张仪的老师。著有《鬼谷子兵法》。

王昭君：名嫱，字昭君，乳名皓月。西汉人。中国古代四大美女之一。是汉朝与少数民族的和平使者。

王羲之：字逸少。晋代著名书法家，有"书圣"之称。为会稽内史，领右将军，人称"王右军"。代表作品《兰亭序》。

王维，字摩诘。盛唐诗人、有"诗佛"之称。诗风独特，"诗中有画，画中有诗"，是田园诗派的代表诗人。精通诗画，佛学以及音乐。代表作品《使至塞上》、《九月九日忆山东兄弟》等。

王安石：字介甫，号半山，封荆国公。北宋杰出的政治家、思想家、文学家、改革家，唐宋八大家之一。

féng
冯

【姓氏来源】

冯姓的起源主要有二：

其一：出自姬姓，为周文王之后。文王的第十五个儿子毕公高，因随其兄周武王伐商有功，周朝建立后被封于毕。其后裔毕万，于晋国做大夫，随献公四处征战，战功无数，被封于魏。春秋时期，与韩氏、赵氏"三家分晋"瓜分了晋国，建立魏国。后为周威烈王承认为诸侯，并封其子孙中的一支于冯城，其后世子孙便以邑为氏，称冯氏。

其二：出自归姓，为冯简子之后。春秋时期，郑国有大夫名为冯简子，因受封在冯地而得氏。后来冯邑被晋国所吞，成为魏氏子孙长卿的冯邑，因此，长卿的后裔也称冯姓。

【繁衍变迁】

冯姓发源于河南，春秋战国时，韩国冯亭的后人散居在山西和河北境内，家族兴旺，在三国以前，冯姓人已经遍布山西、山东、陕西、四川以及河南等地。三国两晋南北朝时，冯姓人大量南迁至江苏、安徽、江西、浙江地区，并形成了一些颇有名望的大族。到唐宋时，冯姓人继续向南迁徙，并散布在江南各个地区。元明清时，冯姓人进入东南沿海、台湾，及海外地区。

冯姓在当代中国人口排行中排位第三十一。

【历史名人】

冯谖：战国时期齐国人，是孟尝君门下的食客之一，是一位高瞻远瞩战略家。有"狡兔三窟"的典故。

冯延巳：字正中，南唐时期著名词人，其词风恬淡优雅，对后世有巨大的影响。有《谒金门·风乍起》等脍炙人口的作品流传于世。

冯梦龙：字犹龙，明代文学家、戏曲家。著有"三言"，是中国白话短篇小说的经典代表。

冯谖，战国时齐人，是薛国（今滕州市东南）国君孟尝君门下的食客之一，为战国时期一位高瞻远瞩、颇具深远眼光的战略家。

冯玉祥：字焕章，民国时期著名军阀、爱国将领。

chén

陈

【姓氏起源】

陈姓的主要来源有四：

其一：出自妫姓，为虞舜之后裔。相传帝尧为考验虞舜将两个女儿嫁给他，令其居住在妫汭河边，其后世子孙便以地为姓，称妫姓。武王灭商以后，追封虞舜后人妫满于陈地，妫满为陈侯，称胡公满。后陈国子孙争夺王位，胡公满第十世孙妫完出奔齐国报名，被齐桓公任命为工正，以国为氏，称陈氏。后改为田氏。"田氏代齐"后，齐国称为战国七雄之一。后来齐国为秦国所灭，子孙纷纷改姓避难，齐王之子田轸逃至楚国拜相，恢复陈姓。这一支陈氏家族兴旺，历代子孙有很多为朝廷重臣，是陈氏中最大的一支。这一支普遍被认为是陈姓氏族的共同祖先，史称陈姓正宗。

其二：出自陈国公族后裔。在陈国内乱至亡国期间，除陈完之外，还有三支陈国公族后裔避居他乡，亦以国为氏姓陈。一是居陈留者，出自陈哀公之子留；二是居阳武或颍川者，出自陈潜公之长子陈衍；三是居固始者，出自陈潜公次子温之后陈琏。

其三：出自他姓改姓。据《河南官氏志》所记载，隋朝初年，白永贵改姓为陈，其后裔也多改姓陈。又《通志氏族略》所载，广陵的陈姓，为刘矫之后裔。

其四：出自少数民族改姓。北魏孝文帝时期，实行汉化整层，改复姓侯莫陈氏为汉字单姓，称陈氏。

【繁衍变迁】

陈姓发源于河南，在河南有"老陈户"的说法。春秋时期，陈国发生内乱，使陈姓氏族分散在河南各地。西晋末年，陈轸的后裔迁至江苏浙江等地。南朝时，陈霸先建立了陈国，使陈姓得到一定的发展。唐朝时，有陈姓人开始向福建徙居。南宋时，陈姓人开始进入广东。明朝初期，有陈姓人跨海向日本迁徙。明朝末期，居住在福建等地的陈姓人开始入住台湾；陈姓人迁居东南亚各国和欧美等国是在明清以后。

陈姓在当代中国人口排行中排位第五。

【历史名人】

陈胜：秦朝末年反秦义军的首领。与吴广联合反秦，不久后在陈郡称王，建立张楚政权。

陈琳：字孔璋，汉末文学家。广陵人，"建安七子"之一。陈琳诗、文、赋兼善。代表作《饮马长城窟行》、《武军赋》、《神武赋》等。

陈寿：字承祚，西晋史学家。《三国志》的作者。

陈子昂：字伯玉，唐代文学家。因曾任右拾遗，后世称陈拾遗。于诗标举汉魏风骨，是唐诗革新的前驱者，对唐代诗歌影响巨大。有《登幽州台歌》、《感遇》为后人千古传诵。

chǔ
褚

【姓氏来源】

褚姓的起源主要有二：

其一：出自子姓，以官名为氏，为春秋宋公恭之子公子段的后代。相关史料记载，春秋时期诸侯割据、各自为政，诸侯的管辖之下都设有"褚师"的官职，"褚师"是掌管市场的官员，又叫市令。担任"褚师"这一官职的后代以官名为姓，称褚氏。《通志·氏族略》上有"本自殷（商）后人宋恭公子段食采于褚，其德可师，号曰褚师，因而命氏"，大意是春秋时期，宋国有宋恭公之子名段，字子石，受封于褚地。因为宋恭段品德良好高尚，被人尊为"褚师"。褚师的后人遂以之为姓，称褚师氏，后简化为褚氏。据史料记载，褚姓出自子姓，为殷商王族后裔。

公子段像。

其二：以地名为氏。据《姓氏寻源》上记载："周有褚地，居之者以为氏。"周朝时，有居住在褚地的人，有的以地名为姓，称褚氏。《左传》中提到过洛阳南部有褚氏亭，《后汉书·郡国志》上也有记载，洛阳有褚氏渠。

【繁衍变迁】

褚姓的起源有两种说法，但是无论是以官职为姓，或是以地名为姓，其发源地都是今河南地区。目前为止，没有发现褚姓有被赐姓和冒姓的文字记载，因此褚姓的血统是十分单纯的，都是纯粹的汉族，历史上也名人辈出，如湖北应城的褚姓的始祖就是著名书法家褚遂良。褚姓的郡望是河南郡，汉时置郡，在今河南洛阳一带。宋朝时，褚姓人就已经分布在今河北、湖北、安徽、江苏、浙江等地。明朝时，褚姓人在今浙江、山西、河北境内比较集中。

褚姓在中国人口排名中排行二百二十五位，人口主要集中在江苏、浙江，以及渤海湾沿岸等地。

【历史名人】

褚少孙：号先生，西汉时期著名的经学家、史学家。褚少孙做过司马迁《史记》

的修葺工作，《史记》中"褚先生曰"就是他的补作。

褚遂良：字登善，唐朝初期著名书法家，与欧阳询、虞世南、薛稷并称唐初四大书法家，代表作有《房玄龄碑》、《伊阙佛龛记》、《雁塔圣教序》等。

褚廷璋：字左莪，号筠心。清朝杰出学者、官员，精通等音字母之学，著有《西域图志》、《西域同文志》、《筠心书屋诗钞》等。

卫 wèi

【姓氏起源】

卫姓的起源主要有二：

其一：出自姬姓，以国为氏，为周文王第九子、卫国国君康叔的后代。西周初年，周公旦平定武庚的反叛后，将原来商朝都城周围地区和殷民七族分封给弟弟康叔，建卫国，称卫康叔。后来秦国一统天下，卫国被秦国吞并。约定以国名为姓，子孙都姓卫，称卫氏。

其二：出自少数民族改姓。据《后燕录》记载，东汉时，昌黎鲜卑族有改为卫姓的；《后汉书》中记载，东汉时长水地区的卫姓是由匈奴人所改；《九国志》中，五代时期有卫姓，为吐谷浑族所改。

【繁衍变迁】

春秋时期，卫国作为周朝的诸侯国，其地域大致在黄河北岸，太行山脉东麓，即今河南省鹤壁、新乡附近。因此，卫姓起源于河南。等到秦朝时，因为各种原因，卫姓人已进入山西、河北、陕西、山东等地，秦二世时灭卫国以及秦末农民起义时期有卫姓后裔在朝鲜称王。汉朝及魏晋时期，卫姓子孙已经在河南、山西、山东、河北、江苏等地都有分布，并逐渐形成了陈留和河东两个重要的郡望。唐朝以后，卫姓人就开始广泛分布，今河南、山西、山东、浙江、上海、广东、东北等地都有卫姓人的聚集。清朝之后，卫姓人散布在全国各地。

【历史名人】

卫青：字仲卿，另曰仲青，

卫青取得龙城大捷。

西汉时期著名武将。他曾先后七次率骑兵抗击匈奴侵扰，屡建战功，是历史上出身最低，功劳最大，官位最高的代表人物。

卫瓘：字伯玉，西晋书法家，擅长隶书、章草，风格流便秀美。

卫玠：西晋时期著名的清谈名士和玄理学家，中国古代著名美男子之一。

卫夫人：名铄，字茂猗，晋代著名女书法家，"书圣"王羲之的书法老师。

jiǎng
蒋

【姓氏来源】

蒋姓的起源比较纯正，主要出自姬姓，为周公后裔。周朝建立初期，武王去世，周成王即位，周公因成王年幼便摄政。其兄弟三监不服，联合商纣王之后武庚以及东方夷族反叛，周公出兵平定反叛。之后，周公创立典章制度，分封诸侯。其中，周公三子名叫伯龄，被封于蒋地，建蒋国。春秋时期，蒋国被楚国所灭，伯龄的子孙便以国名为姓，称蒋氏。

【繁衍变迁】

蒋姓发源于河南，春秋时，蒋国被楚国所灭，蒋国人大部分外迁。秦汉时，蒋姓人向西迁至陕西，向东迁至山东，在山东繁衍的十分兴盛。汉朝时，蒋姓人开始南迁。东汉时，有蒋横的九个儿子为避祸，分散在江苏、江西、浙江、四川、湖南、湖北等地，并成为当地蒋姓氏族的开基始祖。唐朝初期，蒋姓人开始进入福建。宋朝以后，福建和广东等地的蒋姓开始兴旺起来。明清时期，福建和广东等地的蒋姓人移居海外。

【历史名人】

蒋琬：字公琰，三国时期著名的政治家。诸葛亮逝后接替其为蜀汉宰相。

蒋防：字子徵，唐朝时期杰出文学家，著有唐传奇《霍小玉传》，被明代文学家胡应麟推崇为"唐人最精彩动人之传奇"。

蒋廷锡：字扬孙，清朝中期重要的宫廷画家，开创了"蒋派"花鸟画。

有宰相肚量的蒋琬。

传世作品有《竹石图》、《花卉图》卷等。

蒋介石：名中正，字介石，国民革命军总司令，中华民国首届总统。有"国民革命军之父"或"中华民国国军之父"的称号。

shěn
沈

【姓氏来源】

沈姓的起源主要有三：

其一：出自姬姓，以国为姓，为黄帝后裔。周王朝建立后不久，周武王驾崩。年幼的周成王即位，周公旦摄政。武王在位时分封的用以监察殷商遗民的三监：霍叔、管叔和蔡叔，因为不服气周公旦的摄政，遂与武庚勾结，联合东方夷族反叛，后来为周公旦所灭。文王十子季载，因平叛有功，成王将其封于沈国，又称聃国。因此季载又称冉季载。聃又写作冉，古时，冉、沈读音相同。春秋时，沈国为蔡国所灭，季载的后裔子逞，逃奔楚国，其子孙后裔遂以国为氏，称沈氏。

其二：出自芈姓，为颛顼后裔。春秋时期，楚庄王之子公子贞被封于沈邑，其后世子孙以封邑名为姓，称沈氏。

其三：出自少昊金天氏。据《左传》和《姓氏考略》中所记载，沈、姒、蓐、黄四国皆为少昊裔孙台骀氏之后。春秋时期，沈国为晋国所灭，其子孙以国为氏，称沈氏。

【繁衍变迁】

沈姓发源于河南，沈国被蔡国攻灭后，其子孙后代出奔到楚国，在河南定居。东汉时，沈姓人开始南迁，主要迁至浙江等地。沈姓人大举南迁，是从魏晋南北朝时期，到了唐朝时期，沈姓人就已经分布在江苏、浙江、江西、湖北、湖南、四川各地了。唐宋之际，中原地区的沈姓人开始进入东南沿海，如福建等地。明朝末期，福建以及广东地区的沈姓人渡海移居至台湾，也有向海外迁徙的。

【历史名人】

沈佺期：字云卿，唐代著名诗人，与宋之问齐名，并称"沈宋"。著有《独不见》、《夜宿七盘岭》等诗歌。

沈既济：唐代文学家，长于史学，又善作小说。撰有《建中实录》十卷及传奇小说《枕中记》《任氏传》等。《枕中记》就是"黄粱梦"的出处。明代汤显祖写的杂剧《邯郸记》即以它为题材写成的。

沈郢是春秋时期的人，是沈姓的始祖聃季载的后裔。他品德高尚，智慧过人，为当时的人们所敬仰，其才智被广为传扬，秦国的国君也对其有所耳闻。

沈括：字存中，号梦溪丈人，北宋科学家、改革家，是我国历史上最卓越的科学家之一。他精通天文、数学、物理学等各种自然科学，被誉为"中国科技史上的里程碑"。

沈周：字启南，明代杰出书画家，为明代吴门画派四家之一。与文徵明、唐寅、仇英合称"明四家"。著有《石田集》、《江南春词》、《石田诗钞》、《石田杂记》等。

hán
韩

【姓氏来源】

韩姓的起源主要有二：

其一：出自姬姓，以邑为氏或以国为氏，为唐叔虞之后裔。西周初期，周公灭唐后，将唐国分封给虞，史称晋国，因都城在唐，所以虞又称为唐叔虞。到春秋初期，晋昭侯将曲沃分封给叔父成师，造成了晋国分裂的局面，后又由曲沃武公统一。曲沃武公统一晋国后，继而灭掉了韩国，并封其小叔姬万于韩，称韩武子。韩武子的子孙以封邑为氏，称韩氏。至战国初期，韩武子后裔韩虔与赵氏、魏氏"三家分晋"，建立韩国，并成为"战国七雄"之一。最后为秦国所灭，于是韩国的宗室子孙遂以国为姓，称韩氏。

其二：出自他族改姓。据《魏书》记载，后魏有复姓大汗氏，北魏孝文帝迁都洛阳后，改为汉字单姓韩姓。

【繁衍变迁】

韩姓发源于山西和陕西，战国时韩国建立，因三次迁都，使得韩姓在山西河南各地得到广泛的发展。等到秦国灭韩国后，河南颍川变成了河南韩姓氏族聚集的中心。秦汉时期，韩姓族人向浙江、四川、山东、甘肃、河北、北京等地移居。唐朝时，河南人韩愈被贬为潮州刺史，成为最早进入广东地区的韩姓人。唐朝末年，韩姓氏族大量进入福建地区。到了清康熙年间，韩姓人已经有渡海到台湾定居，或移居到东南亚各国以及欧美各国家的。

韩姓在当代中国人口排行中排位第二十六。

【历史名人】

韩非：战国末期著名的哲学家、政论家和散文家，是法家思想的集大成者，后世称之为"韩子"或"韩非子"，是我国古代著名法家思想的代表人物。

韩信：字重言，西汉开国功臣，中国历史上杰出的军事家。智勇双全，治军严明，有"韩信点兵，多多益善"的典故流传于世。与张良、萧何并称"汉初三杰"。著有《兵法》三篇。

韩愈：字退之，唐朝诗人，"唐宋八大家"之首，与柳宗元并称"韩柳"，是古文运动的倡导者。苏轼称他为"文起八代之衰"，有"百代文宗"之美誉。

韩世忠：字良臣，两宋时期的著名将领，与岳飞同是南宋抗金民族英雄。在抗金战争中立下了汗马功劳。

韩擒虎：东垣(今河南新安)人，隋朝大将，助隋文帝灭陈，有胆有识，闻名当世。

yáng
杨

【姓氏来源】

杨姓的来源主要有四：

其一：出自姬姓。周成王封其弟叔虞于唐，为唐侯。又唐地临晋水，因而称晋国。春秋时期，晋国内乱，晋武公灭瑉侯统一晋国。长子晋献公灭包括杨国在内的周围诸小国。后晋献公封其二弟伯侨领地于杨，以地取姓为杨姓。伯侨遂为杨氏得姓始祖。

其二：出自赐姓。如三国时期，诸葛亮平定哀牢夷后，赐当地少数民族赵、张、杨、李等姓。又隋代杨义臣，本姓尉迟氏，因其父的功绩而被赐予皇室姓氏。

其三：出自他族改姓。北魏孝文帝时期，实行汉化政策，将原莫胡卢氏改汉字单姓，为杨姓。

其四：出自他姓改姓。据载，广东梅州有杨氏，原为林姓。

【繁衍变迁】

杨姓发源于山西，春秋时期，杨国被晋国所灭，杨国子孙向西迁移，陕西、河南等地都有杨姓人的分布。春秋战国时，有部分杨姓人已经迁至湖北等地，并进一步向东南方向播迁至江西地区。另有一支杨姓人从山西向江苏、安徽等地区迁徙。秦汉时期，杨姓人就已经散布在四川。魏晋南北朝时，杨姓人继续向江南地区迁移。唐朝时，朝鲜半岛已经有了杨姓氏族的分布。及至宋朝时，杨姓已经以福建为中心，遍及江南各地。元朝末期以后，广东、福建等东南沿海地区的杨姓陆续向海外移民，主要迁至东南亚各国。

杨姓在当代中国人口排行中排位第六。

【历史名人】

杨修：字德祖，东汉末期著名文学家、政治家。以学识渊博而著称。代表作有《答临淄侯笺》、《神女赋》、《孔雀赋》等。

杨坚：即隋文帝，隋朝的开国皇帝。

杨玉环：即杨贵妃，中国古代四大美女之一。

杨业：北宋名将，又叫杨继业。抗击契丹的战斗中骁勇善战，与儿孙杨延昭和杨文广等并称为"杨家将"。

杨万里：字廷秀，南宋时期著名诗人，与范成大、陆游、尤袤合称南宋"中兴四大诗人"。他的《晓出净慈寺送林子方》和《小池》至今被人吟咏传唱。

隋文帝杨坚像。

杨炯：弘农华阴人，初唐四杰排名第二，与王勃、卢照邻、骆宾王齐名，并称"初唐四杰"。其诗尤以描写军事题材的边塞诗影响最大，有《杨炯集》传世。

zhū
朱

【姓氏来源】

朱姓的起源主要有四：

其一：出自曹姓，为颛顼之后裔。古帝颛顼的玄孙陆终共有六子，第五子名安，封于曹，赐曹姓。周武王灭商建立周朝后，因封弟弟振铎在曹，所以改封曹安的后裔曹挟在邾，建立邾国，称邾子挟。到了战国时期，邾国为楚国所灭，邾国贵族以国为氏，即为邾氏。邾国君主的支庶子孙又去邑旁为朱姓。

其二：出自朱虎之后裔。朱虎是舜时的大臣，其后裔便有以朱为氏。

其三：出自宋微子启之后裔。后汉有朱晖，是宋国开国君主宋微子启（纣王的庶兄）的后裔，以国名为氏，称宋氏。春秋时期，诸侯灭宋，后裔子孙逃至砀地，改宋氏为朱氏。

其四：出自他族改姓。北魏孝文帝时期，实行汉化政策，鲜卑族复姓浊浑氏、朱可浑氏改为汉字单姓朱氏。

【繁衍变迁】

朱姓发源于河南、山东、江苏境内。先秦时期，包括河南、山东、河北、山西的中原地区为朱姓人的主要生活地区。秦汉时期，朱姓发展较为迅速，两汉时已经发展形成了很多名门望族。魏晋南北朝时期，时局动荡，朱姓人向南部徙居与当地的少数民族融合，更进一步扩大朱姓家族的势力。经隋唐、五代时期，朱姓人已经散布在安徽、广东、湖南各地。明朝时期，朱姓作为国姓得到了空前的发展繁衍，各地都出现了大家王族。在清朝时期，朱姓已经遍布全国各地。

朱姓在当代中国人口排行中排位第十三。

【历史名人】

朱亥：战国勇士，传闻他力大无穷，勇气过人，与"信陵君"魏无忌一同窃符救国，挽救了处在危急情境下的赵国。

朱熹：字元晦，南宋著名的理学家、思想家，是闽学派的代表人物，世称"朱子"，是孔子、孟子以后最为杰出的儒学大师。著有《四书章句集注》、《楚辞集注》，影响深远。

朱元璋：即明太祖，明朝开国皇帝。元末农民起义，统领红巾军推翻元朝，建立明朝，统治时期被称为"洪武之治"。

郏子挟像。

朱耷：字良月，明末清初著名画家、书法家。清初画坛"四僧"之一，绘画以大笔水墨写意著称，世称"八大山人"。

朱自清：字佩弦，现代著名作家、散文家、学者、民主战士。其散文文笔清丽，语言洗练。主要作品有《背影》、《荷塘月色》，均为脍炙人口的名篇。

qín
秦

【姓氏来源】

秦姓的起源主要有三：

其一：出自嬴姓，以国为氏，为颛顼帝后裔。相传颛顼的有孙女名女修，因吃鸽子蛋而生皋陶。皋陶的儿子伯益因为帮助大禹治水有功，被赐为嬴姓，并将本族姚姓女子嫁给他为妻，生有二子。长子名大廉，承父亲技业，调训鸟兽，因而又称鸟俗氏。商朝时鸟俗氏被封为诸侯。到了周朝建立以后，鸟俗氏的后裔有叫大骆的，被周穆王封于犬丘。大骆的庶子非子，因善于畜牧，为周孝王养马，深得孝王喜爱，被封在陇西秦亭为附庸国，让他恢复嬴姓，称秦嬴。秦国传至秦襄公时，因保护周平王东迁有功，被升为诸侯。秦孝公时任用商鞅变法，使秦国成为战国七雄之首，并逐步攻灭六国，统一天下，成为中国历史上第一个统一的中央集权的封建王朝。后秦国被刘邦推翻，王族子孙以国名作为姓氏，称秦氏。

其二：出自姬姓，以邑为氏，为文王后裔。周武王建立周朝后，将少昊之墟曲阜封给其弟周公旦，为鲁公。后来武王去世，周公旦留在周都辅佐年幼的周成王，周公旦之子伯禽遂接封鲁国，食采于秦邑。伯禽后裔有的以邑为姓，称秦氏。

其三：古代大秦人来中国，其中有以"秦"为氏。大秦即罗马帝国。东汉时班超曾派遣甘英出使大秦。后大秦皇帝亦派使者前来中国。晋朝时大秦再次遣使来中国通好，有留居中国的人，以"秦"为姓。

【繁衍变迁】

秦姓主要分为西北和东南两支，西北部发源于甘肃，东南部发源于山东、河南一带。先秦时期，秦姓人主要散居在河南、陕西、山东、湖北、河北等地。西汉初期，山东秦姓人徙居至陕西，这支秦姓人发展地十分兴旺，世号"万石秦氏"。两汉到南北朝时，秦姓人遍及甘肃、四川和山西等地

秦越人是春秋战国时期的名医，因为医术精湛，并且最擅长望、闻、问、切四诊术，所以百姓用轩辕时期神医扁鹊的名字来称呼他。

区。历经宋、元、明三朝，秦姓人已经分布在广西、贵州、福建、北京、上海等地，并有秦姓人远渡重洋，移居海外。

【历史名人】

秦冉：字开，亦作子开，春秋时期蔡国人，唐代开元年间追封"彭衙伯"，宋封"新息侯"。

秦宓：字子勅，三国时期蜀汉著名谋臣，有辩才。

秦观：字少游，北宋著名婉约派词人。与黄庭坚、晁补之、张耒并称"苏门四学士"。

秦桧：字会之，南宋投降派代表人物，中国历史上十大奸臣之一，是南北宋期间的一个传奇人物。

尤 yóu

【姓氏起源】

尤姓是一个比较年轻的姓氏，其起源主要有三：

其一：出自沈姓。周朝建立不久周武王就驾崩了，年幼的周成王在周公旦的辅佐下登上王位。但是霍叔、管叔和蔡叔不服气周公旦的摄政，遂与武庚勾结，联合东方夷族反叛，后来为周公旦所灭。文王的十子季载因平叛有功，被封于沈国，又称聃国。因此季载又称冉季载。聃又写作冄，古时，冄、沈读音相同。后来沈国被蔡国所灭，子孙后裔为了避难，就将沈字中的三点水旁去掉，改为尤姓，是周文王之子季载的后人。

另有出自沈姓一说，为五代时期，福建地区有闽国，闽王名为王审知。因此为避讳王审知的"审"的读音，福建地区沈姓的人就将去掉偏旁，改为尤姓。

其二：出自仇姓。仇、尤两个字古时发音相同，而且都有怨恨的意思，因此有些仇姓人将自己改为尤姓。

其三：出自少数民族改姓或固有姓氏。清朝时有赫哲族尤可勒氏，汉姓为尤；满族人中亦有尤姓；西北回族人中，因伊斯兰教经"尤素夫"而选择汉姓时多以尤字为首，因以为尤姓。

【繁衍变迁】

尤姓因出自沈姓，因此起源于沈国的疆域——河南境内。东汉时期，有尤姓人分布在今陕西、江西等地。福建地区建立闽国后，尤姓开始兴盛起来，闽国被唐朝所灭，致使北宋之前尤姓人寥若晨星。南宋时期，由于仕宦等原因，浙江地区涌入大量的尤姓人民。到了宋末时期，广东、江西、湖北、湖南等地都有尤姓人的聚集，更有一些大胆的尤姓人迁至北方，生根立业。明朝初期，山西地区的尤姓人又被分迁于北京、江苏、安徽等地。福建沿海地区的尤姓人有渡海远去，在台湾、东南亚等地繁衍生息的。

【历史名人】

尤袤：字延之，号遂初居士，南宋著名诗人、大臣，与杨万里、范成大、陆游并称"南宋四大家"。

尤侗：字同人，号悔庵，晚号艮斋，明末清初文学家、戏曲家。曾参与修纂《明史》，被康熙称为"老名士"。代表作有《艮斋杂记》、《鹤栖堂文集》、《西堂杂俎》及传奇《钧天乐》、杂剧《读离骚》、《吊琵琶》等。

许由洗耳。

尤文献：又名鹅津。宋朝绍圣元年进士，官至兵部尚书，知枢密院事及观文殿大学士，因善于绘图，皇上曾题词"尤图"。

尤怡：清代医学家、诗人。医术益精，著有《伤寒贯珠集》、《金匮心典》、《医学读书》、《静香楼医案》等。

许 xǔ

【姓氏来源】

许姓的起源主要有二：

其一：帝尧时许由的后代。相传许由是尧舜时期的高士贤人，帝尧非常敬重他的德行，想把自己的帝位让给许由，但是许由坚持不答应。并且逃至箕山隐居，自己种田养活自己。后来帝尧又请许由作九州长官，许由就到颍水边洗耳，表示不愿听到。许由死后葬于箕山，后人也称为许由山。而颍水流域的箕山附近，正是后来许国建立的地方，因此后来许氏子孙多以许由作为始祖。

其二：出自姜姓，以国为氏，为炎帝神农氏的后裔。许氏与齐氏同祖，为上古四岳伯夷之后。"四岳"是由姜姓发展出来的四支胞族，他们和姬姓部落结成联盟，打败了商纣王，建立了周朝。周成王时，商的旧地分封给了一些姬姓诸侯国和姜姓诸侯国，许国正是被分封的姜姓诸侯国之一，其始祖为文叔，也称为许文叔。战国初期许国被楚国所灭，子孙后代遂以国为氏，称许氏。

【繁衍变迁】

许姓发源于河南，战国初期，许国被攻灭后，少数许姓人迁往湖南、湖北等地，大部分的许姓人则北上迁居至河北境内。秦汉以后，北方的许姓人大部分落籍于河北、河南、安徽、山西、陕西等地。到了魏晋南北朝时期，许姓开始南迁。唐朝初年，居住在河南的许姓人迁入福建地区，之后就出现了大规模的南迁，江苏、浙江、湖北、福建等地均有大量许姓氏族聚集。宋末元初，许姓人迁居广东。明朝时，则有定居在福建的许姓人渡海赴台，继而移居海外；也有一些许姓人向西南地区迁移，如广东三省和广西等地，与当地的少数民族融合在一起。

【历史名人】

许行：战国时期著名农学家、思想家。主张"贤者与民耕而食，饔飧而治"，是先秦时期农家的代表人物。

许褚：字仲康，三国时期魏国武将。忠心耿耿，勇猛非凡，有"虎痴"的绰号。

许慎：字叔重，东汉时期著名的经学家、文字学家，有"字圣"之称，是中国文字学的开拓者。所著《说文解字》在世界范围内都有着深远的影响。

许浑：字用晦，晚唐时期最有影响力的诗人之一。其代表作《咸阳城东楼》中"山雨欲来风满楼"为后世千古传诵。

何
hé

【姓氏来源】

何氏的起源主要有三：

其一：出自姬姓，为周文王之后。周成王有一个弟弟名叫唐叔虞，其后裔被封于韩原，称韩姓。春秋时期，韩国不断发展壮大，与赵、魏两国形成了"三家分晋"的局面。后，韩国为秦国所灭，韩姓子孙散居各地，其中一只逃难至江淮一带，因当地人"韩"、"何"不分，遂演变为何姓。

其二：唐代的"昭武九姓"之一为何氏。隋唐时期，西域地区，有月氏人建立的康居政权，被匈奴人打败，后建立了康国。西域的其他政权先后归附了康国，均以昭武为姓，史称"昭武九姓"，即康、史、安、曹、石、米、何、火寻和戊地。

其三：出自他族改姓、冒姓或赐姓。如南北朝时，北魏孝文帝迁都洛阳后，将鲜卑族复姓贺拔氏改为汉字单姓何氏。又有汉时有人名何苗，本姓朱，冒姓何。又如元末吐蕃宣慰使锁南，其子铭为河州卫指挥同知，被朝廷赐姓何氏，其后人有以何为氏的。

【繁衍变迁】

何姓发源于江淮流域以及江淮流域以北的地区，主要为江苏、安徽两地。两汉和魏晋南北朝时期，何姓人开始向北迁徙，至山东、河南、河北、山西、陕西以及四川等地，这些地区，为何姓在北方地区主要繁衍发展的地域，并形成了庐江、陈、东海三大郡望，涌现出相当一部分文化和政治上的名人。晋朝时，何姓人开始南迁至福建等地，成为入闽八姓之一。隋唐时期，何姓在南北方都有所发展，南方地区更为繁盛。到了明清之际，何姓族人已经遍布全国各地。

何姓人在当代中国人口排行中排位第十八位。

【历史名人】

何晏：字平叔，三国时玄学家，为魏晋玄学的主要创始者之一。

何景明：字仲默，明朝文学家，是明朝"文坛四杰"中的重要人物，也是明代著名的"前七子"之一，与李梦阳并称文坛领袖。

何绍基：字子贞，晚清诗人、画家、书法家。何绍基兄弟四人均习文善书，人称"何氏四杰"。

何香凝：著名的国民党左派，民革主要创始人之一，是国民党领袖廖仲恺的革命伴侣，是中国现代杰出的妇女领袖。

吕
lǔ

【姓氏来源】

吕姓的起源主要有三：

其一：出自姜姓，以国为氏，为齐太公吕尚之后。相传，炎帝因居姜水流域，因而称姜姓。尧舜时，由姜姓发展出来的四支胞族即"四岳"，即齐、吕、申、许。四岳族首领伯夷，因协助大禹治水有功，其后人太岳又为大禹的重臣，故封之为吕侯。夏商周时期，吕国皆为诸侯国。直到春秋战国时期，吕国东迁新蔡，后被田氏所篡失国，其后世子孙散居在韩、魏、齐、鲁各地，以国为氏，称吕氏。

其二：出自姬姓魏氏。春秋时，有魏犨，又称魏武子在晋国公子重耳外逃的过程中，随同重耳。至重耳回国做国君后，遂封魏犨为大夫，封魏犨之子魏锜于吕地，魏锜又称吕锜。吕锜后裔以封地为氏，称吕氏。

其三：出自少数民族改姓。如南北朝时期，北魏孝文帝迁都洛阳，实行汉化政策，将鲜卑族复姓叱吕氏、叱丘氏改为汉字单姓吕氏。至五代后周时期，又将俟吕陵氏改为汉字单姓吕氏。

姜太公吕尚像。

【繁衍变迁】

吕姓发源于河南，吕国灭亡后，遗民主要分散在河南、安徽、湖北等地。两汉时期，吕姓氏族散播到河北、山西、内蒙古等地，东汉末期有吕姓氏族向安徽和陕西迁入。吕姓进入浙江、江苏等地区，是南北朝时期。北宋初年，许姓氏族南下移居到福建、广州地区。到了清朝康熙年间，福建广州这两地的许姓人渡海向台湾徙居，并开始散播海外。

【历史名人】

吕不韦：战国末期卫国著名商人，杂家思想的代表人物。以"奇货可居"闻名于世，据传有门客三千。组织门客编写了《吕氏春秋》，又称《吕览》。"一字千金"这个成语正是与吕不韦有关。

吕雉：汉高祖皇后，人称吕后。曾辅佐刘邦平定天下，是中国历史上第一位有记载的皇后和皇太后，也是封建王朝第一个临朝称制的女子，掌握汉朝政权长达十六年。

吕蒙：字子明，三国时期东吴名将，鲁肃赞其为学识渊博，"非复吴下阿蒙"。有"不探虎穴，安得虎子"的典故。

吕洞宾：原名吕岩，字洞宾，号纯阳子。唐朝八仙之一、全真道祖师，被道教全真派尊为北五祖之一。

吕向：字子同，唐代书法家、学者，能一笔环写百字，世称"连绵书"。

shī
施

【姓氏起源】

施姓的起源主要有四：

其一：出自姬姓，为春秋时鲁惠公之子姬尾的后裔，以祖字为氏。据相关史料记载，春秋时期鲁国鲁惠公之子，名尾，字施父，人称施父尾。据说他擅长音律，通过别人赏乐姿态之变化，看人的生死。其后世子孙以施父字为姓，为施姓。

其二：出自上古施国，以国名为氏。据《姓氏考略》所载，夏时诸侯有施氏，施国灭亡后，王族子孙就以国名为氏，称施氏。

另有一说出自子姓，为商民七族之一。《左传》上记载，周初，卫康叔管辖"殷民七族"，即陶氏、施氏、繁氏、锜氏、饥氏、樊氏和终葵氏等。施氏主要为制旗帜的工匠，其后代遂称施氏。

其三：出自方姓，为避难改姓，为明朝方孝孺同族方氏。《姓氏词典》上记载，明朝名士方孝孺，因为拒绝为明成祖朱棣起草登基诏书，被诛十族。其同族外逃避难，改为施姓，因"施"字拆开为"方人也"。

其四：出自他族改姓。明清时期，云南土司有施姓；云南白族中有以海螺为图腾的氏族，其汉姓为施姓。

【繁衍变迁】

施姓主要起源于先秦时期的鲁国，即山东地区。因此，施姓最开始活动在山东、安徽地带。之后逐渐南下，一部分进入湖南、贵州，另有一部分迁徙至四川和云南等地，成为西南地区施姓的主要聚集地。唐朝时期，在浙江地区形成了施姓的郡望——吴兴郡。宋朝时，施姓就已经散播到江南各个地区，主要集中在浙江、江苏、安徽等地，并在西部川鄂和东方浙苏皖地区形成了两大聚集区。明朝以后，浙江成为施姓的第一大省，江西、福建、江苏都有分布。

西施像。

【历史名人】

施之常：春秋时鲁国人，是鲁惠公第八世孙，孔门七十二贤之一。

西施：原名施夷光，居西村苎萝，故名西施，是中国古代四大美人之一，又称西子。

施耐庵：名子安，又名肇瑞，字彦端，号耐庵，明朝著名作家，中国古典四大名著之一《水浒传》的作者。

施闰章：清代文学家，安徽宣城人，顺治年间进士，任山东学政，曾为蒲松龄的老师。博览群书，工诗善文，享有盛誉。著有《学余堂文集》二十八卷。

施琅：字尊侯，号琢公，明末清初著名将领，平字郑氏，收复了台湾。

张
zhāng

【姓氏来源】

张姓的主要来源有三：

其一：出自黄帝之后挥。据相关史料记载，黄帝后裔挥，因为受到太阳运行轨迹的启发，发明了弓。在以狩猎为生的当时，发明弓是非常了不起的事情，因此黄帝封挥为专门制造弓的官叫"弓正"，也称"弓长"，又将官名合二为一赐他"张"姓。

其二：出自姬姓，黄帝的后代。据《通志·氏族略》所记载，春秋时期，晋国有大夫解张，字张侯，其子孙以字命氏，称张氏。后来张氏子孙到晋国做官，三家分晋后，大部分张氏子孙迁移开来，使得张姓成员不断增加扩大。

其三：出自赐姓或他族改姓。据相关资料记载，三国时期，世居云南的南蛮酋长被蜀相诸葛亮赐姓张；元末有蒙古族将领伯颜帖木儿，归附明朝后，被明太祖赐予张姓。另有韩、姬等姓人士和乌桓、女真、羯、鲜卑、匈奴、契丹等少数民族分支改姓张姓。

【繁衍变迁】

张姓发源于河北、河南、山西地区。汉朝以前，张姓人就已经分布在陕西、河南、山东、河北等黄河流域地区。同一时期，也有张姓人向四川等地区迁徙。汉朝时，张姓氏族散播到江苏以及东北和西北等地。汉朝末期到西晋时期，张姓人在南部地区开始兴盛起来，以江苏的吴郡为首向我国东南沿海的各个地区扩展。到了唐宋时期，张姓人大规模向南迁徙，使从宋朝一直到清朝，张姓人成为一个非常庞大的族群，分布在我国大江南北的各个地域。

【历史名人】

张良：字子房。汉初名臣，著名的政治家、谋略家，"汉初三杰"之一。协汉高祖平定天下，被誉为"第一谋士"。

张骞：字子文，西汉时期外交家。两次出使西域，开辟出丝绸之路，使汉朝能与中亚交流。

张衡：字平子，是东汉时期伟大的天文学家、发明家、地理学家、制图学家等，发明了浑天仪、地动仪、指南车。有"科圣"之称。

张仲景：东汉末年著名医学家，被称为"医圣"。著有《伤寒杂病论》，为后代历代医学家所推崇。

张飞：字益德，三国时期蜀汉名将。有智有谋，疾恶如仇，蜀汉三杰之一。

孔 kǒng

【姓氏来源】

孔姓的主要来源有五：

其一：出自子姓，为商汤王后裔。相传上古时期，帝喾有一个妃子名叫简狄，因拣到一只燕子蛋，吃后生下契，赐子姓。后来契因辅助大禹治水有功，被封于商。传至第十代孙汤，因其祖先是吞乙卵而生，因而名履，字太乙。汤成为商族首领后，灭夏建立了商王朝。因为汤王是商朝的开国君主，深受百姓爱戴，因此其后代就把"子"和"乙"相拼，成孔字，是为孔氏。

其二：出自子姓，为春秋时宋国王族孔父嘉。商朝末年，纣王荒淫暴虐，最终为周武王姬发所灭，建立周朝。商纣王的庶兄微子启很顺从周氏王朝，遂封之以商都一带，建立宋国，命他管理商朝遗民。微子启死后由弟弟仲衍继位，仲衍的曾孙宋襄公有子名嘉，字孔父，又称孔父嘉，任宋国大司马。春秋时，孔父嘉的后代就以孔为氏。

其三：出自郑国姬姓。据史料记载，春秋时期，郑穆公有十三子，其中两个为孔氏。

其四：出自卫国姬姓。周公旦平定武庚的叛乱后，将原来商朝都城附近的地区和殷民七族分封自己的弟弟康叔，建立卫国。到了春秋时期，卫国有名臣孔悝，其后代子孙有以其先祖的字为氏的，称孔氏。

其五：出自陈国妫姓。周武王灭商后，建立周朝。周公旦追封帝舜的后裔妫满于陈地，建立陈国。到春秋时，陈国有大夫孔宁，以先祖名字为氏，称孔氏。

【繁衍变迁】

孔姓发源于河南，孔父嘉的后人为避难，逃到位于今山东地区的鲁国境内，并定居下来。这次徙居，是孔姓氏族第一次进行东迁，并且使山东成为孔姓氏族的聚集地。汉朝时，因为战乱和官职的变动，有部分孔姓人纷纷向别处迁徙。孔姓人大举南迁到浙江、安徽等地，是在三国两晋南北朝时。唐朝时期，孔姓人发展繁盛，散播到江苏、江西等地。明朝时，山西、辽宁、云南、贵州、四川等地都有孔姓氏族的分布。清朝以后，孔姓人遍布全国，并开始有向海外地区迁徙的。

孔子周游列国。

【历史名人】

孔子：名丘，字仲尼，春秋末期的思想家和教育家，儒家思想的创始人，被后世统治者尊为孔圣人、至圣先师等。

孔融：字文举，东汉文学家，"建安七子"之首。代表作是《荐祢衡表》。

孔颖达：字冲远，唐代著名经学家，著名的"十八学士"之一，所疏或正义的经书包括《周易》、《尚书》、《诗经》、《礼记》和《左传》等。

孔尚任：字聘之，号东塘，清朝初期诗人、戏曲作家。著名戏剧《桃花扇》的作者，时人将他与《长生殿》作者洪昇并论，称"南洪北孔"。

cáo
曹

【姓氏来源】

曹姓的起源主要有三：

其一：以国为氏，出自颛顼玄孙陆终之子安。相传，颛顼的玄孙陆终，其第五子曹安因为协助大禹治水有功，被封于曹国。到了周朝时，武王改封曹安的后裔曹挟于邾国。后邾国被楚国所灭。邾国人有以国为氏，改朱氏；有以曹为氏，称曹氏。

其二：出自姬姓，始祖为振铎。周朝建立后，周武王改封曹安的后裔于邾国，便封弟弟振铎于曹国。后曹国为宋国所灭，其后裔子孙便以国为氏，称曹氏。

其三：出自他姓、他族加入。如后汉有曹嵩，本姓夏侯，后改姓曹。另有突厥部建有康国，其分支有曹国，其中有以曹为姓的。以及西域阿姆河、锡尔河流域各民族的"昭武九姓"中，有曹姓。

【繁衍变迁】

曹姓发源于山东地区，先秦时期，曹姓主要聚集在山东、甘肃和江苏北部。秦汉之际，曹姓人已经在山东、安徽、河南、江苏等华东地区繁衍发展。唐朝时，因其初期末期的战乱，使得很大一部分中原人开始向南方移民，曹姓氏族也在其中。宋元明时期，北方战争不断，以中原地区为主要聚集地的曹姓氏族，开始向江南地区转移。宋朝初年，曹姓人徙居到广西和广东两个地区，清朝初期渡海向台湾迁徙，进而迁至海外。

曹姓在当代中国人口排行中排位第二十七位。

【历史名人】

曹刿：春秋时期鲁国著名的军事理论家。有"一鼓作气"的成语典故

曹参：字敬伯，西汉开国功臣。秦末随刘邦起义，汉朝建立后，他被封为平阳侯，任宰相。

曹操：字孟德，三国时的著名政治家、军事家、诗人。三国中曹魏的奠基人和主要缔造者，其子曹丕称帝后，追尊他为魏武帝。善作诗歌，代表作品有《观沧海》、《龟虽寿》等。

曹雪芹：名霑，字梦阮，号雪芹，清代著名作家，所著《红楼梦》是中国古代四大名著之一。

yán
严

【姓氏来源】

严姓的起源主要有四：

其一，出自芈姓，以谥号为氏，为战国时期楚庄王之后。传说颛顼的后裔陆终之子季连，赐姓芈。季连的后裔熊绎在周康王时被封于荆山，建立荆国。后改国号为楚，为楚国。根据《元和姓纂》的记载，楚庄王的一部分子孙以其

谥号为氏，称庄氏。汉朝时期，为避讳汉明帝刘庄的名讳，改庄姓为严姓。到了魏晋时期，有严姓恢复庄姓的，就形成了庄、严两家，因此有两家有"庄严不通婚"的古训。

其二：以邑名为氏，为战国时期秦孝公之子君疾的后裔。战国时期，秦孝公的儿子君疾，受封于严道县，以邑名为氏，故称严君疾，其子孙后代遂以严为姓，称严氏。

其三：据《姓考》所载，古时有严国，其国人以国为氏，为严姓。

其四：出自少数民族姓氏。据《晋书》记载，南北朝时，后燕慕容盛丁零族中有以严为氏的，称严姓。满、彝、土、锡伯、朝鲜等族都有严姓。

【繁衍变迁】

严姓主要由庄姓改姓而来。因此在成姓之初分布就十分广泛。史料记载，东汉时，在山东、湖北、安徽、浙江一带均有分布，四川、云南等地也有严姓的聚集。魏晋南北朝时期，严姓多居住在陕西、山西等地区，以陕西和甘肃最旺，严姓的三大郡望就是出自这两个地方。后世战乱纷繁，严姓大批南迁，明清以后严姓大多居住在安徽、江苏、浙江、福建沿海等南部地区，云南、广东也有严姓的足迹。清朝康熙年间，开始有严姓人渡海入台。

【历史名人】

严忌：本姓庄，东汉时避讳明帝名讳，改为严姓，是西汉初期著名的辞赋家。严忌才识过人，人称"严夫子"。

严光：字子陵，东汉时期著名隐士。严光曾为汉光武帝刘秀的同学，积极帮助刘秀起义。刘秀即位后，他隐姓埋名，以"高风亮节"闻名于世。

严羽：字丹丘，一字仪卿，自号沧浪逋客，世称严沧浪，南宋杰出的诗论家、诗人，所

严光之风，山高水长。

著《沧浪诗话》是宋朝最负盛名、对后世影响最大的一部关于诗歌的理论批评著作。

严复：原名宗光，字又陵，后改名复，字几道，近代启蒙思想家、翻译家、教育家，是中国近代史上向西方国家寻找真理的"先进的中国人"之一。

华 huà

【姓氏来源】

华姓的起源主要有二：

其一：出自子姓，以邑名为氏，为春秋时期宋戴公之孙督的后裔。周朝建立初期，商纣王的微子启被封以商都一带，建立宋国。据《名贤氏族言行类稿》、《广韵》和《辞源》等史料记载，宋戴公之孙子督，字华父，为宋国的公卿。其后人遂以先祖字为氏，称为华氏。

其二：出自少数民族改姓。元明清时期，蒙古部落有谟锡哷氏、扎拉尔氏等汉化改为华氏。明朝时，有回族以祖先名字汉化为氏，称华姓。满足和锡伯族有以部落名称汉化为氏的，称为华氏。

【繁衍变迁】

华姓起源于河南、陕西一带。春秋时期，华姓人已经散布到湖北、江苏、山东等地。汉朝初期，华氏家族中有跟随刘邦征战有功被封为列侯，华姓在山东平原一带形成望族，在沛国地区也形成了大的华氏家族。王莽之乱时，北方华氏避乱向南迁徙，在湖南地区形成了武陵郡望。三国两晋南北朝时，华氏族人为避乱迁到江苏、浙江等地。隋唐时期，华氏族人有向福建迁入的。宋朝时期，华姓已经广布黄河、长江、珠江中下游地区。到了明朝时，江苏成为华姓的第一大省，形成了以江苏为中心的华姓聚集区。明清之后，华氏族人遍布西南、西北、东北和台湾各地。

外科鼻祖华佗。

【历史名人】

华佗：字元化，东汉末期医学家，与董奉、张仲景并称为"建安三神医"。

华佗是世界医学史上最早使用全身麻醉进行手术治疗的人。

华歆：字子鱼，三国时魏国名士，以才华横溢著称，政治上主张重农非战，重视文教德化，为官清廉自奉，被陈寿评价为"清纯德素"。

华蘅芳：字若汀，清朝末期著名的数学家、翻译家和教育家，译有大量数学著作，对当时洋务运动的兴起有着巨大的影响。

华镇：会稽人，北宋官吏。神宗进士，官至朝奉大夫，知漳州军事。平生好读书，工诗文。有《扬子法言训解》、《云溪居士集》等。

jīn
金

【姓氏来源】

金姓的起源主要有四：

其一：出自少昊金天氏。相传少昊是东夷族的首领，上古五帝之一，为黄帝的己姓子孙。少昊死后被尊为西方大帝，因古人有五行的学说，西方属金，所以少昊又称金天氏。少昊的后裔中有以金为姓的，称金氏。

其二：出自匈奴休屠王太子金日磾之后。汉朝时，匈奴休屠王有子叫日磾，汉朝初年时，归顺汉武帝，后来是汉室非常重要的辅国大臣。他曾铸造过铜人像用以祭天，因铜像人又称金人，因此被赐姓"金"氏，称金日磾，其子孙后代遂也世世代代称金氏。

其三：为刘姓改姓为金氏。唐末五代时，十国之一的吴越国其开国之王叫钱镠，因"镠"与"刘"为同音字，为了避嫌，就将吴越国中的刘氏改为金氏。

其四：出自他族或改姓。如南北朝时，羌族中有金姓；唐朝时，新罗国有金姓；明朝永乐年间，蒙古归顺明朝，赐姓金氏；另元时有金覆祥，其先本为刘氏，后改为金氏，以及清代文学评论家金圣叹，本姓张，后改姓金氏。

【繁衍变迁】

金姓发源地较多，少昊帝在山东曲阜登帝，其后代世居山东。新罗与高丽、百济三国国王均为金姓。汉朝时有金日磾家族居住陕西，世代为官。到了魏晋南北朝时，金姓人中有移居到甘肃的。唐朝，金姓已经成为山西、四川部分地区的大姓。宋朝到明朝这一时期，居住在南方的金姓人散居在浙江、江苏、江西、安徽、湖南、湖北、福建、广东等地区；居住在北方的金姓人，多聚集在河南、河北、辽宁等地。从清朝嘉庆年开始，福建、广东等东南沿海地区的金姓氏族陆续迁至台湾，继而远徙海外。

【历史名人】

金圣叹：名采，字若采，明末清初人，著名的文学家、文学批评家。主要成就在于文学批评，对《水浒传》、《西厢记》、《左传》等书都有评点。

金农：字寿门、司农、吉金，清朝著名书画家兼诗人，扬州八怪之一。

金岳霖：字龙荪，中国哲学家、逻辑学家，是最早把现代逻辑系统地介绍到中国来的逻辑学家之一。

魏 wèi

【姓氏来源】

魏姓的起源主要有二：

其一：出自姬姓，为周文王裔孙毕万之后，以邑为氏，或以国名为氏。周朝建立后，周文王的第十五个儿子毕公高受封于毕地，后毕国被西戎攻灭，毕公高的后裔毕万投奔晋国，做晋国大夫。后来，毕万因在晋国攻灭他国的战争中立下大功，晋献公便将魏地赐给他为邑，毕万的子孙后代便以邑为氏，称魏氏。后来，晋国发生内乱，晋公子重耳被迫出逃，毕万的孙子魏犨在重耳流亡的过程中始终陪伴。后晋公子重耳在秦穆公的帮助下成为晋国国君，即晋文公。晋文公封魏犨为大夫，世袭魏氏封邑。后来，毕万的后代魏斯联合韩、赵两家瓜分晋国，成立了魏国。战国末期，魏国被秦国攻灭，亡国后，魏国王族以国为氏，称魏氏。

其二：出自他姓改姓：据史料记载，战国时秦国有魏冉，本姓芈，后改姓魏。又南宋蒲江人有魏了翁，本姓高，后改姓魏。另明朝有昆山人魏校，本姓李，后改姓魏。

【繁衍变迁】

魏姓发源于陕西、山西，成姓早期，大部分魏姓人繁衍于山西、陕西、河南、山东等中原地区，少部分魏姓人居住在湖北、湖南等两湖地区。西汉时，河北巨鹿地区形成了魏姓史上最为著名的郡望。同一时期，魏姓人开始迁徙至江浙、甘肃、宁夏等地。到了三国两晋南北朝时，因为连年战火，魏姓氏族大举南迁，至四川、江西、福建等地。魏姓人徙居福建、广东等地是始于唐朝。宋朝末年，魏姓人就已遍布江南大部分地区。经历元、明、清三朝，魏姓人远徙海外。

【历史名人】

魏无忌：号信陵君，与齐国孟尝君、赵国平原君、楚国春申君并称"战国四公子"。

魏延：字文长，三国时蜀汉名将。

魏徵：字玄成，唐代著名大臣、政治家，提出"水能载舟，亦能覆舟"等治世名言，是中国史上最负盛名的谏臣。著有《群书治要》等书。

魏源：原名远达，字默深，清代启蒙思想家、政治家、文学家，近代中国"睁眼看世界"的先行者之一。提出"师夷长技以制夷"的新思想。

晋献公将魏地赐给毕万为邑。

jiāng

姜

【姓氏来源】

姜姓的起源主要有二：

其一：出自炎帝神农氏的后裔。相传炎帝神农氏生于姜水，遂得姜姓。炎帝的裔孙有伯夷，因治四岳有功，被封于吕地，建吕国。后有吕尚，辅佐周室得天下有功，遂封于齐，建齐国。后吕国齐国纷纷亡国，后世子孙亦有以姜为姓的。

其二：出自桓氏改姓。据《通志·氏族略》所载，唐朝上元时，有桓姓者改为姜姓。

【繁衍变迁】

姜姓的发源于陕西、河南和山东一带。汉初，河南、山东的姜姓人向关中迁徙，落籍于甘肃地区，也有向南播迁至江苏、四川等地者。魏晋南北朝时，姜姓人为避战乱徙居至江南。唐朝时，姜姓人迁至福建。唐宋之际，河北、河南、浙江、江西、安徽、山东及广东等地均有姜姓人的分布。明清时期，姜姓人在山西、陕西、贵州、湖南、福建、湖北等省都有聚居。并有女真族的姜佳氏部族的姜氏后裔，在辽宁等地聚集。清乾隆年间，有姜姓人渡海赴台，进而远徙东南亚以及欧美各国。

【历史名人】

姜子牙：本名吕尚，名望，字子牙，中国历史上最负盛名的政治家、军事家和谋略家。

姜小白：即齐桓公，齐国君主，任管仲为相，在"尊王攘夷"的旗帜下，南征北战，最终使齐国成为"春秋五霸"之首。

姜维：字伯约，三国时期蜀汉著名军事家、军事统帅。

姜夔：字尧章，别号白石道人，南宋著名词人、文学家和音乐家。代表作有《扬州慢》、《暗香》等。

军事统帅姜维。

姜宸英：清初书画家、文学家，被誉为"江南三布衣"之一。有《湛园文稿》等。

戚 qī

【姓氏来源】

戚姓的起源比较单一，出自姬姓，以封邑名为氏，为春秋时卫国大夫孙林父的后裔。周文王的小儿子康叔，因封于康，故称康叔。周公旦平定武庚叛乱后，将原来商都附近地区和殷民七族分封给康叔，即卫国。春秋时期，卫康叔的八世孙卫武公有子名惠孙，根据周制，惠孙的后代以祖父的字命氏，即为孙氏。惠孙的第七世孙孙林父在卫献公时任上卿，后因失宠先后去了晋国和齐国，卫殇公时回国被封于戚邑，孙林父的支庶子孙世居戚邑，遂以封邑名为氏，称戚姓。

【繁衍变迁】

戚姓发源于河南地区。秦汉时期，卫国灭亡后，戚姓子孙有逃至山东、江苏等地避难的。南北朝在江苏和山东之间形成了东海郡望，并以此为中心向安徽、浙江等地散播。唐五代时，战乱北方的戚姓族人向江南地区迁徙。两宋时，戚姓的繁衍中心移到浙江和江苏地区，元朝之后，戚姓人散居在华东、华南、西南各省。明朝初期，山西境内的戚姓人分迁至河南、河北、山东、陕西、湖北等地。明朝末期，戚姓人开始渡海赴台。清康熙年间，山东地区的戚姓人开始向东北三省迁徙。

【历史名人】

戚同文：字文约，北宋初年著名的教育家，与范仲淹共创高平学派。

戚文秀：宋朝杰出画家，善画水，画有《清济灌河图》。

戚继光：字元敬，明朝抗倭名将，著名的军事家、民族英雄，著有《纪效新书》、《练兵纪实》、《莅戎要略》、《武备新书》等书。

xiè
谢

【姓氏来源】

谢姓的起源主要有三：

其一：出自姜姓，为炎帝后裔申伯之后。炎帝因居住在姜水流域，因此以姜为氏。传至商朝末年，有后裔孤竹君，其子伯夷和叔齐投奔周，后武王伐纣，伯夷和叔齐均反对这种诸侯伐君的不仁行为，极力劝谏。等到武王灭商后，两人隐居在首阳山，不食周粟而死。但二人子孙仍留在周朝，到武王去世，成王即位后，封伯夷的后裔为申侯，称申伯。厉王时娶申伯之女为妃子，生子为宣王。宣王即位后，封母舅申伯于谢国。后申国为楚国所灭，其子孙后代便以邑名为姓，称谢氏。

其二：出自任姓，为黄帝之后。据《左传》、《古今姓氏书辩证》等书记载，黄帝有子二十五人，得十二姓，其中第七为任姓。任姓建有十个小国，其中之一为谢国。后周宣王时，将谢国赐予申伯。谢已失国，子孙四散，遂以国为氏，称谢氏。

其三：为他族改姓。南北朝时鲜卑族直勒氏改为谢姓。

【繁衍变迁】

谢姓发源于河南。谢国被攻灭，有部分谢姓人迁至淮河中上游地区，而部分谢姓人则迁入湖北。战国末期，秦国灭楚后，谢姓人向南迁至重庆地区。到了汉魏时期，浙江地区的谢姓人开始兴旺发展起来。魏晋南北朝时，社会动荡，军阀混战，谢姓人为避战乱，一部分南迁至江西，一部分北上到陕西，一部分魏姓则向西，进入四川、云南等地。唐朝时，有谢姓氏族迁至江西。宋朝时，有谢姓人向福建迁居。历元、明、清三朝，谢姓人在南方的繁衍发展要超过北方。明朝末期，谢姓人开始渡海入台，并且远迁至菲律宾等东南亚地区。清朝早期，居住在广东境内的谢姓人迁至欧美等地。

【历史名人】

谢安：字安石，东晋著名政治家，一代名士和宰相，是著名以少胜多的淝水之战东晋方决策者。

谢玄：字幼度，东晋名将、文学家、军事家，指挥了著名战役淝水之战。

谢灵运：原名谢公义，字灵运，又称谢康乐，东晋末年著名的文学家、诗人，是山水诗派的开创者。

谢朓：字玄晖，南朝齐时著名的山水诗人。世称"小谢"，为"竟陵八友"之一。

邹 zōu

【姓氏来源】

邹姓的起源主要有四：

其一：出自蚩尤之后，以地名为氏。相传黄帝和蚩尤曾在涿鹿展开了一场大战，后来黄帝将蚩尤部落打败。蚩尤部落的遗民迁至邹屠，以地名命族为邹屠氏，后分为邹氏和屠氏。

其二：出自曹姓，为颛顼帝后裔挟之后。古帝颛顼的玄孙陆终共有六子，第五子名安，封于曹，赐曹姓。周武王灭商建立周朝后，因封弟弟振铎在曹，所以改封曹安的后裔曹挟于邾，建立邾娄国。到了春秋时，邾娄国迁都成为鲁国的附属国，战国时被鲁穆公改为邹国。后来邹国被楚国所灭，邹国子孙有以国为姓的，称邹姓。

其三：出自子姓，为商纣王庶兄微子启之后。西周初期，周公旦平定武庚和东方夷族的反叛后，将商朝旧都周围的地区封给微子启，是为宋国。传至宋滑公时，有孙名考父，三朝采食于邹邑，到了他第五世孙叔梁纥时，以邑为姓，称邹氏。

其四：出自姒姓，为越王勾践之后。据《史记》所载，闽越王无诸以及越东海王摇，为越王勾践的后裔，为驺姓，驺亦作邹。

【繁衍变迁】

邹姓发源于山东，秦汉之际，有一支邹姓徙居至河北，西汉后逐渐向河南迁徙，是邹姓家族中较为旺盛的一支。汉朝时，有河北的邹姓氏族迁往陕西、青海、甘肃和宁夏等地。东晋时，北方战乱，邹姓人向南迁徙，落籍在江苏、浙江、安徽、江西等地。唐朝初年时，已经有邹姓人定居到福建地区。北宋时期，邹姓人迁居至广东，并于南宋时，向广西散居。后来逐渐开始有广东、福建等东南沿海地区的邹姓人移居台湾，继而侨居新加坡等东南亚国家的。

【历史名人】

邹衍：战国时期阴阳家学派创始者，著名的思想家。因他"尽言天事"，当时人们称他"谈天衍"，又称邹子。

邹亮：字克明，明朝杰出学者，为"景泰十才子"之一，著有《鸣珂》、《漱芳》等书。

dòu
窦

【姓氏来源】

窦姓的起源主要有四：

其一：出自姒姓，以地名为氏，为夏帝少康之后。据《风俗演义》及《新唐书·宰相世系表》等所载，夏朝创建者夏启的儿子太康在位时，政事荒废，沉湎田猎享乐。一次在去洛水南打猎的时候，有穷氏的首领后羿趁机起兵，夺取了夏朝的都城，并阻拦太康回国。最终太康因病而死。后来太康的妃子后缗怀孕临近产期，自窦逃出，投奔娘家有仍氏，生下遗腹子少康。后来少康成为夏朝的君主，为纪念这件事情，赐窦姓给自己留居有仍的儿子，世代相传，形成窦氏。

其二：出自古代氏族。今陕西、甘肃、四川一带，有古代氏族，据《魏志》记载，其中有寅氏，为氐王窦茂。

其三：出自少数民族改姓。魏晋南北朝时，北魏孝文帝将鲜卑族没鹿回氏、纥豆陵氏改为汉姓窦氏。

其四：战国时期，魏国有窦公，其后世子孙简改为窦氏。

【繁衍变迁】

窦氏主要起源于今山东省地区，历商周两朝逐渐向外扩张，先秦时期，窦姓人又落籍到山西、河南地区。秦汉之际，窦姓人在山东、河北及陕西等地落户安家。汉末时期，有窦辅为避仇逃于至湖南地区，曹操平定荆州后，又徙至江苏。三国两晋南北朝时，窦姓人遍及黄河中下游地区，还有一部分窦姓人迁居到辽宁和北京一带。唐末五代时，窦姓

少康像。

人向南迁至安徽、江苏、浙江、湖北、湖南等地。南宋时，窦姓在南方各省分布区域渐广。明朝初期，山西地区窦姓人被分迁于山东、江苏、浙江、河北、河南、天津等地。清朝时，窦氏族人已经在全国分布广泛。

【历史名人】

窦太后：是西汉时期汉文帝刘恒的皇后，汉景帝的母亲。窦太后出身贫寒，由民女到宫女，最后成为辅佐文景武三位帝王治理大汉江山的杰出女性。

窦婴：字王孙，西汉著名大臣，推崇儒术，反对道表法里的黄老学说。

窦融：字周公，东汉时著名将领，从破隗嚣，被封为安丰侯。

zhāng
章

【姓氏来源】

章姓的起源主要有二：

其一：出自姜姓，以国名为氏，为炎帝神农氏的后裔，始祖为姜子牙。西周初，姜子牙受封于齐地，建立齐国，郭国为齐国的附庸国。后来姜子牙将郭国分封给自己的庶子，于是郭国为姜姓。后来春秋时郭国被齐国攻灭，郭国人以国名为氏，去掉表示国家的"阝"旁，意为国家已不复存在，成章姓。

其二：出自他姓改姓。汉朝时，章弇原姓仇，为避仇而改姓章；《元史·孝友传》上记载元朝时有章卿孙，原姓刘，由章姓人抚养成人，因此为章姓。

【繁衍变迁】

章姓发源于山东，春秋时期，郭国被其同宗齐国吞灭，章姓人散居在山东、河北的齐国境内。秦汉之际，章姓人向北进入蒙古，向西进入陕西，南至江西、江苏等地。魏晋南北朝时期，章姓在江西豫章已经形成名门望族。隋唐时期，江苏、浙江、江西、安徽、四川等地都有了章姓氏族的分布。章姓人徙居福建，是从五代十国开始的。到了两宋时期，章姓名家辈出，不过因为北方时局动荡，战争频繁，章姓氏族纷纷向南方迁徙。明朝初期，山西章姓人落籍于湖南、湖北、陕西、河北、

姜太公钓鱼。

北京等地。明清时期，章姓人在各地都有散播与发展，居住在沿海地区的章姓人渡海迁往台湾，以及东南亚和欧美等地。

【历史名人】

章邯：秦朝末期著名将领、军事支柱，是秦朝的最后一员大将。

章鉴：字公秉，号杭山，南宋大臣。累官至右丞相兼枢密使。其为政严谨，居官清廉，宽厚待人，人称"满朝欢"。

章学诚：字实斋，清朝史学家、文学家，诚倡"六经皆史"的论点，著有学术理论著作《文史通义》。

章太炎：名炳麟，字枚叔，清末民初民主革命家、思想家以及近代著名朴学大师。他与蔡元培等合作发起光复会，在文学、历史、哲学等方面都有较高的成就，著有《章氏丛书》等，人称"太炎先生"。

苏
sū

【姓氏来源】

苏姓的起源主要有三：

其一：出自己姓，为颛顼帝高阳氏后裔。传说，帝颛顼裔孙陆终有六子，长子名樊，赐己姓，封于昆吾，以封地名为姓，称昆吾氏。后分为四姓，分别为苏、顾、温、董。昆吾国夏朝时，为诸侯国。至周朝时，有司寇名忿生，因为能够教化百姓，被周公旦分封于苏，称苏忿生。春秋时期，苏国为狄人所灭，苏忿生后裔遂以国名为氏，称苏氏。

其二：出自少数民族姓氏。《汉书》上记载，辽东乌桓族汉武帝时有改姓苏的。

其三：出自他族改姓。南北朝时期，北魏孝文帝迁都洛阳，实行汉化，改鲜卑族复姓跋略氏为汉字单姓苏氏。

【繁衍变迁】

苏姓发源于河南，西周末期，周王室为犬戎所灭，周天子迁都洛阳，随行为官者中有苏姓。春秋时期，苏姓已经定居于湖北、湖南地区。汉朝初期，有苏姓氏族进入陕西地区。汉朝末期，有苏姓又迁至四川，之后大规模迁居江南。唐朝初年，苏姓人进入福建。北宋时，湖南等地的苏姓人因避难，逃至两广、云南地区，更远至越南、老挝、泰国等国家。南宋时，有居住在福建的苏姓人徙居广东。历宋、元、明三朝，苏姓人已经有渡海入台，继而移居海外的。清朝时，苏姓人遍布全国。

【历史名人】

苏秦：字季子，战国时期著名的纵横家。游说六国合纵抗秦，任六国宰相。成语"悬梁刺股"中的"刺骨"正是出自苏秦发奋读书的典故。

苏轼：字子瞻，号"东坡居士"，北宋著名文学家、书画家，豪放派词人代表。他和父亲苏洵、弟弟苏辙合称为"三苏"，是"唐宋八大家"之一。

苏武：字子卿，西汉时期著名使臣。出使匈奴时被扣留，留居匈奴十九年持节不屈，死后被列为"麒麟阁十一功臣"之一。

苏颂：字子容，宋朝出色的天文学家、药学家。以制作水运仪象台闻名于世。

潘 pān

【姓氏来源】

潘姓的起源主要有三：

其一：出自姬姓，以邑为姓或以国为姓。据史料记载，周文王的第十五个儿子名高，因封于毕地，称毕公高。毕公高有子叫伯季食采于潘地，因伯季治理潘地有功，因此又被加封为伯爵国。春秋时期，楚国军队进攻潘国，潘国不敌，为楚国所吞并，潘国子孙为纪念故国，遂以国为姓，称潘氏。

其二：出自芈姓，以字为氏。相传颛顼帝的后裔陆终有六子，其中小儿子叫季连，赐姓芈。季连的后裔鬻熊因做过周文王老师，在武王伐商建国后，封鬻熊的后代熊绎于荆山，建荆国。熊绎后代改国号为楚，称楚文王。楚国有大夫芈潘崇，协助楚穆王夺得王位。潘崇子孙以其字命氏，奉潘崇为潘姓始祖。

其三：出自他姓改姓。南北朝时期，北魏孝文帝南迁洛阳，将鲜卑族三字姓破多罗氏，改为汉字单姓潘氏。

【繁衍变迁】

潘姓发源于湖北、陕西等地，早期发展在湖北地区，春秋战国后，开始向山东、山西、湖南移居。汉朝时，有潘姓氏族北迁至河南、江苏等地。三国以前，潘姓人中，已经有徙居到山东、湖南、浙江等地者。到了晋朝，有潘姓人落籍于河北，向南有播迁至广东者。唐朝初期，有河南的潘姓氏族进入福建地区。宋时，潘姓人向广东、云南等地迁居。元、明、清三朝，潘姓已经分布在全国各地。

【历史名人】

潘璋：字文珪，三国时期吴国将领。关公父子败走麦城后，即被潘璋所擒。

潘岳：字安仁，西晋文学家、名臣。以"美姿容"著称。代表作有《闲居赋》、《秋兴赋》、《悼亡诗》等。

潘平格：字用微，明清之际思想家。提出"浑然一体"、"见在真心"的理论，著有《求仁录》、《著道录》等。

潘季驯：字时良，明代著名水利家。嘉靖二十九年（1550）进士。四次担任治理黄河的官职，形成了"以河治河，以水攻沙"的思想，被誉为"千古治黄第一人"。著有《两河管见》、《宸断大工录》、《河防一览》等。

潘安是我国古代著名的美男子，相传他"姿容既好，神情亦佳"，而且文辞华美细致，多是清丽哀怨的悲情文章。每每出门都会遭人围观，有时候不光是怀春的少女，一些年纪大的妇人见了潘安，也喜欢得不得了，便拿水果向潘安的车里投掷，将车都载满了水果。

gě
葛

【姓氏来源】

葛姓的起源主要有三：

其一：出自嬴姓，以封地名为氏，为黄帝后裔。《通志·氏族略》和《孟子·滕文公》上记载，夏朝时，黄帝的支庶子孙，颛顼的后裔伯益的次子飞廉，受封于葛地，建立葛国，为葛伯。后来葛国被商汤攻灭，其后世子孙以国为氏，称葛姓。

其二：以部落名为氏。《风俗通义》中记载，远古时有名为葛天氏的部落，其后裔遂以葛为姓，称葛氏。

其三：出自他族改姓。魏晋南北朝时期，北魏孝文帝迁都洛阳，施行汉化政策，改鲜卑族复姓贺葛氏为汉字单姓葛；清朝时，满族八旗中有墨勒哲埒氏、格济勒氏改为葛姓；赫哲族中，葛依克勒氏的汉姓也为葛；鄂伦春族的葛瓦依尔氏，其汉字单姓亦为葛姓。

【繁衍变迁】

葛姓起源于河南，很长一段时间内，葛姓人一直在中原地区繁衍发展。西周

葛伯像。

时期，有葛姓人向四川迁徙。到了秦朝时，葛姓人有向安徽徙居的。两汉时，葛姓人开始在河南和山西两地兴旺起来，并有葛姓氏族迁居至江南一带，在吴中地区形成大家望族，繁衍得十分昌盛。魏晋南北朝时期，河南地区的葛姓人开始向江南迁徙，东晋时的葛洪就徙居至广东地区。隋唐时，葛姓人开始在山东、山西、安徽、江苏、浙江、江西、广东等地聚居。两宋时，在江苏和浙江一带的葛姓人发展得最为兴旺。明清时，葛姓已经分布在河南、陕西、江苏、山东、河北、天津、北京各地。从清朝开始，福建和广东的葛姓人开始向台湾、海外等地播迁。

【历史名人】

葛玄：字孝先，又称葛天师，三国时期孙吴国道士，道教尊称其为太极仙翁。在部分道教流派中葛玄与张道陵、许逊、萨守坚共为四大天师。

葛洪：字稚川，自号抱朴子，东晋道教学者、著名炼丹家、医药学家，是葛玄的侄孙，人称小仙翁。代表作有《神仙传》、《抱朴子》、《肘后备急方》、《西京杂记》等。

fàn
范

【姓氏来源】

范姓的起源主要有二：

其一：出自祁姓，是帝尧陶唐氏之后裔。相传帝尧出生在伊祁山，伊祁山就又叫做尧山，尧因地名而为祁姓。帝尧的后裔有一支以祁为姓，被封于刘国，其子孙遂以国名为氏，为刘氏。到了夏朝时，刘国有一个名字叫刘累的人，因善于养龙，被封为"御龙氏"。后来迁至鲁县，其子孙在商朝时因封于豕韦，遂更为豕韦氏。又封于唐地，建唐国以唐为姓。周朝时期，唐国不服从号令，被周成王所灭，迁至杜地，更为杜氏，称唐杜氏。唐杜国君在桓在朝中任大夫一职，人称杜伯。因周宣王一妃子爱慕杜伯的英姿，遂百般勾引，杜伯不为所动，这个妃子气急败坏之下跟宣王告状，宣王便杀掉了杜伯，子孙逃到晋国，杜蒍在晋国担任士师，封于范，子孙遂以封邑范为姓，称范氏。

其二：出自南蛮林邑王范文。晋朝时期，南蛮有林邑王范文。范文原是日南郡西卷县元帅范稚的奴仆，后由林邑王范逸赐他名为范文，成为范逸的重要辅佐大臣。后来范逸逝世后，范文即其位，成为在历史上最著名的林邑王。

【繁衍变迁】

范姓发源于河南，春秋末期，河南的范姓氏族定居到湖北。战国伊始，已经有范姓人迁居至河南、河北、山西等地。秦汉之际，安徽、四川、浙江、江西均有范姓人分布。西汉中期，范姓人中有迁至山东等地。东汉末年，范姓人落籍于浙江和山西地区。西晋时期，范姓人迁往安徽、甘肃等地。唐朝时，河南的范姓氏族落居于浙江、江苏和福建各省。宋朝，福建境内的范姓人向广东迁徙。明朝初期，有范姓人北上迁至辽宁。清朝时，有范姓人在北京繁衍得非常兴旺。

刘累像。

【历史名人】

范蠡：字少伯，又称范伯、陶朱公。春秋后期越国著名政治家、军事家、谋略家。

范增：著名秦末楚王重臣，政治家、谋略家，是秦末农民战争中项羽的主要谋士。被尊称他为"亚父"。

范晔：字蔚宗，南朝刘宋时期著名史学家、散文家。著《后汉书》。

范仲淹：字希文，北宋著名政治家、文学家、思想家和军事家。著有《范文正公集》。

范成大：字致能，号石湖居士，南宋著名大臣，"田园诗派"的集大成者。是著名的"中兴四大诗人"之一。

péng
彭

【姓氏来源】

彭姓的起源主要有二：

其一：为颛顼帝后裔，以国为氏，始祖为彭祖。相传，颛顼帝有玄孙陆终，陆终有子名篯铿，被封于大彭，建彭国，为商朝的诸侯国。因此篯铿又称彭铿。相传彭铿长寿，活了八百多岁，因而被称为彭祖。其子孙后代以国为姓，

161

称彭氏。

其二，出自他族加入。汉朝以后，胡、西羌、南蛮均有彭氏；清朝时满、蒙、回、苗等民族也有彭姓。

【繁衍变迁】

彭姓发源于江苏。商朝末期，有彭姓人迁至河南、湖北。秦末，有彭姓人徙居甘肃地区。汉朝时，有河南的彭姓氏族迁居到河南。魏晋时，社会动乱，北方的彭姓人大规模南迁至山东、陕西、甘肃、江西、四川、福建等省。北朝时，有彭姓人迁居河北。唐初，彭姓人在江西发展得十分兴盛，并自江西向福建、湖南迁徙。宋朝时有彭姓氏族迁入广东，又向福建地区扩散，并逐渐成为当地的望族。明朝时，山西彭姓作为迁民之一，分迁至河南、甘肃、山东、河北、湖北、湖南等地。清朝伊始，东南沿海地区的彭姓人徙居台湾，进一步向东南亚和欧美各国迁移。

彭越是楚汉之战时汉军的著名将领，后成为西汉的开国功臣。

【历史名人】

彭咸：字福康，商朝末期著名贤大夫。因直谏纣王而不被纳，投江而死，后人赞称彭咸为"天下第一谏"。

彭越：字仲，楚汉战争时汉军著名将领，西汉开国功臣，与韩信、英布并称汉初三大名将。

彭孙贻：字仲谋，清代诗画家。与吴蕃昌创"瞻社"，时人称他们为"武原二仲"。著有《茗斋集》、《五言妙境》等作品。

彭玉麟：字雪琴，清朝著名政治家、军事家。与曾国藩、左宗棠并称"大清三杰"，又与曾国藩、左宗棠、胡林翼并称大清"中兴四大名臣"，是中国近代海军奠基人。

彭湃：原名彭汉育，是中国无产阶级革命家，中国共产党早期农民运动的主要领导人之一，海陆丰农民运动和革命根据地的创始人。被毛泽东称之为"中国农民运动大王"。

wéi
韦

【姓氏来源】

韦姓的起源主要有三：

其一：出自彭姓，以国为姓。颛顼的后裔大彭是夏朝的诸侯，夏朝中兴少康当政时，封大彭氏的后裔于豕韦，豕韦国又称韦国，商时称韦伯。周襄王时始失国，迁居彭城，其子孙遂以国名为姓，称为韦氏。史称韦氏正宗。

其二：出自韩氏。西汉初年，韩信为吕后所杀，韩信一族险遭灭门，萧何派人将韩信的儿子暗中送往南粤避难。韩信子孙为避仇，便去了"韩"字的半边，以"韦"为姓氏。

其三：出自少数民族姓氏。据《汉书》所载，汉朝西北少数民族中疏勒国有韦姓。

【繁衍变迁】

韦姓发源于河南。豕韦国被灭后，韦姓人一部分北迁至东北地区，一部分西迁，散居在陕西、甘肃各地。汉朝时，河南、山东、陕西、山西、河北各地均有韦姓人的分布。到了三国两晋南北朝时，除少部分到南方躲避战乱的韦姓人外，大部于韦姓人在北方繁衍生息。隋唐之际，韦姓人在陕西繁衍得最为旺盛，并有南迁到江苏、四川、安徽等地的。历五代十国到宋、元、明、清时期，韦姓人虽有南迁者，但北方的数量仍为多数。

山水诗人韦应物。

【历史名人】

韦应物：唐代著名诗人，善于描写田园景物。因做过苏州刺史，人称"韦苏州"。代表作为《滁州西涧》等。

韦庄：字端己，唐朝花间派词人，与温庭筠齐名，并成为"温韦"。其代表作为《秦妇吟》。

韦昌辉：太平天国前期领导人之一，官封北王。

马 (mǎ)

【姓氏来源】

马姓的起源主要有三：

其一：出自嬴姓，为帝颛顼裔孙伯益之后，其始祖为赵奢。伯益有子孙，名叫造父，善于驯马和驾车，深得周穆王的喜爱，因及时护送穆王回国都，平定徐偃王之乱，被周穆王封在赵城，称为赵氏。后来赵国日渐强大，成为战国七雄之一。当时赵王有一子名叫赵奢，因善于用兵，大破秦兵，被赵惠文王封于马服，称为马服君。其后世子孙最初以国为氏，称马服氏，后省去"服"字，遂为马氏。

其二：出自他姓改姓。如汉代有戚人叫马宫，本姓马矢，后因仕学显于朝野，遂改姓马。

其三：出自他族改姓。如西域人马庆祥，因居住在临洮狄道，遂以马为姓。又有元朝礼部尚书月乃和，本为蒙古人，因祖父曾任金朝的兵马判官，改姓为"马"，名祖常。其后人亦为马氏。

【繁衍变迁】

马姓发源于河北。战国末期，有马姓迁居陕西，并使当地发展为繁衍中心。两汉至南北朝，马姓人分布在河南、河北、山东、湖北、四川、甘肃、江苏、浙江等地，同时，有大规模西迁到西北地区，以及东迁至黄淮地区的。唐朝末期，河南的马姓人进入福建落居。五代十国时，楚国的建立，使马姓人得以分布于湖南、广西、广东、贵州等地区。宋朝以后，福建、广东地区定居的马姓人逐渐增多，到了清代，开始渡海移居至台湾地区，并远徙东南亚及欧美各国。

【历史名人】

马融：字季长，东汉儒家学者，著名经学家。注有《老子》、《淮南子》，世称"通儒"。

马超：字孟起，三国时期蜀汉名将。诸葛亮称他文武全才，勇猛过人。

马皇后：名秀英，明太祖朱元璋的皇后。

马致远：字千里，元代著名的杂剧和散曲作家，与关汉卿、白朴、郑光祖被誉为"元曲四大家"。代表作有《汉宫秋》、《天净沙·秋思》等。

马建忠：字眉叔，清末语言学家，精通多国语言，著有《马氏文通》，为中国第一部较全面系统的语法著作。

花 huā

【姓氏来源】

花姓的起源主要有四：

其一，出自何姓。根据《通志·氏族略》的记载，花姓由何姓所分，原因已不可考，有说法认为古时"花"字与"何"字读音相近，因此改姓。

其二，出自华姓。据《姓氏考略》记载，花姓出自华氏，古时没有花字，都通作华字。唐朝时，花字专门用来指花草之花，因此华姓有改为花姓的。

其三：出自他姓改姓。金朝时，有范用吉改姓花，人称花将军，其后代子孙遂称花氏。

其四：出自他族改姓。金朝时，有女真人孛术鲁氏改汉姓为花；清朝时满洲八旗姓博都哩氏后改为花姓；蒙古族的伯颜氏，其汉姓为花。

【繁衍变迁】

花姓的发源不详，最早出现在正史中是在唐朝时期。唐末五代时期，北方各国纷战，动乱不堪，北方的花姓人开始向南方迁徙，播迁到四川、安徽、江苏、浙江、江西等地。宋元时期，花姓在江南的分布已经相当广泛，福建、广东、湖南、湖北等地都有花姓落籍。明朝初期，山西境内的花姓人，分迁于山东、河北、河南、安徽、江苏等地，继

黑将军花云。

而又传播到贵州、云南、广西，东北地区也开始有花姓氏族的分布，东南沿海地区开始有花姓向台湾迁入。清朝康乾年间，"闯关东"的风潮使得山东的花姓开始向东北三省和内蒙古的东北地区徙居。

【历史名人】

花云：明朝初期杰出将领，骁勇善战，追随朱元璋征战屡建奇功，是明朝的

开国元勋。

花润生：字蕴玉，号介轩，明朝官吏，永乐年间进士，善诗文，著有《介轩集》。

fāng 方

【姓氏来源】

方姓的起源主要有三：

其一：出自姬姓，以祖字为氏。据《元和姓纂》及《通志·氏族略》等记载，西周后期，周宣王有大夫姬方叔，姓姬，字方叔，多次奉命征伐淮夷、北方民族玁狁和南方荆蛮，立下赫赫战功。为表彰其功劳，周宣王遂封方叔于洛，其子孙以他的字为氏，称方氏。

其二：出自方雷氏及方相氏之后裔。相传炎帝神农氏的后裔有雷姓，至八代帝榆罔有子叫雷。在黄帝伐蚩尤时，雷因功被封于方山，称方雷氏。后分为雷姓和方姓。又有方相氏，相传为黄帝的次妃嫫母的后裔，后分为方姓和相姓。

其三：出自姬姓，为翁氏所分。西周初期，周昭王的庶子，被封于翁山，其后遂以邑名为姓，称翁氏。据《六桂堂丛刊》所载，宋朝初年，福建有翁乾度，生有六子，分姓洪、江、翁、方、龚、汪。其中四子分得方姓，其子孙后裔遂称方氏。

【繁衍变迁】

方姓发源于河南。西汉末年，就有方姓人迁居到安徽、江西、福建等地。隋唐以前，山东、山西等北方地区均有方姓人分布。唐朝初年，有河南方姓人落籍于福建。宋元之际，为避乱，有方姓人徙居海南。明朝初期，山西地区的方姓迁至河南、河北、山东、安徽、陕西等地。清朝初期，福建、广东境内的方姓人渡海赴台，进而远播海外。

桐城派创始人方苞。

【历史名人】

方干：字雄飞，号玄英，唐朝才子诗人。生前无人赏识，死后却扬名立万，人称"身无一寸禄，名传千万里"。成语"身后识方干"与之相关。

方腊：北宋末年农民起义领袖，建立政权称帝，号"圣公"。"方腊起义"是影响中国历史的一百个重大事件之一。

方孝孺：字希直，一字希古，明朝著名思想家、文学家，人称"正学先生"。著有《方正学先生集》《逊志斋集》等。

方苞：字灵皋，清朝散文家，桐城派的创始人。与姚鼐、刘大櫆合称"桐城三祖"。著有《狱中杂记》、《左忠毅公逸事》等。

yú
俞

【姓氏来源】

俞姓的起源主要有三：

其一：出自黄帝时期的名医跗之后，以物事为氏。据《通志·氏族略》和《史记》等史料记载，上古黄帝时期，有医术精湛高超的医生，叫跗，他精于脉经之术，而古时"俞"字与"腧"字相通，腧是"脉之所注"的意思，"俞"和"痊愈"的"愈"字同音。因此，这个人又被称为俞跗。俞跗的后人以物事为姓，彰显先人医术技艺，遂称俞氏。

其二：出自春秋时郑、楚两国的公族。《路史》中记载，春秋时期，郑国和楚国两个诸侯国的公族中，都有俞姓。

其三：出自少数民族或他族改姓。如清朝时，满族人中就有姓氏为俞的；而满洲八旗中有尼玛哈氏，后改为俞姓。

【繁衍变迁】

俞姓得姓于五千多年前的黄帝时期，春秋时有郑、楚两国公族加入俞姓。但是隋唐以前，能够在史册中查到的俞姓人少之又少。隋唐之前，湖北地区有俞姓的族人发展繁衍，并跨过了长江继续向南散播。隋唐之际，俞姓人已经在山西、河南、河北等地发展得十分兴旺；武则天在位时，有俞文俊激怒了武则天，而被流放到岭南地区，因此部分俞姓人迁居到了两广地区。宋朝时，俞姓人已经分布在浙江、安徽、福建、江苏、江西等地区，并出现了很多知名人士，在《中国历代人名大辞典》中，宋朝时期入载的俞姓人一共四十四人。明朝初期，俞姓人从

山西迁居到了陕西、甘肃、河北、天津等地。到了明末清初，俞姓人大多还是定居在华东地区，其他地区散居的俞姓也开始增加了

俞姓在当代中国人口排行中排名第一百一十九位。

【历史名人】

俞跗：黄帝时期著名的医学家，擅长外科手术。在上古黄帝时期，他与雷公和岐伯为公认的三位名医。

俞琰：字玉吾，号全阳子、林屋山人、石涧道人，宋末元初著名思想家、文学家，擅长辞赋，精通《周易》，著有《周易集说》、《易图纂要》等。

俞樾：字荫甫，自号曲园居士，清朝时期著名文学家、教育家、书法家。注重教育，诲人不倦，求学者络绎不绝，号称"门秀三千"。工于治经，著述甚丰，有《群经平议》、《诸子平议》、《春在堂随笔》、《茶香室丛钞》、《宾萌集》、《春在堂诗编》等，声名远播日本。

俞宗礼：字人仪，号凡在，清朝杰出画家。善画山水及写真，笔法精湛，有"龙眼复生"的美誉。

rén
任

【姓氏来源】

任姓的起源主要有六：

其一：由远古妊姓衍传，与女性妊娠有关，可认为是母系氏族社会产生的古姓之一。姓起源于母系社会时期，因生得姓，从女从生，为妊姓，后传为任姓。

其二：出自黄帝的后代，为天子赐姓。相传黄帝有二十五个儿子，共十二姓。其中被赐予任姓的儿子，他的后裔就以任为姓，称任氏。

其三：出自黄帝少子禹阳的后裔，以国为氏。相传禹阳被封于任国，其后裔遂以国为姓，称任氏。

其四：出自风姓，为伏羲之后。据《通志·氏族略》所载，任国本是风姓之国，相传为伏羲帝太昊之后。战国时期，任国灭亡，其后代子孙遂以国名为姓，称任氏。

其五：出自南方少数民族。历史上，我国南方少数民族中亦有任姓，如西夏、明代哈尼族有任姓。

其六：出自他姓改姓。如元代王倍之子宣，为避难改任姓，其后代遂为任姓。

【繁衍变迁】

任姓发源于山东，先秦时期，已散居在湖北、山西、陕西等地。秦朝，任性人已经迁至广东等地。汉朝时，山东、山西、河南、陕西、四川、江苏、广东等地均有任姓人落居。魏晋南北朝时，为避战乱，任姓人大规模迁往江苏、安徽、浙江、湖北等地，并进入福建。南宋末年，任姓人繁衍于南方各省。明朝初年，山西的任姓人作为迁民之一，迁播到山东、河南、河北、江苏、陕西等地。清朝起，福建、广东的任姓人开始向海外徙居。

任棠是后汉时期著名的隐士，他德行美好，志向高远，隐居于民间，以教书为业。汉朝时期，汉阳太守庞参，刚刚上任，听说任棠有才能，便亲自前去拜访，请任棠出山辅佐自己。

【历史名人】

任不齐：字子选，春秋时期楚国人，孔子七十二贤弟子之一。

任光：字伯卿，东汉时期著名将领，为"云台二十八将"之一。

任昉：字彦升，南朝梁国著名文学家、散文家。"竟陵八友"之一，擅长多种文体，与诗坛圣手沈约并称"任笔沈诗"。

任仁发：字子明，号月山道人，元朝杰出的画家、水利家。传世作品有《张果见明皇》、《二骏图》等。

yuán
袁

【姓氏来源】

袁姓的起源比较单一，主要出自妫姓，为虞舜的后代。相传舜是颛顼的后代，因为生在姚墟，因此得姚姓。因为曾经住在妫汭河，所以后代又有妫姓。周朝建立后，帝舜的后裔妫满封于陈，称陈胡满。陈胡满十一世孙名诸，字伯爰，伯爰的孙子涛涂以祖父字"爰"为氏，称爰氏。春秋时期爰氏子孙世袭陈国上卿。因为当时"爰"字和"袁、辕、榱、滚、援"等字音同，于是后来的子孙就分别以这六个字为姓。到秦朝末年，辕涛涂的后裔辕告有少子名政，以袁为氏，称袁氏。

【繁衍变迁】

袁姓发源于河南，早期以河南、安徽为发展中心。秦汉以后向外播迁，分布在江苏、山西、河北等地，江淮地区以及陕西等地也均有分布。南宋以前，袁氏人迁徙至福建、广东。清朝，居住在福建、广东的袁姓人开始渡海赴台，继而徙居新加坡、印尼。

【历史名人】

袁绍：字本初，东汉末年群雄之一，是三国时代前期势力最强的诸侯，官渡之战中为曹操所败。

袁天罡：唐初天文学家、星象学家、预测家，唐代最著名的大相师，著有《六壬课》、《五行相书》、《推背图》、《袁天罡称骨歌》等。

袁枚：字子才，清代诗人、散文家，乾嘉时期代表诗人之一，与赵翼、蒋士铨合称"乾隆三大家"。

袁崇焕：字元素，明末著名政治人物、文官将领。击退清军，毙伤努尔哈赤。

袁世凯：字慰亭，是北洋军阀首领，在辛亥革命后当选为中华民国第一任大总统，是我国历史上颇具争议的人物。

明朝后期时，湖北有一户姓袁的人家，家有兄弟三人，分别是袁宗道、袁宏道、袁中道。兄弟三人自小聪明机敏、勤奋好学，对人也是彬彬有礼，深受大家喜爱。后来，兄弟三人都成了中国杰出的大学问家，因为他们都是湖北公安人，史称"公安三袁"。

liǔ

柳

【姓氏来源】

柳姓的起源主要有三：

其一：出自姬姓，以邑名为氏，为春秋时期鲁国展禽的后裔。据《广韵》和《元和姓纂》上记载，春秋时期，鲁国鲁孝公有儿子姬展，姬展的孙子无骇，按周礼以祖父字为姓，为展姓。后来传到了展禽的时候，因为食采于柳下，于是展禽的后人就以柳为姓，称柳氏。

其二：出自芈姓，以城市名为氏，是春秋时期楚怀王的孙子心的后裔。秦朝末年，楚怀王之孙心，在秦末大起义时被推为起义军的首领，号义帝，建都于柳地。

心的子孙中有的以都城名为氏的，称柳姓。

其三：出自他姓改柳姓，以及少数民族固有姓氏。明朝末年，著名说书人柳敬亭，原名曹逢春；明末著名女诗人柳如是，本名杨爱，后改名柳隐，字如是；满、蒙、彝、苗、水等少数民族中都有柳姓。

【繁衍变迁】

柳姓发源于河南和山东，春秋时期，鲁国被楚国攻灭，鲁国中的柳姓人有随之入居楚地的，即今湖北、河南、安徽、江西、山东、四川和江苏、浙江的部分地区。秦始皇灭六国统一天下后，有柳姓氏族进入山西地区，并发展为大家望族。从秦朝一直到唐朝这一段时间，柳姓家族一直都在北方地区活跃，有部分支派进入了四川、广西、福建等地区。柳姓开始在南方散播，是在唐朝以后，在唐高宗时进入到了福建地域。明朝时期，山西地区的柳姓人迁到山东、河北、河南等地。清朝时，居住在福建、广东等东南沿海地区的柳姓人开始渡海赴台，并向海外迁徙。

柳姓在当代中国人口排行中排名第一百三十三位。

【历史名人】

柳公权：字诚悬，唐朝著名书法家，工于楷书，有"颜筋柳骨"之称。传世碑刻有《送梨帖跋》、《玄秘塔》、《金刚经》、《神策军碑》。

柳宗元：字子厚，唐朝著名的文学家和哲学家，"唐宋八大家"之一，与韩愈齐名，并称"韩柳"，诗文均佳，散文蕴意深刻。传世作品有《柳河东集》，也称《唐柳先生集》。

柳冲冲：唐朝初期人。著名姓氏学鼻祖。唐太宗命诸儒撰《氏族志》，柳冲冲在此期间撰有《大唐姓系录》二百卷，并与柳芳合撰有《永泰谱》，从此开创了中国各姓氏研究和家谱创建之先河。

柳永：原名三变，字耆卿，北宋著名词人，是婉约词派的代表人物。代表作有《乐章集》、《雨霖铃》等。

bào

鲍

【姓氏来源】

鲍姓的起源主要有三：

其一：出自姒姓，以邑名为氏，为春秋时期，夏禹的裔孙敬叔之后。根据《姓苑》、《通志·氏族略》、《元和姓纂》等相关史料记载，杞国是夏朝的诸侯国，为夏禹的后裔。春秋时期，杞国公子敬叔在齐国做官，食采于鲍邑。敬叔的后人就以邑名为氏，称鲍姓。

其二，出自庖牺氏，即伏羲氏的后裔，其后有鲍姓。

其三：出自他族改姓。《魏书》上记载，魏晋南北朝时，北魏孝文帝迁都洛阳，实行汉化政策，积极与汉民族融合，将俟力伐氏和鲍俎氏改为汉字单姓鲍氏；清朝时，满洲八旗中有保佳氏、瓜尔佳氏等，有改为鲍姓的；内蒙古蒙古孛儿只斤氏，有改为汉字单姓鲍姓的；景颇族金别氏和佤族羊布拉氏，其汉姓均为鲍姓。

【繁衍变迁】

鲍姓发源于山东，春秋时期，鲍姓人多在河南地区定居。到了战国初期，发生了著名的田氏代齐，鲍姓子孙有逃往今河北、河南、山东、江苏等地者。秦汉之际，鲍姓人遍布黄河中下游地区，并留居安徽。鲍姓人迁入浙江和湖北等地，是魏晋南北朝时期。唐朝到五代时期，鲍姓人已经分散在江西、湖南、四川等地。两宋时期，在山东、安徽、江苏、浙江等地的鲍姓氏族发展得十分兴旺。鲍姓氏族在元朝时开始向福建和两广地区迁徙。明朝初期，山西的鲍姓家族迁居到安徽、江苏、河北、河南等地。明朝中期，鲍姓人赴台定居。清朝时，鲍姓的分布已经十分广泛，遍布我国大江南北。

【历史名人】

鲍叔牙：亦称"鲍叔"、"鲍子"，是春秋时期齐国的大夫，协助齐桓公当上齐国的君主，并举荐管仲为相，以知人著称。

鲍姑：名潜光，晋朝著名炼丹术家，是东晋医学家葛洪的妻子，也是我国医学史上第一位女灸学家。

鲍敬言：两晋时期著名的思想家，主张"无君论"思想，具有朴素唯物主义的思想。

鲍照：字明远，南朝宋文学家，与颜延之、谢灵运合称"元嘉三大家"。擅长乐府诗，对后世，尤其是唐朝时期的诗歌发展有着重要的意义，著有《鲍参军集》。

鲍叔牙是齐国的大夫，以知人著称。管仲在年轻的时候就经常和鲍叔牙交往，鲍叔牙看得出管仲有贤才，一直待他很好。

shǐ
史

【姓氏来源】

史姓的起源主要有四：

其一：出自黄帝时创造文字的"史皇"仓颉。相传仓颉是黄帝时期造字的史官，原姓侯冈，名颉，号史皇氏，因造"鸟迹书"，黄帝赐以仓姓。仓颉的后人衍生了仓氏、史氏、侯氏、侯冈氏、夷门氏、仓颉氏。其后裔有以官为氏的，称史氏。

其二：出自周太史佚之后。西周初年有太史史佚，为人严正，后人皆称赞他为后世史官的楷模，与太公、周公、召公并称为"四圣"。他在周朝任太史，其子孙遂以官名为氏。春秋时期，列国的他姓史官多以官为氏。

其三：出自隋唐时代"昭武九姓"之一。汉唐时期，西域地区，有月氏人建立的康居政权，后被匈奴人打败，建立了康国。西域的其他政权先后归附了康国，均以昭武为姓，史称"昭武九姓"，即康、史、安、曹、石、米、何、火寻和戊地。史国有人来中原居住者，以国名为氏，称史氏。

其四：出自他族改姓。北魏时期，突厥族有阿史那部，后有归附唐朝者，改姓史氏。

【繁衍变迁】

史姓发源于陕西一带，东周时，以官名为史氏者众多，因此各地均有史姓。先秦时期，史姓人遍布黄河流域和长江流域。西汉时，两广地区也有史姓人的分布。东汉时，有史姓人落籍于四川。汉到魏晋南北朝这一时期，六大史姓郡望形成，后又有史姓人迁至甘肃、江苏、山东等地。隋唐之际，有少数民族加入史姓。宋元时期，史姓人大规模南迁。明朝时，山西史姓人迁往河南、山东、陕西、安徽、湖北各地。清朝以后，开始有史姓人迁至海外、侨居新加坡等国。

【历史名人】

史佚：原名尹佚，尹逸，西周初年太史，为人正直，有"君无戏言"的典故。

史思明：初名崒干，唐玄宗李隆基赐名思明，唐朝叛将，"安史之乱"祸首之一。

史达祖：字邦卿，号梅溪，著名南宋词人。

史可法：字宪之，明末政治家、军事统帅、抗清名将，是我国著名的民族英雄。

唐 (táng)

【姓氏来源】

唐姓的来源主要有二：

其一：出自祁姓和姬姓，为黄帝轩辕氏之后。相传帝尧是黄帝轩辕氏的玄孙，姓伊祁，名放勋，因被封于陶，后来迁至唐，因而称陶唐氏。尧成为天子后，以"唐"为国号，故又称唐尧。后尧让位给舜，帝舜封尧的儿子丹朱于唐，为唐侯。到周武王时，唐侯作乱为周成王所灭，唐国被封给成王之弟唐叔虞，原帝尧后裔则被迁往杜国，称唐杜氏。唐杜氏的后裔有以国为氏的，称唐氏。唐叔虞的子孙也以国为氏，为唐姓。到周昭王时，又封丹朱之后刘累裔孙为唐侯，后为楚所灭，其子孙亦姓唐。春秋时，也有一支姬姓唐诸侯国，被楚昭王灭后，其后也称为唐氏。

其二：出自他族加入。据相关史料所载，南方白狼王有唐姓，陇西羌族亦有唐姓。畏兀人有唐仁祖，其子孙以唐为姓。

【繁衍变迁】

唐姓发源于陕西、山西、河南、湖北等地。秦汉时，唐姓人已经散布在山东、江苏、江西、四川、广东、安徽等地。魏晋南北朝时，唐姓人在南方分布得更加广泛，并在湖南成为大姓，在浙江、甘肃等地也形成了较大规模的聚居点。隋唐时期，河南的唐姓人移居福建。宋元时期，北方唐姓大举南迁，定居于南方。明清之际，唐姓人移居至台湾，进而远徙海外。

【历史名人】

唐昧：战国时期楚国著名将领。

唐婉：字蕙仙，南宋才女，南宋著名诗人陆游的第一任妻子，代表作《钗头凤·世情薄》千古流传。

唐寅：字伯虎，明朝著名画家、文学家、书法家。善诗文，与祝允明、文徵明、徐祯卿并称"江南四才子"；其画更著，与沈周、文徵明、仇英并称"吴门四家"。

唐赛儿：明朝著名女英雄，是明朝初年起兵反朝廷的白莲教首领。

唐鉴：字镜海，清末理学家，是当时义理学派的巨擘之一，有"理学大师"之美誉。

fèi
费

【姓氏来源】

费姓的起源主要有六：

其一：出自嬴姓，以祖名为氏，为颛顼帝裔孙伯益的次子若木的后人。相传颛顼是黄帝孙，有裔孙伯益，伯益又称为大费。伯益因协助大禹治水有功，帝舜除了赐他嬴姓以外，还将本族姚姓女子嫁给他。姚女为他诞下二子，小儿子便是若木。若木及其后人以父亲的名字为氏，是为费姓。

其二：出自姒姓，以祖名为氏，为夏禹后裔费昌、费仲之后。根据《姓纂》、《轩辕黄帝传》等相关史料记载，夏禹（姒姓）的后裔费昌、费仲的子孙，以祖名为氏，称费氏。

其三：出自姬姓，以国名为氏，为春秋时期鲁国大夫费序父的后人。春秋时期，鲁国有大夫费序父，食采于费地，其后世子孙遂以封地名为姓，称费氏。

其四：出自姬姓，以邑名为氏，为春秋时期楚国大夫费无极的后裔。据《姓纂》记载，春秋时期，鲁国鲁懿公的孙子，大夫无极被封于费县，故称费无极。费无极的后人就以封邑名为姓，称费氏。

其五：出自他族改姓。如，魏晋南北朝时期，北魏孝文帝改革迁都，施行汉化，将鲜卑族原费连氏改为汉字单姓费姓；清朝时，满族中有复姓开头为"富"、"费"的人，后来多取单字汉族"费"为氏。

其六：出自姬姓，以邑名为氏，为鲁恒公之子季友的后人。据《梁相费泛碑》上记载，春秋时期，春秋时期鲁国鲁恒公的儿子季友，因为有功，被鲁僖公封与费地，其后人遂以封邑名为姓，称费氏。这里的费字读"bì"音。

【繁衍变迁】

费姓发源于山东，春秋时期，鲁大夫费父、季友、楚大夫费无极分别封于费地，费姓家族不断壮大，扩展到了湖北境域。两汉时期，费姓人有迁居至云南、贵州等西南地区，以及江苏、浙江

蜀汉名相费祎。

等地的。魏晋南北朝时，随着北魏孝文帝的改革，鲜卑族的一些姓氏也改为费姓，在河南、山西、河北等地形成了新的费姓氏族。唐末五代时期，中原地区连年征战，费姓人也随之逃难，迁居安徽、江苏、浙江，并有一支费姓氏族进入福建地区。南宋末年，江浙地区也变成了硝烟弥漫的战场，费姓人继续向南迁徙，到两广地区繁衍生息。明朝初年，山西地区的费姓人分迁于山东、江苏、天津、河北、河南等地。明清时期，费姓人又有北上落户于北京的。清朝中叶，费姓人分布在我国各地，并开始跨越海峡定居台湾。

费姓在当代中国人口中排行第一百九十九位。

【历史名人】

费直：字长翁，西汉古文易学"费氏学"的开创者。费直依古文古字本汉《易》，称《古文易》。

费缉：晋朝四川南安人，清俭有治干，举秀才，南安五费（费贻、费诗、费立、费缉、费求，均为乐山历史上清廉有气节的人物）之一。

费信：字公晓，明朝著名航海家、外交家，曾四次随郑和下西洋，担任翻译。在我国南沙群岛中，有个岛被称为"费信岛"，就是为纪念费信而命名的。所著《星槎胜览》，是现在研究郑和下西洋的重要资料。

费杰：字世彦，浙江绍兴人，明朝著名医家。凡遇重疾者求治，虽百里外，亦赴不辞，且投剂辄效，著有《名医抄》、《经验良方》等。

费丹旭：字子苕，号晓楼，别号环溪生，清朝著名画家。善于画群像，人物形象生动。有《东轩吟诗图》、《姚燮纤绮图像》、《果园感旧图》等传世，著有《依旧草堂遗稿》等。

xuē
薛

【姓氏来源】

薛姓的起源主要有三：

其一：出自任姓，以国为氏，为黄帝裔孙奚仲之后。传说黄帝有二十五个儿子，分别得十二个姓。其中有一个儿子名叫禺阳，被封于任地，遂得任姓。夏禹时，禺阳的第十二世孙奚仲为车正，相传是车的制造者。因居于薛地，遂称薛侯。后迁至邳。至奚仲十二世孙仲虺，复居薛。其裔孙成，迁于挚，改号为挚国。商朝末期，周伯季历娶了挚国女太任为妻，生姬昌，即周文王。武王灭商后，复封成的后裔为薛侯。战国时为齐国所灭，其后人遂以国为姓，称薛氏。

其二：出自妫姓，以邑为氏，为孟尝君之后。相传帝舜因生在姚墟，因而得姚姓。又因住在妫汭河，又有妫姓。武王灭商建立周朝，封千代圣王的后人妫满于陈。陈侯的第十世孙妫完因内乱逃出陈国，投奔齐国，称陈氏。后陈完有后裔陈恒子，因食于田，称田和，改田氏，并夺取了齐国大权。战国时期，田和后裔田文，即"战国四公子"之一的孟尝君，因其父田婴被封于薛，遂袭其父封爵，称薛公。至秦灭六国，子孙分散，以封邑命氏，称薛氏。

奚仲造车。

其三：出自他姓或他族改姓。南北朝时期，北魏孝文帝迁都洛阳后，实行汉化，将鲜卑的复姓叱干氏改汉字单姓薛氏。有出自周文王的姬姓冯氏之后，如唐朝有薛怀义，本姓冯，后改为薛姓。又据《通志·氏族略》所载，辽西有薛姓。

【繁衍变迁】

薛姓发源于今山东，后向江苏迁徙。战国时，已经有薛姓人迁至今湖北、湖南、江苏、河南、河北等省。三国时期，薛姓人迁居至甘肃。到了南朝，已经有薛姓人落籍于福建。北宋初期，居住在安徽的薛姓氏族迁往湖南、广东等地，并成为当地薛姓人的始祖。明朝初年，山西薛姓人迁往江苏、河南、陕西、山东、北京等地。明清时期，开始有薛姓人渡海赴台，继而远播海外。

【历史名人】

薛稷：字嗣通，唐朝著名书画家。他的书法与欧阳询、虞世南、褚遂良并称"唐初四大家"。

薛涛：字洪度，唐朝女诗人，与刘采春，鱼玄机，李冶，并称唐朝"四大女诗人"。

薛礼：字仁贵，唐朝名将，著名军事家、政治家。骁勇善战，"良策息干戈"、"三箭定天山"、"神勇收辽东"等薛仁贵的故事在民间广为流传。

léi
雷

【姓氏来源】

雷姓的起源主要有三：

其一：出自方雷氏，炎帝神农氏的九世孙方雷之后，以国名为氏。据《元和姓纂》

及《通志·氏族略》所载，相传方雷氏是炎帝神农氏的九世孙，因战功被黄帝封于方山（在河南省中北部嵩山一带），建立诸侯国。其子孙以国名为氏，为复姓方雷氏，后又分为两支，一支姓方氏，一支姓雷氏。

其二：出自黄帝有臣子名雷公，其后以祖名为氏。据《姓苑》所载，雷姓是个古老的姓氏。相传黄帝有大臣雷公，是个名医，精通医术，曾与黄帝讨论医学理论。据《素问·著至教书论》说："黄帝坐明堂，召雷公问之。"殷纣王有宠臣雷开，其后子孙以雷为氏。

其三：出自他族改姓。东汉末期以及南北朝时期，南方蛮族和西南的羌族中就有以雷为姓的人，据史料记载，"潳山蛮"和"南安羌"后都改为雷姓。

【繁衍变迁】

雷姓发源于以河南为主的中原地区，东汉至三国时，雷姓人迁徙至江西、湖北、安徽、四川等地。晋朝时，江西的雷姓人向陕西迁徙。唐宋之后，广东、陕西、四川、江西、湖南、山西、内蒙古和广西均有雷姓人的分布，其中江南、两广地区的部分雷姓人，融入苗、瑶、彝、侗、畲、壮、黎、布依等族。明朝初期，山西雷姓人作为迁民之一，分迁至今陕西、甘肃、湖南、山东、河南、河北等地。清朝中期，有雷姓人开始移居海外。

【历史名人】

雷义：字仲公，东汉时名臣，与陈重情笃，被誉为交友的典范，人称"胶漆自谓坚，不如雷与陈。"成语"胶漆相投"正是由其而来。

雷敩：南朝宋时著名药物学家，以著《雷公炮炙论》三卷著称。著有《论合药分剂料理法则》等。

雷焕：字孔章，晋代天文学家。

雷义官至尚书侍郎，他一生明镜高悬，不徇私情，克己奉公，敢于直言，惩处了不少枉法的贪官，他清廉的事迹也广为流传。

雷发达：字明所，明末清初建筑工匠。曾参与过北京故宫太和殿等工程的重建，圆明园和颐和园中大部分建筑均为雷氏设计，有"样式雷"之称。

hè
贺

【姓氏来源】

贺姓的起源主要有二：

其一：出自姜姓，为避讳改姓。春秋时期，齐桓公有个孙子叫公孙庆克，他的儿子庆封因以父名命氏，故称庆氏。庆封在齐灵公在位时任大夫，后在庄公时为上卿，执掌国政。再升为相国。后来庆封把政事交给儿子庆舍处理，自己耽于酒色，遭到亲信的反对。亲信趁庆封外出之机，杀死了庆舍，庆封得知后逃到吴国。吴王将朱方封给庆封，庆氏宗族闻讯赶来相聚。东汉时，有裔孙庆纯官拜侍中，为避汉安帝的父亲刘庆的名讳，"庆"字改为同义的"贺"字。庆纯改为贺纯，称贺氏。

贺纯像。

其二：出自他族改姓。南北朝时，北魏孝文帝迁都洛阳后，实行汉化，将贺兰氏、贺拔氏、贺狄氏、贺赖氏、贺敦氏等鲜卑族复姓，皆改为汉字单姓贺氏。

【繁衍变迁】

贺姓发源于江苏，得姓之初就在当地形成贺姓望族。到了魏晋南北朝时，北方战火不断，各民族大举南迁，使得南方贺姓人分布范围更加广泛。北魏汉文帝迁都后，鲜卑族的贺姓家族与贺姓家族融合，在河南、河北地区形成了两大郡望。唐朝时，世居南方的贺姓人开始大规模北上。唐宋之际，东部地区均有贺姓人分布，在河南、河北、山西、山东、陕西分布最为集中。明初，山西贺姓人迁往江苏、河南、山东、湖北、河北等地。明清以后，贺姓人遍及大江南北，并远徙到海外。

【历史名人】

贺知章：字季真，唐朝著名诗人、书法家。所著《回乡偶书》、《咏柳》等传诵颇广。

贺铸：字方回，号庆湖遗老，北宋杰出词人，代表作有《青玉案·横塘路》、

《鹧鸪天·半死桐》、《芳心苦(踏莎行·杨柳回塘)》，至今为后人传诵。

贺岳：明朝著名医学家，著有《明医会要》、《医经大旨》、《药性准绳》等。

tāng
汤

【姓氏来源】

汤姓的起源主要有三：

其一：源出子姓。帝喾之子契，其十四代孙名履、字汤，其后人以他的名字为氏。

其二：以谥号为氏。契第十四世孙汤，姓子，名履。夏朝末年，夏君桀暴虐无道，汤灭夏建商，定都于亳。汤死后，谥号为"成汤"。其子孙中有以谥号命氏的，称汤氏。

其三：因避祸改姓。西周初期，周公旦平定反叛后，将商朝旧都周围的地区封给商纣王庶兄微子启，建立宋国。传至秦朝时，秦始皇焚书坑儒，子孙后裔遂因畏祸将子姓改为汤姓。

【繁衍变迁】

汤姓发源于河南，商朝自建立一直到亡国，前后七次迁都，因此汤姓在商朝时就已经遍布河南、山西、河北等地区。秦汉之际，汤姓在河北地区比较兴旺，形成了中山和范阳两个重要的汤姓聚集地，期间，也有汤姓人向南迁到今越南地区。汤姓大举南迁，始于魏晋南北朝。唐末五代，中原的汤姓又进一步向南部迁居到湖南、江苏、浙江等地。汤姓也开始成为南方姓氏，在北方较为少见。两宋时期，汤姓人主要散步在江苏、浙江、江西、安徽、湖南、福建、四川等省。明朝初期，山西汤姓徙居到河南、河北、山东、江苏等地，又逐渐有汤姓人向两广地区迁居。清朝康熙年间，居住在广东的汤姓人开始渡海赴台，继而迁徙到东南亚地区。

汤显祖是明朝时期著名的戏剧家，在戏剧史上，他与关汉卿、王实甫齐名，在中国甚至是世界文学史上都占据非常重要的地位，被誉为东方的莎士比亚。

【历史名人】

汤和：字鼎臣，明朝开国功臣，著名军事家。

汤显祖：字义仍，号海若，明朝戏曲作家、文学家。所著《紫钗记》、《还魂记》、《南柯记》、《邯郸记》，合称"临川四梦"，其中尤以《还魂记》最负盛名。

汤应曾：明朝末期琵琶演奏家，人称"汤琵琶"。

汤球：字伯玕，清朝著名学者、史学家。

luó
罗

【姓氏来源】

罗姓的起源主要有二：

其一：出自妘姓，为颛顼帝之孙祝融氏之后裔。传说在帝喾时，有掌管民事的火官重黎，是颛顼的后裔，因为广大黎民服务，当火官有功，帝喾便赐以他"祝融"的封号。祝融的后裔，分为八姓，即己、董、彭、秃、妘、曹、斟、芈等，史书上称之为"祝融八姓"。周朝初期，祝融的子孙被封于宜城，称为罗国。春秋时，罗国为楚国所灭，祝融氏的子孙遂迁移，以原国名罗为氏，繁衍生息。

其二：出自他族、他姓改姓。如南北朝时，北魏孝文帝实行汉化政策，将鲜卑族复姓多罗氏和叱罗氏改为汉字单姓罗。又有唐朝时，西突厥可汗斛瑟罗归附李唐，其子孙以"斛瑟罗"为氏，后简称罗氏，定居中国。据相关史料记载，有部分赖氏族人，春秋战国时期为楚灵王所害，改为罗、傅二氏避难。另清代爱新觉罗氏中有也改罗氏的。

【繁衍变迁】

罗姓起源于湖北，春秋战国时期，罗国为楚国所灭，罗姓人向南迁移至湖南地区。三国两晋南北朝时，北方战乱，罗姓人大规模南迁至江西、广东、福建等省，并在南方形成一大姓氏。唐宋之际，罗姓发展进入鼎盛期。元、明、清三朝，罗姓人为避战乱继续迁徙，并与各民族融合，进一步发展壮大，且成为部分少数民族的重要姓氏。

【历史名人】

罗邺：唐代诗人，有"诗虎"之称，被世人誉为"素有英姿，笔端超绝"，为唐代"三罗"之一。

罗隐：字昭谏，唐代诗人。因著有《谗书》而被朝廷厌恶，数十次考取科举均不中，史称"十上不第"。鲁迅评价《谗书》为"几乎全部是抗争和愤激之谈"。

罗贯中：名本，字贯中，号湖海散人。他是元末明初著名小说家、戏曲家，是中国章回小说的鼻祖。代表作《三国志通俗演义》（简称《三国演义》）为"中国古代四大名著"之一。

罗聘：字遯夫，清代著名画家，为"扬州八怪"之一。代表作为《鬼趣图》。

丑才子罗隐

qí
齐

【姓氏来源】

齐姓的起源主要三：

其一：出自姜姓，以国名为氏，为炎帝后裔姜太公之后。相传炎帝因为曾居住在姜水边，因此为姜姓。根据《通志·氏族略》和《元和姓纂》等史料的记载，炎帝的后裔姜尚，因辅助武王伐纣有功，被封于齐，建齐国。其子孙后裔中有以国为姓的，称齐氏。

其二：出自姬姓，以祖字为氏，为卫大夫齐子之后。《通志·氏族略》和《姓氏考略》中记载，春秋时期卫国有大夫齐子，他的子孙以祖父字为姓，称齐氏。

其三：出自改姓以及少数民族固有姓氏。《元和姓纂》上记载，唐朝宣城郡司马齐光，本姓是，其后代改姓为齐；清朝满洲八旗中有喜塔喇氏、齐佳氏等，均有改为汉字单姓齐姓的；《晋书》记载，武都氐人中有齐姓；清朝时，云南纳西族中亦有齐姓。

【繁衍变迁】

齐姓发源于山东，春秋后期，齐姓人开始向河南和河北等地徙居。秦汉时期，齐姓人大多遍及在北方地区，并形成了一些比较有规模的大的郡望。直到魏晋南北朝时，硝烟四起，战争频繁，饱受战争之苦的中原人开始向南方迁徙，齐姓人也举族避难，安居在四川、湖北、安徽、江苏、浙江等地区。唐朝初年，社会稳定，迁居到四川、湖北等地的齐姓人逐渐发展壮大起来。宋元时期，南北方的齐姓人发展得都非常繁盛。明朝初年，定居在山西的齐姓人作为迁民，也散居到河北、河南、北京、天津等地。明清之际，开始有少数齐姓人迁居台湾，继而远徙海外。清朝时，"闯关东"热潮使得河北、山东等地的齐姓在东北三省发展得十分旺盛。

【历史名人】

齐德之：元朝著名医学家，精于外科，著有《外科精义》三卷，为后世医学家所推崇、重视。

齐召南：字次风，号琼台，晚号息园，清朝杰出的大臣、学者，擅长地理之学，与齐周华合称天台二齐。著有《水道提纲》、《历代帝王年表》等。

齐大勇：河北昌黎县人，清朝雍正八年状元（1730）。官至湖广提督的武状元齐大勇，生前多次征战西南，为维护国家的统一作出了一些贡献。齐大勇还工于书法。

齐彦槐：字梦树，号梅麓，江西婺源人，清代官吏、学者。嘉庆进士，曾任江苏金匮知县，有治绩，以知府后补。以诗文书法知名于世，精于鉴赏。著有《梅麓联存》等。

hǎo
郝

【姓氏来源】

其一：出自子姓，其始祖为帝乙。相传帝喾有一个妃子名叫简狄，因拣到一只燕子蛋，吃后生下契。后来契因辅助大禹治水有功，被封于商，赐子姓。商族不断壮大，在契的十四代孙汤的领导下，推翻了夏桀的统治，建立商朝。传至殷商第二十七代天子帝乙即位，将其子子期封于太原郝乡。后来商朝被周朝所灭，子期的后裔便有的以地为氏，称郝氏。

其二：出自复姓。据《唐书·宰相世系表》所载，相传在炎帝神农氏时，有姓郝骨氏的人，是太昊的辅佐。郝氏中可能就有源自郝骨氏这一支的。

其三：为古代南方少数民族姓氏。据《旧唐书·南蛮传》所载，唐朝南蛮有郝、杨、刘三姓。

【繁衍变迁】

郝姓发源于山西。秦汉时期，郝姓已经散布在山西全境以及陕西、河南、河北等地。到了两晋南北朝时，河北的郝姓人为避战乱迁居进入山东，而河南地区的郝姓人则徙居安徽等地。隋唐之际，郝姓人落籍于湖北、四川等地。明朝初年，郝姓作为山西迁民之一，分布在河北、北京、山东、天津等地。明清时期，郝姓人在南方分布较广，并有进入湖南、福建者，同时，辽宁地区也有了郝姓人的聚集。清朝时期，居住在山西北部的郝姓人迁居至内蒙古和甘肃，而东南沿海地区的郝姓则渡海进入台湾，或者远徙东南亚国家。

【历史名人】

郝昭：字伯道，东汉末年至曹魏初年的著名将领。

郝孝德：隋末农民起义领袖。

郝澄：字长源，宋朝杰出画家。

郝懿行：字恂九，号兰皋，清朝著名的经学家、训诂学家。所著有《尔雅义疏》、《山海经笺疏》、《易说》、《书说》、《春秋说略》、《竹书纪年校正》等书。

bì
毕

【姓氏来源】

毕姓的起源主要有三：

其一：出自姬姓，以国名为氏，为周文王第十五子毕公高之后。根据《通志·氏族略》和《新唐书·宰相世系表》上的记载，周文王的第十五个儿子毕公高，因随其兄周武王伐商有功，周朝建立后被封于毕，建立了毕国。毕公高的后裔毕万，在晋国做大夫，随献公四处征战，战功无数，被封于魏。春秋时期，与韩氏、赵氏"三家分晋"瓜分了晋国，建立了魏国。仍居住在毕国的人，就以国名为姓，称毕氏。

其二：出自任姓。据《世本》的记载，毕姓由任姓所改。

其三：出自他族改姓或少数民族固有姓氏。如《魏书·官氏志》有记载，魏晋南北朝时期，北魏孝文帝进行汉化改革，将代北鲜卑族的出连氏改为汉字单姓毕；达斡尔族的毕力夹氏，其汉姓为毕姓或杨姓；赫哲族的毕拉氏，其汉姓也为毕；匈奴屠各族中有毕姓。

【繁衍变迁】

毕姓发源于陕西，春秋战国时期，毕姓主要居住在山西、山东、河南等地，以山西和河南最为繁盛。西汉时期，毕姓人向北已经散播到河北地区，向南已经迁居到广西地区，而向东则远徙到山东东平，并形成了当地的望族。魏晋南北朝时，北魏孝文帝的汉化政策，使鲜卑族一部分融入毕姓，使河南毕姓一时间十分繁盛。唐朝末年，有毕姓人进入湖北、湖南地区。北宋时，则有毕姓氏族为避难迁居至江西、浙江、安徽等地。明朝初年，山西毕姓人被分迁，散居在陕西、山东、河南、河北、北京、天津等地。清朝乾隆以后，开始了闯关东的浪潮，河南、山东等地的毕姓人也有随之向东北三省迁徙的。同时，东南沿海地区的毕姓则有入迁到台湾，以及东南亚和欧美各地的。

毕昇发明活字印刷术。

【历史名人】

毕宏：唐朝著名画家，工于山水画。杜甫的《戏韦偃为双松图歌》中有"天下几人画古松，毕宏已老韦偃少"来赞美他。

毕昇：宋朝著名发学家，发明了活字版印刷术，推动了整个世界文明的进步。

毕沅：字湘蘅，一字秋帆，自号灵严山人，清朝著名学者，好著书，著有《续资治通鉴》等书籍。

安 ān

【姓氏来源】

安姓的起源主要有三：

其一：出自姬姓，以国名为氏，为黄帝之孙安的后代。《唐书·宰相世系表》上记载，黄帝有子叫昌意，昌意有一个儿子叫安，在遥远的西部建立了安息国。安息国的子孙中有以国名为姓的，称安氏。汉朝时，安息国才与中原地区有所往来。

其二：唐朝的"昭武九姓"之一为安氏。隋唐时期，西域地区的月氏人建立了康国。后来逐渐其他政权加入，都以昭武为姓，遂称昭武九姓，其中有安姓，是以其原来的国家"安国"为氏。

其三：出自改姓。根据《魏书·官氏志》的记载，南北朝时期，北魏孝文帝的汉化政策，使得鲜卑族的安迟氏改为汉字单姓安；唐朝时，鼎鼎大名的安禄山，是由康姓改安姓；唐朝时的回鹘人、奚人，以及明清时期彝族沙骂氏、村密氏，以及其他少数民族中的很多复姓都有改为单姓安氏的；另有明朝时的元人孟格、达色等被赐为安姓。

【繁衍变迁】

安姓发源于西亚地区的安息国，汉朝时期进入中原后，散居在河南、甘肃和湖南等地，尤其在甘肃和湖南两地发展的比较繁盛。三国两晋南北朝，北方战争频繁，民不聊生，居住在中原地区的安姓人随着大规模的南迁的队伍，迁入湖南等地。北魏孝文帝汉化改革时，将鲜卑族的安迟氏改为安氏，繁荣了河南地区的安姓氏族。宋元时期，安姓人继续南下，进入安徽、江苏、浙江等地。明朝初年，安姓人作为迁民，被分迁山东、河南、安徽等地。清朝时，居住在广东、福建等沿海地区的安姓人渡海赴台，更远徙居至新加坡等东南亚地区。

安姓在当代中国人口排行中位居第一百一十位。

【历史名人】

安清：字世高，汉朝时期著名佛教学者。安清本为安息国太子，信奉佛教，精通梵语，为向中原传播佛教，将三十余部经书译为汉语。

安民：宋朝著名的石匠，善刻碑，品德高洁，不畏强暴。

cháng

常

【姓氏来源】

常姓的起源主要有四：

其一：出自黄帝之臣常仪和大司空常先之后，为祖姓常氏。相传在五千年前的黄帝时代，就有以常为氏的，并且数量相当多。如《帝王纪》中记载，周族与商族的首领高辛氏的次妃叫常仪，以善于占卜月的晦、朔、弦、望著名。《史记·五帝本纪》有常先，曾被黄帝任命为大司空，是史书上能见到的最早的常姓。

其二：出自姬姓，以邑为氏，为卫康叔之后裔。周武王灭商建周后，将自己同母少弟封于康地，故称康叔。后来武王去世，年幼的成王继位，周公旦辅佐成王摄政。但建国之初分封的用以监管殷商遗民的"三监"——管叔、蔡叔、和霍叔不服周公摄政，就联合商纣王之子武庚以及东方夷族反叛。周公挥师东征平定叛乱，之后便大规模地分封诸侯。周公将原来商都周围地区和殷民七族分封给当时素有贤名的康叔，改封康叔为卫君。康叔建立卫国，故又称卫康叔。卫康叔有一子受封于常地。后秦国统一天下，卫国国君被贬为庶人，其子孙后裔中有以邑名"常"为氏姓的，称常氏。

其三：出自姬姓，以邑为氏，战国时吴国公族之后。据《姓氏考略》所载："吴后有常姓"。吴国始祖是古公亶父的长子太伯和次子仲雍，二人让贤于弟弟季历，即周文王姬昌的父亲之后，建都于吴。但何人何时因何而得为常氏，未见古籍记载。

其四：出自恒姓，为避讳改姓。据《通志·氏族略》载，古代"恒"、"常"同义，北宋真宗时有恒姓，为楚国公族恒思公之后，因避讳真宗名讳恒，遂将"恒"姓改为同义的"常"姓。

常先像。

【繁衍变迁】

常姓发源于山东、江苏。战国时期，河南、河北、山东、安徽、湖北、江西、四川和江苏、浙江一带均有常姓人的分布。西汉时期，山西的常姓人发展得十分壮大，地位显赫。三国时期，四川的常姓人发展得较为兴旺。曹魏时，河南和甘肃地区的常姓人形成望族。隋唐时期，常姓人有徙居到福建的。宋朝，江苏、浙江、江西、湖北等地的常姓人向今福建、广东、云南、贵州等地迁徙。清朝时，开始有常姓人进入台湾，进而远赴新加坡等地定居。

【历史名人】

常惠：今山西太原人，汉代官至右将军。他曾随苏武出使匈奴，被拘留十余年而始终不屈。获释回国后被昭帝拜为光禄大夫，封长罗侯，后代替苏武为典属国。常惠之后又有数人封侯，太原常氏由此显赫。班固所作的《汉书》也曾特别为他列传。他为汉朝与西域的文化交流作出了很大贡献。

常璩：字道将，东晋史学家。著有《华阳国志》、《汉之书》等。

常遇春：明朝名将，今安徽怀远人，曾为朱元璋建立明朝立下了汗马功劳。善射，力大无比，自称能率十万之众横行天下，军中号称"常十万"。

常志美：清代山东伊斯兰教学者。他精于波斯文，注意研究宗教哲学。除阿拉伯文经稿著述之外，还重视讲授波斯文的经典教义，后来发展为中国伊斯兰教寺院经堂教育中的山东学派，影响很大。

于 (yú)

【姓氏来源】

于姓的起源主要有三：

其一：出自姬姓，以国为氏，为周武王姬发的后代。武王灭商后，建立周朝。分封其第二子邘叔于邘国，邘叔后裔便以国为氏，一部分姓邘，一部分则去邑旁姓于，称于氏。

其二：出自他族改姓。据《路史》所载，东海有于公后裔，本为汉人，后随鲜卑族迁移至代北为万忸于氏，后北魏孝文帝迁都洛阳，实施汉化改革，又恢复于姓。

其三：出自避讳改姓。据《古今姓氏书辩证》所载，淳于公的子孙，以国为氏，称淳于氏。唐朝初年，皇族七姓中亦有淳于氏。至唐宪宗李纯时，为避讳皇帝的名讳，遂改复姓淳于氏为单姓于氏。直到宋朝，有部分于姓恢复为淳于姓，也有部分未改的，形成此支于氏。

【繁衍变迁】

于姓发源于河南。秦汉时期，于姓人北迁至山西、河北，东迁到安徽、山东，西迁至陕西、甘肃。到了魏晋南北朝时，连年战乱使得于姓人大举南下，进入湖北、四川、湖南等地。隋唐时期，北方形成了几处于姓望族。北宋末年，有于姓人落籍黑龙江。南宋后期，浙江的于姓开始进入福建，并由福建进入广东。明朝初期，山西于姓作为迁民之一，分迁至山东、河南、河北、陕西、江苏等地。清朝时期，随着"闯关东"的热潮，河南、河北、山东地区的于姓人在东北三省定居，于姓遍布大江南北。

【历史名人】

于公：汉代东海郯人，曾官廷尉，执法公允。他所洗雪的"东海孝妇"一案，以善于决狱而成名，留下了为善为恶"万应不爽"的典型。

于禁：字文则，三国时期曹魏武将，曹操时期外姓第一将。骁勇善战，曹操称赞他可与古代名将相比。

于昕：北朝怀朔、武川镇将。在北魏击破柔然的过程中，立有大功。

于谦：字廷益，明朝名臣，民族英雄。于谦与岳飞、张煌言并称"西湖三杰"。

于慎行：字无可，明代政治家、学者、诗人、文学家。为"山左三大家"之一，标举"齐风"，提倡创新。

于成龙：字北溟，清朝官吏。为官清廉，爱民如子，康熙称赞他为"天下廉吏第一"。

傅 fù

【姓氏来源】

傅姓的起源主要有四：

其一：出于殷商名相傅说的后裔，以地名为氏。传说盘庚将商都迁至殷地后，商朝只繁盛了一小段时间，之后开始逐渐衰微。商高宗武丁即位后，想要重振朝纲，却没有可以任用的大臣，武丁为此非常苦恼。直到后来，武丁通过自己的梦境，在虞虢之界的一个叫做傅岩的地方，找到了一名叫做说的奴隶。武丁拜说为

武丁举傅说。

宰相后，修政行德，使商朝又达到了一个极盛的状态。武丁因而被誉为"中兴明主"。而说因为发于傅岩，其后世遂以地名为氏，称傅氏。

其二：出自姬姓，为黄帝裔孙大由之后。据《唐书·宰相世系表》所载，黄帝的裔孙大由被分封于傅邑这个地方，其后裔子孙便将邑名作为姓氏，称傅氏。

其三：出自赖姓。根据《赖氏族谱》上的记载，春秋时期，赖氏族人中，有为楚灵王所害的，为避难就改为罗、傅二氏，因两氏毗邻，并且有姻戚关系，因而有赖、罗、傅联宗的说法。

其四：出自他族改姓。如清朝时期，有满洲人傅恒，本姓富察氏，以及傅开，本姓郎佳氏，均改傅氏。还有高丽族、蒙古族、回族等少数民族改为傅姓。

【繁衍变迁】

傅姓发源于山西、山东等地。汉晋之间，有傅姓人迁至陕西、甘肃、宁夏等地。

后又东迁至河北。汉朝时，开始有傅姓人向贵州迁徙。汉末三国时，傅姓人进入四川。两晋之际，傅姓人在河北发展得较为快速。魏晋南北朝之际，傅姓人为避战乱，南迁至浙江境内。唐朝末期，开始有傅姓人进入福建地区。北宋末年，河北傅姓向南迁至福建。南宋末年，由河北迁至福建的傅姓人又南迁至广东。宋朝以后，傅姓人遍布全国。

【历史人物】

傅玄：字休奕，西晋著名哲学家、文学家。学识渊博，著有《傅子》等，其作品在两晋文学史上占有重要地位。

傅山：字青竹，明清之际著名医学家、思想家。有《傅青主女科》、《傅青主男科》等书流传于世。

傅介子：西汉时期著名勇士和使者，使计斩杀楼兰王，安定西域，重新打通丝绸之路，保护了丝绸之路的安全。

康 kāng

【姓氏来源】

康姓的起源主要有三：

其一：出自姬姓，为周武王弟康叔后裔，以祖上谥号或封邑为氏。周武王灭商建周后，将自己同母少弟封于康地，故称康叔。后来武王去世，年幼的成王继位，周公旦辅佐成王摄政。但建国之初分封的用以监管殷商遗民的"三监"——管叔、蔡叔、和霍叔不服周公摄政，就联合商纣王之子武庚以及东方夷族反叛。周公挥师东征平定叛乱，之后便大规模地分封诸侯。周公将原来商都周围地区和殷民七族分封给当时有贤名的康叔，改封康叔为卫君，建立卫国，故又称卫康叔。卫康叔死后谥号是"康"，其后代遂有以谥号为氏，或以封邑为姓，称康氏。

其二：出自西域康居国王子之后裔，以国为氏。据《梁书》中记载，汉朝时，朝廷在西域设置都护，西域的康居国派其王子来到中国，以表示对汉室的臣服。那位王子到达我国后就在河西落脚待诏，后定居河西，其后人以国为氏，称康氏。隋唐之时，这个国家仍然存在，称康国。

其三：出自他族或他姓改姓。西魏时建立政权的突厥族中有康姓。金时女真人纳喇氏、清时满洲赫舍里氏、达斡尔族华力提氏，其汉姓均为康姓。又有宋时，因避宋太祖赵匡胤名讳，有匡姓氏族改为音近的康姓氏族。

【繁衍变迁】

康姓发源于河南、甘肃等地。秦朝时，康姓人迁居到陕西、山东等地。魏晋南北朝时，甘肃地区的康姓人落居陕西，后又向东南地区迁移。唐朝时，宁夏地区的康姓氏族向浙江发展。宋末元初，大批的康姓人向南方徙迁。明朝时，山西的康姓人作为迁民之一，分别徙居至河北、河南、山东、安徽、江苏、湖北等地。清朝以后，福建、广东等东南沿海地区的康姓人陆续迁往台湾，进而远播迁海外。

【历史名人】

康泰：三国时吴国出使南海的官员，是历史记载的，中国古代最早航海到东南亚、南亚的旅行家，著有《吴时外国传》等。

康海：字德涵，号对山，明朝文学家，"前七子"之一，代表作品有《中山狼》、《沜东乐府》、《对山集》等。

康昆仑：唐朝著名琵琶演奏家，有"长安第一手"之称。

康有为起草万言书。

康进之：元朝杰出戏曲家，现存其杂剧《李逵负荆》一剧。

康有为：又名祖诒，字广厦，号长素，近代著名政治家、思想家、社会改革家。资产阶级改良派代表人物之一，发动了著名的"戊戌变法"。著作有《新学伪经考》、《孔子改制考》等。

wǔ

伍

【姓氏来源】

伍姓的起源主要有二：

其一：以祖名为氏，为黄帝时大臣伍胥之后。根据《玄女兵法》记载，伍胥是上古时期黄帝部落的一个大臣，是传说中的古代术士。黄帝与蚩尤激战时，伍胥曾与邓伯温一同制定策略，帮助黄帝击败蚩尤。伍胥的子孙就以祖父名为姓，称伍氏。

其二：出自芈姓，以名为氏，楚大夫伍参之后。春秋时期，楚庄王有宠臣伍参。楚国与晋国争霸时，一次两军相遇。孙叔敖主张撤军，而伍参则劝谏楚庄王果断出击，并分析了楚国军队的优势和晋国军队的弱点，楚庄王听从了他的意见。结果楚国军队大获全胜，楚庄王便封伍参为大夫，伍参便以名为姓，称伍氏。

【繁衍变迁】

伍姓发源于湖南，秦汉时期，伍姓家族在安徽、湖北、陕西一带有所分布。魏晋南北朝时，伍姓人已经散居在河南、四川、湖南、湖北等地。唐朝安史之乱以后，伍姓人东迁至浙江、江苏、福建等地。宋元时期，伍姓人逐渐向广东地区迁居。明朝初年，山西伍姓氏族被分迁到陕西、甘肃、河北等地。清朝时，居于东南沿海地区的伍姓人迁徙至台湾，继而远居至新加坡等东南亚国家。

【历史名人】

伍子胥：名员，字子胥，春秋末期吴国大夫、军事家、谋略家。刚直谏诤，辅助阖闾成就霸业，是姑苏城的创建者。

伍乔：南唐杰出诗人，工六经，善《周易》，诗文皆佳，尤以七律见长，是南唐保大年间状元。著有《伍乔集》。

伍钝：字文琏，明朝著名孝子，才华出众，善于辩论。侍奉母亲不离左右，母亲去世后，结庐守墓三年，乡里称之为"伍孝子"。

伍子胥鞭尸。

伍廷芳：本名叙，字文爵，号秩庸，清末民初杰出的外交家、法学家，是中国近代第一个法学博士。

yú
余

【姓氏来源】

余姓的起源比较纯正，出自春秋时期秦国名相由余之后。春秋时期，西戎地区有一名臣，名叫由余，他的祖先是晋国人，为了逃避战乱去了西戎。由余在西戎做官，后来奉命出使秦国。由余见秦穆公贤德大度，便留在秦国辅助秦穆公，任上卿（即宰相）。通过他的出谋划策，使秦国成为西方霸主。他的子孙中有以其名中的"余"为姓的，称余氏。

【繁衍变迁】

余姓发源于陕西，秦汉以后，有余姓人落居于河南、安徽等地。魏晋南北朝时，两湖地区有余姓人的迁入。余姓人迁居福建始于唐朝初期，并在唐僖宗年间，继续徙进广东、湖南、浙江、江西等地。宋朝时，余姓人已经遍布大江南北。明朝初年，山西的余姓人作为迁民之一，迁往陕西、甘肃、河南、山东、江苏、浙江、河北、安徽等地。清朝时，福建地区的余姓人渡海进入台湾，并进一步移居海外。

【历史名人】

余靖：本名希古，字安道，北宋官员，庆历四谏官之一，与欧阳修、王素、蔡襄同任知谏院，合称为"四谏"。

余象斗：字仰止。明代书坊刻书家、著名的通俗小说编著者和刊行者，经他编著和刊行的小说有《四游记》、《列国志传》、《全汉志传》等。

余怀：字澹心，清代文学家，与杜浚、白梦鼎齐名，时称"余、杜、白"。

余叔岩：字小云，著名京剧表演艺术家，"新谭派"的代表人物，世称"余派"。

顾 gù

【姓氏来源】

顾姓的起源主要有二：

其一：出自己姓，以国为氏，为昆吾氏之后。相传颛顼的孙子吴回在帝尧时担任火神祝融的职位。吴回有一子，名终。因为被封于陆乡，所以叫陆终。陆终有六子，长子名樊，赐己姓，封于昆吾，以封地名为姓，称昆吾氏。昆吾氏有子孙被封于顾国，世称顾伯。到了夏朝末期，顾国被商汤所灭，散居各地的顾伯子孙便以国名为姓，称顾氏。

其二：出自姒姓，为越王勾践的后裔，以祖上封号为氏。相传大禹死后葬于会稽，其子启在山上建立宗庙祭祀他。到夏帝少康时，将庶子无余封在会稽，主持禹的祭祀，建立越国，都城会稽。其后人以国为氏，称越氏。春秋末年，越国常与吴国交战，后吴国打败，越王勾践卧薪尝胆，后终于攻灭吴国，成为霸主。战国时越国为楚国所灭。汉朝，传至勾践的七世孙摇，摇因助刘邦灭项羽有功，被封为东海王，因都城在东瓯，遂有俗号东瓯王。后来摇封自己的儿子为顾余侯，其子孙以其封号的第一字为姓，称顾氏。

【繁衍变迁】

顾姓的起源分为两支，一支为北顾，发源于河南；一支为南顾，发源于浙江。南顾成姓不久就成为当地一带的大姓，而北顾发展的则不如南顾。唐朝以后，顾姓人开始向南北各地发展。明初，住在山西的顾姓人被分迁到河北、河南、山东、安徽、江苏等地。明代中期，安徽、湖北、湖南、福建、广东、四川等地均有顾姓人分布，在北方的山东、山西、陕西、河北和内蒙古等地也有所散布。明朝末年到清朝中期，有福建和广东等东南沿海的顾姓人徙居台湾，进而远播海外。

【历史名人】

顾恺之：字长康，东晋著名画家、绘画理论家、诗人，"六朝四大家"之一。著有《论画》、《魏晋胜流画赞》、《画云台山记》等。

顾况：字逋翁，号华阳真逸，晚年自号悲翁，唐朝著名诗人、画家、鉴赏家。

顾炎武：本名继坤，改炎武，字宁人，清朝著名思想家、史学家、语言学家，与黄宗羲、王夫之并称为明末清初三大儒。

顾太清：名春，字梅仙，清代著名女词人。著作小说《红楼梦影》，是中国小说史上第一位女性小说家。

一代大家顾炎武。

mèng 孟

【姓氏来源】

孟姓的起源主要有二：

其一：出自姬姓，为鲁庄公的庶兄庆父共仲之后裔。春秋时期，鲁庄公的庶兄庆父共仲，为人专横，不但与自己的嫂子，鲁庄公的夫人哀姜私通，还设计害死了继位的公子般，另立哀姜的妹妹叔姜之子姬启，为鲁闵公。后又杀害了闵公，制造内乱，想自立为君。庆父的弟弟季友带着鲁庄公的另一个儿子姬申逃到邾国，并发出文告声讨庆父。鲁国人民纷纷响应，庆父为逃避罪名，出奔莒国。后季友贿赂莒国，请求送回庆父，庆父在归国途中自杀。庆父死后，季友让庆父之子公孙敖继承庆父的禄位。因庆父在兄弟中排行老大，而"孟"字表示兄弟排行次序里最大的那一个，其子孙就称孟孙氏。后来又为避讳弑君之罪，孟孙氏就将姓氏简化，称孟氏。

其二：出自姬姓，为卫灵公之兄孟絷的后裔。西周初年，周公旦平定武庚的反叛后，将原来商朝都城周围地区和殷民七族分封给弟弟康叔，建卫国。传至第二十八代君王卫襄公时，有子絷，字公孟。他的子孙以王父字为氏，为孟姓。

【繁衍变迁】

孟姓发源于山东、河南，早期播迁于今山西、河北、陕西等地。东汉时期，陕西的孟姓氏族迁至江苏、浙江等地。到了魏晋南北朝，战争不断，孟姓人为避战乱大规模向南迁徙，山东孟姓人迁居江苏、浙江；河南孟姓多徙往湖北、江西一带。五代时，有河北孟姓人建后蜀政权，定都于四川成都。宋元时期，孟姓人第二次大举南迁，集中在长江中下游地区。明朝时，山西孟姓人向河南、河北、东北、天津等地移居。清朝有孟姓人徙居台，进而播徙海外。

【历史名人】

孟子：名轲，字子舆，战国时代的思想家、教育家，战国时期儒家代表人物。著有《孟子》一书。有"亚圣"之称，与孔子合称为"孔孟"。

孟获：三国时期南中一带少数民族的首领，后来被诸葛亮七擒七纵降服，有"七擒孟获"的典故。

孟浩然：唐朝著名诗人，与王维合称为"王孟"。代表作有《春晓》、《过故人庄》等。

孟郊：字东野，唐朝诗人，有"诗囚"之称，又与贾岛齐名，人称"郊寒岛瘦"。代表作有《游子吟》。

huáng
黄

【姓氏来源】

黄姓的来源主要有四：

其一：出自嬴姓，一说为颛顼曾孙陆终之后。陆终后裔被封于黄地，后黄地为楚所并，子孙四散，以国为姓；一说为颛顼苗裔伯益之后。伯益因帮助大禹治水有功，被赐予嬴姓，封于黄地，商朝末年建立黄国，后为楚所并，子孙以国为氏。伯益的这一支黄氏，为黄氏族人的主要来源，史称黄氏正宗。

其二：出自嬴姓，为金天氏之后。台骀是上古时期少昊金天氏的苗裔，颛顼时受封于汾川，后世尊为汾水之神。台骀的后人曾建立沈、姒、蓐、黄诸国，以国为姓。春秋时，黄国被晋国所灭。其后仍以国名为氏。

其三：出自赐姓。据黄氏族谱相关记载，十三世石公辅佐周朝有功，被赐予黄姓。又一世高公，商太戊时受封于黄。

其四：出自南方少数民族姓氏。据史料记载，南蛮地区有黄姓，唐人黄少卿、黄少高等均为南蛮黄姓之后。

【繁衍变迁】

黄姓发源于河南。春秋时期，黄国为楚国所灭，大部分黄姓人迁入楚国腹地，定居湖北各地。西晋末年，黄姓人大规模南迁。唐宋之际，黄姓人在福建、江西、广东等地发展得尤为旺盛。北宋末年，河南黄姓氏族为避难，徙居至浙江，并成为当地的望族。宋元时期，黄姓人在福建、广东繁衍得最为茂盛，明末清初，黄姓人渡海赴台，后又远播海外。

【历史名人】

黄庭坚：字鲁直，北宋文学家，开创了江西诗派。宋代四大书法家之一。又与张耒、晁补之、秦观合称"苏门四学士"。

黄宗羲：字太冲，明末清初经学家、史学家、思想家。与顾炎武、王夫之并称明末清初三大儒，亦有"中国思想启蒙之父"之誉。

穆
mù

【姓氏来源】

穆姓的起源主要有二：

其一：出自子姓，以谥号为氏，为宋穆公的后裔。据《元和姓纂》所载，西周时，周王朝封微子于宋，建立宋国。传至宋宣公时，他没有传位给儿子与夷，而是传给了弟弟子和即宋穆公。宋穆公去世后，传位给了与夷，即宋殇公。宋穆公受到国人称赞，谥号为"穆"。宋穆公的子孙中有以其谥号为姓的，称穆氏。

其二：出自改姓。据《魏书·官氏志》记载，北魏鲜卑族的丘穆陵氏，汉姓为"穆"；元朝时，西北回族中有穆姓，出自经名"穆罕默德"等；宋朝时，一部分定居中国的犹太人被赐姓穆；满族入主中原以后，许多满洲旗人也将自己的姓简化为穆。

【繁衍变迁】

穆姓发源于河南。春秋战国时，山东、河南、湖北等省均有穆姓人的分布。秦汉之际，穆姓人在山东、江苏、安徽、河南等地活动得非常活跃。魏晋南北朝时，穆姓人向南迁居至江南各省和湖南、四川一带，还有一部分穆姓人在陕西、甘肃、青海、山西、河南兴盛起来。北宋时期，山西的穆姓人发展得较为繁盛。元朝时，湖南、四川地区的穆姓人为避战乱，西迁至贵州。清朝时，很多满族人改为穆姓者，并为当朝显贵。因此北京的穆姓人增多，而世居辽宁的满族穆姓，则开始向黑龙江、吉林等地迁徙。

宋穆公像。

【历史名人】

穆宁：唐朝著名大臣，个性刚直，奉公守法，安禄山谋反时，他联合各州县并力抵御。穆宁家教严格，和韩休两人都以家教严格出名，有"韩穆二门"的成语。

穆修：字伯长，宋朝散文家。好古文，著有《穆参军文集》。

穆相：字伯寅，明朝著名沂水令，犯颜直谏，人称"真御史"。

穆孔晖：字伯潜，号玄庵。山东堂邑人。明代官员，理学家，心学学者。穆孔晖是继承和传播王守仁心学最早的山东学者。他一生著述颇丰，如《读易录》、《前汉通纪》。

xiāo
萧

【姓氏来源】

萧姓起源主要有四：

其一：出自嬴姓，以国为姓，为伯益的后裔。据《通志·氏族略》所载，颛顼的后裔伯益曾协助大禹治水，立下功劳，被赐予嬴姓。其裔孙孟亏，被分封至萧地，建立萧国，萧国子孙遂以国为氏，称萧氏。萧孟亏是萧姓第一人。

其二：出自子姓，以国为氏，为周朝宋国微子启的后裔。据《元和姓纂》、《古今姓氏书辨证》和《通志·氏族略》等有关资料所载，微子启之孙大心建立萧国，后萧国被楚国所灭，萧国子民以国为姓，称萧氏。

其三：出自少数民族改姓或被赐姓。汉朝时巴哩、伊苏济勒、舒噜三族被赐为萧姓；两晋南北朝时，契丹拔哩、乙室已氏，回纥的述律氏，奚族的石抹等氏族全部改为萧姓，可见契丹各族中萧姓群体的规模是相当可观的。

其四：出自外姓改入。金元时期，我国北方流播太一教，因为创教人姓萧，所以一些非萧姓的嗣教者被改为萧姓。

【繁衍变迁】

萧姓发源于安徽。三国魏晋时，萧姓氏族已经迁往南方各省。南北朝时，有萧姓人建立了齐、梁两朝，使萧姓成为国姓，得以大规模发展。宋朝时，少数民族契丹中有萧姓，使得萧姓家族更加壮大，于此期间，萧姓人也开始迁居至福建、广东等地。至此，山东、河南、河北、安徽、北京、福建、广东等地都有了萧姓的分布。元明清三朝，萧姓人迁居至四川、湖南、江西、湖北等省。清康熙末年，萧姓人开始渡海进入台湾，进而远徙海外。

萧姓是当代中国人口排行第三十位的姓氏，总人口近730万，约占全国人口的0.58%，尤盛于长江中上游地区。

【历史名人】

萧何：汉朝著名政治家，秦末随刘邦起义，为建立汉朝起到重要作用，代表作有《九章律》。

萧衍：字叔达，小字练儿，南朝齐时著名大将，南梁政权的建立者。

萧统：字德施，小字维摩，南朝梁著名的文学家，善辞赋，辑《文选》三十卷，是我国现存最早的诗文总集。

萧统与《昭明文选》。

yǐn
尹

【姓氏来源】

尹姓的起源主要有二：

其一：出自少昊的后代，以邑为氏。相传少昊为黄帝之子，是远古时羲和部落的后裔，为古代东夷族的首领，号金天氏。少昊有子殷，担任工正一职，主制弓矢，被封于尹城，世称"尹殷"。子孙世袭其官职。殷的后代以封邑名"尹"作为姓氏。周朝时，尹氏子孙的封地一直在尹城，直至西周灭亡后，周平王东迁洛阳，尹氏后裔为避免戎族的侵扰，也迁居洛阳附近，作为尹氏封邑的尹城也迁至洛阳附近。

其二：为以官名命名的姓氏。据相关史料记载，尹是商周时官位的名称，官职相当于宰相。如商汤时有伊挚为尹，周宣王时有尹吉甫为尹。其后代中有以官职为姓的，称尹氏。周朝的属国中亦有尹氏。

【繁衍变迁】

尹姓发源于河南、山西等地。西汉时，陕西、山西、河北、山东等地均有尹姓人分布，并成为贵州地区的大姓之一。东汉时，浙江、广西、四川等地的尹姓人都有所发展。魏晋南北朝时，甘肃地区的尹姓人发展繁衍的十分旺盛。隋唐之后，尹姓人向江苏、云南、辽宁等地迁徙。宋元之际，大批尹姓人为避战乱，迁居南方地区。明朝初年，山西的尹姓人作为迁民之一，分迁至河南、河北、江苏、天津等地。清朝时，尹姓人渡海赴台，远播海外。

【历史名人】

尹吉甫：周宣王时大臣，兮氏，名甲，字伯吉甫。曾作《诗经·大雅·烝民》、《大雅·江汉》等。

尹敏：字幼季，东汉著名经学家，著有《今文尚书》。

尹锐志：又名锐子，辛亥革命时期著名女杰，被称为"中国近代史中女界之三杰"之一。

姚
yáo

【姓氏来源】

姚姓的起源主要有三：

其一：出自妫姓，为舜的后裔。相传，帝舜是颛顼的后代，因生在姚墟，他的后裔子孙便以地为氏，称姚氏。又因后来居住在妫汭河边，其子孙又有以妫为姓的。周武王克商建周后，追封前代圣人的后裔，遂封帝舜的后裔妫满于陈，称陈侯。妫满死后谥号陈胡公，其后代子孙以其谥号为氏，即胡氏。亦有以国为氏，称陈氏。传至敬仲时，因在齐国做官，遂为田氏，到了王莽新政的时候，封田丰为代睦侯，其子为避乱迁居改回妫姓。其五代孙敷，复为姚姓。

其二：出自子姓。据《路史》中记载，春秋时期有姚国，是商族的后代，后世子孙以国为氏，称姚氏。

其三：出自他族改姓。《晋书》中记载，西晋末年，有羌族首领姚弋仲，本是汉代西羌烧当氏的后人，自称虞舜之后，故改为姚姓。另有金国时期女真岳佳部，属于汉化改姓姚氏。另外，蒙古族努克楚德氏，在明朝时期即改为汉姓姚氏。

【繁衍变迁】

姚姓发源于今江苏苏州一带。东汉以前，有姚姓人徙居今河南、山西、广西、四川、浙江等地。西晋时，有姚姓人迁至今陕西。唐初，有姚姓人迁入今福建，与此同时，既有姚姓人前往今辽宁，也有今陕西、甘肃、河南的姚姓人入迁今云南、四川。两宋时，姚姓人已分布于今河北、河南、山西、山东、四川、江西、江苏、浙江、福建、广东、辽宁等地。明初，姚姓人作为山西迁民之一被分迁于今山东、河南、河北、东北等地。清初，有姚姓人赴台，进而远播海外。

【历史名人】

姚崇：本名元崇，字元之，避唐玄宗"开元"年号讳，改名姚崇。唐朝名相，也是中国历史上的著名宰相。

姚枢：字公茂，号雪斋，又号敬斋，元朝初年重臣和著名理学家。

姚合：字大凝，唐朝杰出诗人，与贾岛并称"姚贾"。

姚鼐：字姬传，清朝著名散文家，与方苞、刘大櫆并称为"桐城三祖"。著有《惜抱轩全集》等，曾编选《古文辞类纂》。

姚崇像。

shào
邵

【姓氏来源】

邵姓的起源比较纯正，主要出自姬姓，为周文王之后。周初有大臣姬奭，是周文王之庶子，因食邑于召，被称为召公或召伯。又因辅助周武王伐商有功，成王时被封于燕国。召公因自己要留在镐京任太保，遂派自己的儿子去管理燕国。后来同周公旦一起平定武庚之乱。周室东迁后，召公的封邑也随之东移。后来，燕国为秦国所灭，召公的子孙以原封地"召"为姓，称召氏。后来召姓多改为邵姓，至于更改的原因、时间，说法不一，史无祥载。

【繁衍变迁】

邵姓发源于陕西和北京地区。战国末期，邵姓人主要散居在河北、河南、安徽等地区。两汉时期，邵姓人成为河南部分地区的望族。到了西晋末年，邵姓人开始南迁，落籍于福建、广东等地。宋朝时，邵姓人入居浙江、安徽、江苏、福建等地，山西、湖北、湖南也有邵姓人的居住。南宋末年，邵姓人已广布江南各地。明朝初年，山西的邵姓人迁往河南、安徽、江苏、浙江、山东等地。清朝开始，有邵姓人渡海迁居台湾，进而播徙海外者。

【历史名人】

邵雍：字尧夫，谥号康节，北宋著名哲学家。精研《周易》，著有《皇极经世》、《伊川击壤集》等。

邵光祖：字弘道，元朝著名学者。吴中学者称其为"五经师"。

邵兴：字晋卿，南宋抗金义军领袖。

邵力子：近代著名教育家、政治家，被誉为"和平老人"。

汪 wāng

【姓氏来源】

汪姓的起源主要有三：

其一：出自汪芒氏之后。汪芒氏又称汪罔氏，由防风氏所改。商朝时有汪芒国，国君叫做防风氏，守封禺之山。相传汪芒是巨人之国，其国君防风氏有三丈之高。在夏禹召集天下诸侯时，防风氏因迟到被夏禹处死。其后人后迁至山里，称汪芒氏。到了战国时期，楚国攻灭越国之时，汪芒国亦被攻破。国民纷纷出逃，改称汪氏。

其二：出自姬姓，是周公之子伯禽之后。相传后稷是因其母姜嫄踩了巨人的足迹而生，为姬姓，是周朝的始祖。周王克商建周后，分封土地，周公旦的长子伯禽被封于鲁地，称鲁侯。传至第二十一位君主鲁成公有庶子姬满，食邑于汪地，他的后代便以邑名为姓，称汪氏。

其三：出自姬姓，为翁姓避乱改姓。翁姓也是姬姓的一个分支，西周初期，周昭王的支庶子孙，被封于翁山，其后遂以邑名为姓，称翁氏。据《六桂堂丛刊》所载，宋朝初年，福建有翁乾度，生有六子，分姓洪、江、翁、方、龚、汪。其中六子处休，分得汪姓，其后世子孙遂称汪氏。

【繁衍变迁】

汪姓发源于浙江、山东、山西等地，早期迁往江苏、江西、安徽等地，并有一支汪姓氏族在北方发展，繁衍为当地的主力。东汉时，汪姓人进入浙江一带。隋朝初年，有一支汪姓人迁入河北河间。汪姓人迁居福建始于唐朝初期。唐朝以后，安徽的汪姓人则向江西、贵州、福建和两广等地迁入。两宋之际，汪姓成为全国著姓之一，在安徽、江西发展得尤为昌盛。明朝初年，山西的汪姓人迁至两湖地区和河南、山东、天津、东北等地。清康熙年间，居住在福建、广东等东南沿海地区的汪姓人移至台湾，继而远播海外者。

【历史名人】

汪伦：又名凤林，唐朝时期官吏。与李白交好，《赠汪伦》中"桃花潭水深千尺，不及汪伦送我情"即是写两人惜别之情。

汪元量：字大有，号水云，南宋著名诗人。著有《水云集》、《湖山类稿》等。

汪昂：字讱庵，清朝著名医学家。有《素灵类纂约注》、《医方集解》、《本草备要》、《汤头歌诀》等，对医学普及有所贡献。

汪士慎：字近人，号巢林、溪东外史等，清朝著名画家、书法家。"扬州八怪"之一。

máo
毛

【姓氏来源】

毛姓的起源主要有二：

其一：出自姬姓，以封邑命姓，为周文王之子叔郑之后。周武王建立周朝后，其弟叔郑因为在伐商的征战中表现勇猛，被封于毛邑，称毛叔公。其后世子孙以其封地命姓，遂称毛氏。

其二：出自他族、他姓改姓。根据史料记载，南北朝时有代北少数民族，亦称毛氏。又明朝时，有毛忠、毛胜，均为皇帝赐姓。

【繁衍变迁】

毛姓发源于河南、陕西。春秋时期，毛姓人进入湖北地区落居。汉朝之前，今山西、河南的毛姓人迁往宁夏、内蒙古、甘肃等省，以宁夏和内蒙古最为繁盛，今安徽、四川地区也有毛姓人的迁入。唐朝末期，毛姓人大规模南迁至江西。五代以后，毛姓人在南方兴盛开来。元朝时，有毛姓人落籍云南。明朝初期，山西毛姓人迁往湖北、湖南、河南、山东、江苏、北京等地。清朝雍正年间，毛姓人开始渡海进入台湾，进而远徙海外。

【历史名人】

毛遂：战国时期赵公子平原君赵胜的门客，有"三寸之舌，强于百万之师"的美誉，"毛遂自荐"的成语即是关于毛遂和平原君的典故。

毛延寿：汉朝著名画家，代表作有《西京杂记》、《历代名画记》、《图绘宝鉴》等。

毛亨：是"毛诗"的开创者，著有《毛诗古训传》。

毛泽东：字润之，中华民族的领袖，伟大马克思主义者，战略家和理论家。中华人民共和国的缔造者和领导人，诗人，书法家。被视为是现代世界历史中最重要的人物之一。

毛遂自荐。

zāng
臧

【姓氏来源】

臧姓起源主要有三：

其一：出自姬姓，以邑为氏，为鲁孝公之子彄的后代。据《通志·氏族略》记载，春秋时期，鲁国国君鲁孝公的儿子名彄（kōu），被封于臧，建立臧国，其子孙后代就以国为姓，称臧氏。

其二：出自姬姓，以祖字为氏，为鲁惠公之子欣的后裔。春秋时期，鲁国国君鲁惠公有子名欣，字子臧。姬欣的子孙中，有以其字作姓的，称臧氏。

其三：少数民族姓氏。锡伯族扎斯胡里氏的汉姓即为臧姓。

【繁衍变迁】

臧姓发源于山东。鲁国灭亡后，臧姓人散居在山东各地，并逐渐在山东和江苏部分地区形成较大的聚集地。秦汉之际，臧姓人迁居至河北、河南、山西、陕西、甘肃等北方诸省，在河南禹州和甘肃天水形成望族。东汉时，江苏地区也有了臧姓人的居住。两晋南北朝时，山东地区的臧姓人大举南下，散居在江苏、浙江、安徽等地。唐末五代，臧姓人迁入湖北、湖南、四川、江西等地。宋元之际，住在江苏、浙江、江西等地的臧姓人进入福建、广东和广西地区。明朝初年，山西的臧姓人迁往河南、河北、山东、北京、天津、江苏等地。清康乾年间，河北、河南、山东的臧姓人"闯关东"进入东北三省，沿海地区的臧姓人则渡海进入台湾，继而远播海外。

【历史名人】

臧洪：汉末群雄之一，曾游说各地首领，共同讨伐董卓。

臧荣绪：南朝齐国史学家，著有臧版《晋书》，是唐朝房玄龄、诸遂良等人修史《晋书》的最重要蓝本。

臧中立：字定民，宋朝名医，相传他每天治愈数千名病人。

dài
戴

【姓氏来源】

戴姓的起源主要有三：

其一：出自子姓，以谥号为氏，为商汤后裔。周朝初期，周公旦辅佐年幼的周成王管理朝政，三监不满，遂联合武庚和东方夷族反叛。周公回师平定"管蔡之乱"后，将殷商旧都封于商纣王之庶兄启，建立宋国。传至第十一位君主白，因在位期间爱民如子，深受百姓爱戴，死后被周宣王谥为戴公。其子孙遂以谥号"戴"为氏，称戴氏。

戴公像。

其二：出自姬姓，以国为氏。相传春秋时期有戴国，为姬姓诸侯国。于隐公十年（前713）为郑国所灭，其国君及子民为纪念故国，遂以国为姓，称戴氏。

其三：出自殷氏改姓。据《鼠璞》所载，殷氏有改为戴姓的。武王伐商建周后，不少商朝遗族以国为氏，称殷氏，其后又有改姓戴的。

【繁衍变迁】

戴姓发源于河南。先秦时期，戴姓人迁徙进入安徽。西汉时，为避战乱，有戴姓人进入江苏、山东等地。三国两晋南北朝时，江苏的戴姓人进一步迁居至安徽、湖北。唐朝初年，戴姓人开始进入福建。盛唐时期，陕西、山西、湖南、江西等地开始有戴姓人发展。宋元之际，江苏、浙江、安徽、江西等地的戴姓人进入福建、广东。明朝初期，山西戴姓人迁入陕西、安徽、山东、河北、江苏以及东北等地。清朝时，福建等东南沿海的戴姓人渡海进入台湾、进而远居海外。

【历史名人】

戴德、戴圣：戴德，字延君；戴圣，字次君，兄弟二人是今文礼学"大戴学"和"小戴学"的开创者。被后人尊称为儒宗。编有《大戴礼记》和《小戴礼记》。

戴逵：字安道，晋著名美术家、音乐家。著《戴逵集》九卷，已散佚。

戴叔伦：唐代诗人，字幼公。其诗多表现隐逸生活和闲适情调，也反映人民生活的艰苦。

戴复古：字式之，南宋著名"江湖派"诗人。

戴名世：字田有，清代史学家。号忧庵，人称潜虚先生。因刊行《南山集》，触怒了清王朝，以"大逆"罪被杀，史称"南山案"，为清朝四大文字狱之一。

sòng
宋

【姓氏来源】

宋姓的起源比较单一，出自子姓，以国为姓，为商朝王族直属后裔。帝喾之后裔契因辅佐大禹治水有功，被封于商，赐予子姓。后其子孙建立商朝。商朝末年，纣王荒淫暴虐，最终为周武王姬发所灭，建立周朝。商纣王的庶兄微子启很顺从周氏王朝，遂封之以商都一带，建立宋国，命他管理商朝遗民。战国后期，宋国为楚国所灭，其后世子孙便以国为姓，称宋氏。

【繁衍变迁】

宋姓发源于河南。秦汉之前，宋姓人已经在江苏、河北、湖北、陕西等地繁衍。汉朝初年，河南和山东的宋姓人进入陕西渭河流域，又继而西迁，进入甘肃，南迁进入今湖北。同时，山西的宋姓人也有迁往河北、河南等地者。唐朝安史之乱以后，有宋姓人开始进入福建。宋朝时，宋姓人进入到北京、山东、江苏、江西等地，之后，宋姓人开始遍及大江南北。

【历史名人】

宋玉：又名子渊，战国时楚国著名的辞赋家、文学家。流传的作品有《九辩》、《风赋》、《高唐赋》、《登徒子好色赋》等。传说其人才高貌美，为"古代四大美男"之一。

宋璟：邢州南和（今河北）人，唐代贤相，历任武后、睿宗、玄宗三朝，与姚崇并为名相，时称"姚宋"，对造就开元盛世颇有贡献。

宋祁：最著名的宋姓学者。北宋著名的文学家、史学家。官至工部尚书。

宋慈：字惠父，是宋朝杰出的法医学家，人称"法医学之父"。其编著的《洗冤集录》是世界上最早的法医学专著。

宋玉对楚王问。

宋江：北宋末年农民起义军首领，因施耐庵的小说《水浒传》而著名。

宋应星：字长庚，明代科学家，所著《天工开物》是一部我国古代手工业和农业生产技术综合性的科学巨著。

páng
庞

【姓氏来源】

庞姓的起源主要有四：

其一：出自姬姓，以邑为氏，为毕公高之后。据《通志·氏族略》、《千家姓查源》记载，周文王之子毕公高的后裔有一支被封于庞，后世子孙以邑为氏，称庞氏。

其二：出自高阳氏，以祖父名为氏，为黄帝之孙颛顼的后代。《百家姓注》上记载，庞降为颛顼八子之一，其后世子孙以祖上的名为姓，称庞氏。

其三：相传襄阳地区有庞姓的富盛人家，喜好建高屋，其乡人觉得十分荣耀，称其为庞高屋，后遂以庞为姓。

其四：出自他族或他族改姓。在《汉书·王莽传》中，西汉时西羌人中有庞恬；清满洲八旗姓庞佳氏，改汉姓为庞姓。

【繁衍变迁】

庞姓的发源地不可考证，魏晋以前，庞姓人已经散居在河南、河北、山西、陕西、山东、湖北、重庆、辽宁等地。三国时，甘肃、四川均有庞姓分布。到了两晋南北朝时，庞姓繁衍旺盛，形成了庞姓南安郡望、南阳郡望、始平郡望、谯郡郡望等郡望。隋唐时期，陕西、山西、山东、江苏和安徽大部分都有了庞姓人落籍，同时有一支庞姓氏族迁居浙江。宋元时期，中原地区战争频繁，庞姓人大举南迁，并开始进入广西地区，发展成为当地的望族。明朝初年，山西庞姓徙居到河南、江苏、湖北、山东、河北等地。明末清初，居住在四川的庞姓为避难迁居至云南。清朝乾隆年间以后，山东庞姓随着"闯关东"的热潮进入东北三省，同时，华东、华南地区的庞姓人渡海入居台湾，进而播徙海外。

【历史名人】

庞统：字士元，号凤雏，东汉末刘备重要的谋士，初与诸葛亮齐名。

庞安时：字安常，自号蕲水道人，北宋医学家，被誉为"北宋医王"，著有《难经辨》、《伤寒总病论》、《本草补遗》等。

熊 xióng

【姓氏来源】

熊姓的起源主要有二：

其一：出自黄帝有熊氏之后。黄帝为少典之子，本姓公孙，长居姬水，因改姓姬，居轩辕之丘，故号轩辕氏，因建都于有熊，故亦称有熊氏。其后代有以地名为姓的，称熊氏。

其二：出自芈姓，为黄帝后裔。相传颛顼帝的后裔陆终有六子，其中小儿子叫季连，赐姓芈。季连的后裔鬻熊因做过周文王老师，在武王伐商建国后，封鬻熊的后代熊绎于荆山，建荆国。熊绎后代改国号为楚，称楚文王。熊绎以王父字为氏，称熊氏。后楚国被秦国所灭，楚国宗室后人多以熊为姓，称熊氏。

【繁衍变迁】

熊姓发源于湖北、河南，秦汉之际，已经有少数熊姓氏族散布在河北、山东等地。魏晋南北朝时，江南广大地区都有熊姓人的分布。唐宋年间，熊姓人迁入江苏、浙江。南宋末年，江苏、浙江的熊姓人进入到福建、广东等地。明朝初年，山西熊姓人散居河南、山东、河北、北京、天津、江苏、安徽、陕西等地。明朝以后，贵州、云南、四川、海南及广西均有熊姓人的迁徙，并与苗、水、布依、土家、阿昌族等少数民族融合。清朝，熊姓人已经遍布大江南北，同时有福建、广东等东南沿海地区的熊姓人渡海赴台，徙居海外。

【历史名人】

熊安生：字植之，北朝经学家，北学代表人物之一。

熊朋来：字与可，元朝文学家、音乐家，著有《五经说》、《瑟谱》。

熊伯龙：字次侯，号塞斋，别号钟陵，清初无神论者，编著《无何集》。

熊赐履：字敬修，清朝大臣、政治家、学者。有《经义斋集》等。

纪 jì

【姓氏来源】

纪姓的起源主要有二：

其一：出自姜姓，以国为氏，为炎帝的后裔。据《元和姓纂》、《通志·氏族略》等史料记载，西周初年，为纪念贤帝圣主的功绩，周朝封炎帝之后姜静于纪，建立了纪国。春秋时，纪国被齐国所灭，纪国王族子孙就以国为氏，称纪氏。

其二：上古有纪族，伏羲氏的大臣纪侗，即出自纪族。舜未成为帝时，他的老师纪后，也是古纪族后人。

【繁衍变迁】

纪姓发源于山东。春秋时期，纪国灭亡，纪姓子孙便散布在山东各地。战国至秦朝初年这段时间，纪姓人开始向周边扩散，河北、江苏、安徽、山西、陕西等地均有落居。汉末至三国，河北纪姓人远徙至辽宁，山东、江淮地区的纪姓则南下，陕西、河南的纪姓人迁居山西、甘肃等地。两晋南北朝至隋唐，今甘肃、河北、山西、辽宁部分地区的纪姓人发展迅速。北宋灭亡后，北方纪姓迁居江南避难。宋元之际，

铁齿铜牙纪晓岚巧妙应对乾隆皇帝。

纪姓人进一步迁入两广地区。明朝初期，山西纪姓迁往河北、河南、山东、北京、天津、东北等地。明朝中期，纪姓人渡海进入台湾。清康乾盛世以后，纪姓人遍布大江南北。

【历史名人】

纪信：秦末汉初刘邦麾下的将领，荥阳之战中假扮成刘邦，被项羽俘虏，为汉朝的建立立下了不可磨灭的功勋。

纪天祥：元代杂剧作家，作有杂剧六种，代表作为著名的《赵氏孤儿》。

纪昀：字晓岚，晚号石云，清朝乾隆进士，著名的文学家，主持编纂《四库全书》，著有《阅微草堂笔记》等书七种。

项 xiàng

【姓氏来源】

项姓的起源主要有二：

其一：出自姬姓。《广韵》记载，周朝有项国，是周朝的同姓诸侯国，后被楚国所灭，项国国君的子孙便以国名为姓，称项氏。

其二：出自芈姓，以国为氏，为楚国王族后裔。春秋时期，楚国灭姬姓项国，楚国国君将公子燕封于项城，建立项国。后项国被齐国所灭，公子燕的子孙遂以国名命姓，称项氏。

【繁衍变迁】

项姓发源于河南。战国至秦末，项姓氏族十分显赫，在各地均有所发展。项羽兵败后，部分项姓人为避难，向东南迁入浙江、江苏、福建，向南进入湖北、湖南、云南、江西和广西等地，向北居住在河北、甘肃、河南、山东、辽宁、内蒙古等地。唐宋之际，浙江、江西、湖北等地的项姓人较为活跃。明朝初期，山西的项姓人作为迁民之一，进入河北、河南、山东、东北等地。明清之际，项姓人的分布范围进一步扩大，开始渡海入台，进而迁居东南亚和欧美各地。

【历史名人】

项元淇：字子瞻，明朝文学家、书法家，工诗文，善草书。

项羽：名籍，字羽，秦末农民起义领袖，古代杰出军事家及著名政治人物。秦亡后自立为西楚霸王，与刘邦争天下。项羽勇猛过人，颇有文采，留下了千古名作《垓下歌》。

项橐：春秋时期，莒国神童，相传七岁时与孔子辩难，使孔子窘困，被后世称为"圣人之师"。

zhù
祝

【姓氏来源】

祝姓的起源主要有四：

其一：出自姬姓，以地名为氏，为黄帝之裔。据《元和姓纂》、《新唐书·宰相世系表》等相关书籍记载，西周初年，黄帝之后被周武王封于祝，建立祝国。子孙以地为氏，称祝氏。

其二：出自己姓，祝融之后。

其三：以官职为姓。根据《姓谱》、《路史》记载，古时有司祝的官职，其子孙多以官为氏，称祝氏。又远古时，巫师在社会中有很高的地位，称为巫史，或祝史，而官职往往是世代继承的，因此其后人为祝姓，世代相传。

其四：出自他族改姓。据《通志·氏族略》所载，魏晋南北朝时，北魏有叱卢（吐缶）氏，改汉姓为祝姓；清朝满洲八旗的爱新觉罗氏、喜塔喇氏等，均有改汉姓为祝者；傈僳族中的麻打息氏，其汉姓为祝。

【繁衍变迁】

祝姓发源于山东。周朝时，祝姓人已经迁入陕西、河南等省。春秋时期，河北大部分都有祝姓人的分布。西汉时，祝姓人迁居江南。东汉时，祝姓族人中有落籍于湖南者。魏晋南北朝时，北方社会动乱，战火频繁，大量祝姓人迁至今安徽、江苏、浙江、江西等地。唐中期以后，祝姓人徙居至湖北、四川。两宋时期，南方祝姓人昌盛起来，并进入福建、广东等地。明朝初期，山西祝姓人分迁于今山东、陕西、湖北、湖南等

吴中才子祝允明。

地。明朝中期之后，东南沿海地区的祝姓人渡海赴台。清朝初期，两湖祝姓人因

湖广填四川进入四川。

【历史名人】

祝世禄：字世功，明朝著名学者。著有《祝子小言》、《环碧斋小言》、《环碧斋诗集》等。

祝允明：字希哲，明朝文学家、书画家。因右手有六指，自号"枝指生"，又署枝山老樵、枝指山人等。工书法，精于小楷、狂草，与唐伯虎、徐祯卿、文徵明并称"吴中四才子"。著有《前闻记》、《九朝野记》、《苏材小纂》、《祝氏集略》、《怀星堂集》等。

dǒng
董

【姓氏来源】

董姓的起源主要有三：

其一：出自己姓，始祖为董父。相传颛顼的后裔陆终，其长子被赐己姓，封于昆吾国。其后裔有董父，对龙的习性非常了解，于是帝舜便任命董父为豢龙氏，专门养龙。在董父的驯养下，龙学会了各种表演，帝舜非常开心，便封董父为鬷川侯，赐董姓，董父的后代遂称董氏。

其二：出自姬姓，以官为氏。春秋时期，周朝有大夫辛有，他的两个儿子在晋国做太史，董督晋国的典籍史册。其子孙后裔世袭晋国史官，遂以官职为氏，称董氏。被孔子赞为"良史"的董狐即出自此支。

其三：出自己姓，以姓为氏。颛顼的后裔陆终有一子叫参胡，姓董，其后裔便以姓为氏，称董氏。

【繁衍变迁】

董姓发源于山东、山西等地。秦汉时期，山西、甘肃、河北、河南的董姓氏族发展得较为集中，在陕西、山东、广东、四川、浙江、湖北、福建、河南等地也有散居。魏晋南北朝时，董姓人又继续向安徽、江西、江苏、湖北及长江中下游地区迁徙。隋唐之际，董姓人迁入福建、广东。明清之际，董姓人渡海赴台，东南亚、欧美国家也开始有了董姓人的分布。

【历史名人】

董狐：春秋晋国太史，亦称史狐，因秉笔直书，被当时的孔子誉为"良史"

的史官。现有"董狐直笔"的成语。

董仲舒：汉代思想家、政治家，著名的唯心主义哲学家和今文经学大师。主要思想是"天人合一"，将儒家思想总结为"三纲五常"，最终为汉室王朝所使用。

董卓：字仲颖，东汉末年著名的权臣，官至太师、郿侯。

董允：字休昭，三国时期蜀汉官员，与诸葛亮、蒋琬、费祎并称"蜀中四英"。

梁 liáng

【姓氏来源】

梁姓的起源主要有五：

其一：出自嬴姓，为颛顼帝裔孙伯益之后。伯益因辅佐大禹治水有功，帝舜便赐他嬴姓以示嘉奖。周朝时，伯益第十六世孙非子，因善于畜牧，为周孝王在桃林养马，因为马群繁殖良好，周孝王封他于秦谷为附庸国，恢复其嬴姓，称为秦嬴。其后裔秦仲为大夫，征讨西戎有功，周宣王封秦仲次子康于夏阳梁山，建梁国，称梁康伯。后梁国为秦国所灭，其子孙便以国为氏，称梁氏。

其二：出自姬姓。东周平王有子姬唐封于南梁，后为楚国吞并，其后世子孙遂以国为姓，称梁氏。

其三：春秋时期，晋国解梁城、高梁和曲梁之地，有以邑为氏，如梁益耳、梁弘、梁由靡等。

其四：战国初期，赵、魏、韩"三家分晋"，赵魏惠王迁都大梁，因而魏国也称为梁国，后亦有梁氏。

其五：出自少数民族改姓。南北朝时期，北魏孝文帝迁居洛阳，实行汉化，将鲜卑族复姓拔列兰氏改为汉字单姓梁氏。

【繁衍变迁】

梁姓发源于陕西。晋朝以前，梁姓人的发展以西北为主。秦汉之际，梁姓人落居于山西、陕西等地。汉朝时，梁姓人则在甘肃、宁夏大部及陕西渭河流域繁衍得较为兴盛。到了魏晋南北朝时，为避战祸，梁姓人南迁到浙江和广东之间各地，此时，梁姓人遍布四川、安徽、江西、湖北、浙江、广东、福建。隋唐时期，梁姓人在南方有所发展。宋元时，为避兵灾，梁姓人再度南迁。明清时期，梁姓人已遍及大江南北，并以广东、福建、浙江为主要居住地。

【历史名人】

梁师都：为隋朝鹰扬郎将，隋末农民起义时，自称皇帝，国号梁，建元"永隆"。

梁令瓒：唐朝画家、天文仪器制造家。存世作品有《五星及二十宿神形图》。发明了自动报时装置，为全世界最早的机械钟。

梁红玉：宋朝著名女英雄，抗金名将韩世忠的妻子。史书中不见其名，只称梁氏。

梁启超：字卓如，中国近代史上著名的政治活动家、启蒙思想家和文学家等，是戊戌变法的领袖之一。著有《中国近三百年学术史》、《中国历史研究法》、《少年中国说》。

巾帼英雄梁红玉。

杜 dù

【姓氏来源】

杜姓的起源主要有三：

其一：源出自祁姓，为帝尧后裔刘累之后。相传帝尧将帝位禅让给舜后，舜封尧之子丹朱为唐侯，传至刘累，因善于驯龙，称御龙氏。至周朝初期，唐国不服周王的领导，被周公旦挥兵攻灭。并将自己的弟弟唐叔虞封于唐地，将原来唐国君主的后裔迁至杜地，因而又称唐杜氏。周宣王时，唐杜国君桓在朝中做官，宣王的一个宠妃名叫女鸠。女鸠看上了杜伯，便诱惑杜伯。不想却被杜伯拒绝。女鸠恼羞成怒，便向周宣王诬告杜伯。周宣王听信女鸠的话，将杜伯处死。杜伯无罪被杀，其子孙大多出逃，而留在杜城的裔族便以国为氏，称杜氏。

其二：据《世本》中"杜康作酒"的记载，相传黄帝时，发明酿酒的杜康是现在杜姓的始祖。

其三：出自他族改姓。南北朝时期，北魏孝文帝实行汉化政策，将鲜卑族独孤浑氏族改为汉字单姓杜氏。北宋时期，有金国女真族徒单氏族改为杜氏。以及清朝满洲八旗都善氏、图克坦氏等氏族均集体改为杜氏。

【繁衍变迁】

杜姓发源于陕西。春秋战国时期，杜姓人已经徙居到湖北、河南、安徽、江西、山东、四川、江苏和浙江的部分地区。秦汉之际，杜姓人主要在陕西地区繁衍。魏晋南北朝时，战争频繁，为避战乱，杜姓人大举南迁至湖北、四川和浙江等地，并在当地形成大族。唐末，有杜姓人迁居今浙江绍兴。明初，山西杜姓人迁入河南、河北、山东、江苏、安徽等地。明清之际，杜姓人已遍布全国大江南北，并远播东南亚、欧美等地。

【历史名人】

杜诗：字君公，东汉官员及发明家。修治陂池，广开田池，有"杜母"之称。

杜林：字伯山，扶风茂陵人。少好学，官至大司空，最大的成就是在学术方面。他博学多闻，被誉为通儒，后世推崇他为"小学之宗"。

杜如晦：字克明，唐朝初期名相。凌烟阁二十四功臣之一。

杜甫：字子美，自号少陵野老，盛唐时期伟大的现实主义诗人，被后世尊称为"诗圣"，他的诗也被称为"诗史"。杜甫与李白合称"李杜"。

杜牧：字牧之，号樊川居士，唐朝著名诗人。人称"小杜"，以别于杜甫。与李商隐并称"小李杜"。著有《樊川文集》。

阮 ruǎn

【姓氏来源】

阮姓的起源主要有三：

其一：出自偃姓，以国为氏，为皋陶氏之后。根据《通志·氏族略》和《姓谱》等相关史料的记载，皋陶的后裔有被封于阮，建立了阮国。商朝末期，阮国为周文王所灭，阮国的后代以国名为氏，称阮氏。

其二：出自石姓。据《南史》、《路史》记载，春秋时卫国大夫石蜡的后人在东晋时，有改姓为阮。

其三：出自少数民族姓氏。

【繁衍变迁】

阮姓发源于甘肃，经周朝直到秦朝，阮姓人逐渐迁徙至陕西、河南、山东、山西、河北等地。西晋永嘉之乱时，阮姓人为避战乱，南迁至江苏、浙江和广西等地。到了南北朝时，阮姓人已经在安徽、江西、湖北、湖南等地定居，并有迁居至越南者。隋朝统一江山后,阮姓人开始向北方回迁。阮姓人始迁入福建始于唐朝。五代时,阮姓人迁居到四川、广东等地。北宋时,一支居住在福建的阮姓人北迁到江苏,而一支河南阮姓也徙居至江苏。明朝初年,山西阮姓人作为迁民之一,散居在山东、河南、江苏、安徽、湖北等地。明朝中期,开始有阮姓人渡海进入台湾。清康乾以后,山东阮姓人随着"闯关东"的风潮,迁至东北三省。

【历史名人】

阮瑀:字元瑜,东汉著名文学家,"建安七子"之一,能诗善书,有《阮元瑜集》。

阮籍:字嗣宗,三国时魏国文学家、名士,"竹林七贤"之一,好老庄,善诗文,八十余首《咏怀诗》颇负盛名,著有《阮嗣宗集》。

阮咸:字仲容,魏晋时期名士,"竹林七贤"之一。他精通音律,善弹琵琶,有一种古代琵琶即以"阮咸"为名。作有《三峡流泉》一曲。

"竹林七贤"之一阮籍。

阮孝绪:字士宗,南朝梁目录学家,仿照《七略》,撰写了《七录》,现已经失佚,惟自序尚存《弘明集》,可考察其分类情况。

lán
蓝

【姓氏来源】

蓝姓的起源主要有四:

其一:出自芈姓。根据《百家姓考略》记载,春秋时期,楚国的公族有食采于蓝邑的,其子孙以邑为氏,称蓝氏。

其二,出自嬴姓。在《姓氏考略》、《竹书纪年》中有记载,梁惠王时,秦子向受封于蓝,为蓝君。其子孙有以地名为姓的,称蓝氏。

其三:出自赐姓。《蓝氏族谱》中有记载,昌奇公为炎帝神农氏第十一世孙、帝榆罔之子。昌奇出生的时候，有熊国贡秀蓝一株，帝榆罔便赐蓝姓，名昌奇。

其四：出自少数民族。

【繁衍变迁】

蓝姓发源于陕西。秦朝时，蓝姓人主要在河北、山东、河南部分地区繁衍，并形成三个蓝姓郡望。汉魏以后，蓝姓人向黄河中下游迁徙，并落居在安徽、湖北、江苏、浙江。隋唐之际，蓝姓人大批量南迁，开始有迁徙到福建者。唐末五代间，蓝姓人迁居广东。历宋元两代，蓝姓人在福建、广东发展得兴旺，并于宋末元初徙居湖南、四川和广西等地。明朝初期，山西蓝姓人迁往陕西、甘肃、河南、天津、北京、江苏等地。明朝中期以后，广东、福建等东南沿海地带的蓝姓人渡海定居台湾，而广西境内的蓝姓人则徙居云南、贵州，亦有远徙越南等东南亚国家。清朝伊始，蓝姓人徙居东北三省。

【历史名人】

蓝瑛：字田叔，明末清初著名画家，擅画山水，兼工花鸟人物，为武林画派创始人，是浙派后期代表画家之一

蓝廷珍：字荆璞，清朝著名将领，与施琅一同入台湾，平剿农民起义首领朱一贵，被称为"治台名将"。

治台名将蓝廷珍。

jì
季

【姓氏来源】

季姓的起源主要有四：

其一：出自姬姓，以先祖名字为氏，为春秋时期鲁国大夫季友之后。根据《通志·氏族略》和《古今姓氏书辩证》的记载，春秋时期，鲁庄公的弟弟季友平定了庆父之乱，在鲁国为相。到了他的孙子行父执政时期，因为能够举贤任能，受到人民的爱戴，死后谥号季文子。其后人中，有以祖父字为氏的，称季孙氏，后简化为季氏。

其二：出自芈姓，以先祖名字为氏，为上古颛顼帝的后代季连的后裔。《史

记·楚世家》中有记载，颛顼帝的裔孙陆，终有六子，第六子季连。季连的后世子孙中有以复姓"季连"作为姓氏的，有将"季"作为姓的，称季氏。

其三：出自兄弟排行，以先祖排行称谓为氏。据《吕氏春秋》所载，古时兄弟排行顺序为"伯、仲、叔、季"，因此分别有以"伯"、"仲"、"叔"、"季"为氏的。古代人生存环境比较差，而且女孩不被列入生序，因此，最小的孩子也称为"季子"。因此春秋时期齐国和战国时期魏国的公族中的季氏，均属于这类的姓氏起源。

其四：出自少数民族姓氏。唐朝时期，西赵渠帅有季姓；元、明、清时期，蒙古族的博尔济氏、济鲁特氏、扎拉尔氏等，均有改汉姓时冠以季姓的。满族、土家族、东乡族等少数民族中均有季姓氏放分布。

【繁衍变迁】

季姓的发源地已不可考，西汉时，季姓人已繁衍在湖北、江苏等地。东汉至魏晋南北朝时期，季姓氏族在河北、山东、安徽各地发展得十分繁盛。隋唐以前，社会动荡，战争频繁，季姓人开始向南迁徙。唐朝时，居住在安徽的季姓氏族十分昌盛。两宋时期，江苏、浙江两地成为南方季姓人的主要居地，而北方季姓氏族居住分散、聚居规模较小。宋末元初时，战争肆意，战火蔓延整个中原地区，部分季姓人已迁入今广东、福建、江西、湖北等地。明初，山西季姓迁至今河北、河南、山东、湖南、湖北等地。明清之后，季姓人已经遍布全国，江苏、浙江的季姓人繁衍得最为昌盛。

【历史名人】

季厚礼：明朝大孝子，以孝行著称于世。他的儿孙都效仿他的孝道，时人称他们为"一门纯孝"。

季羡林：字希逋，又字齐奘，中国著名文学翻译家家、语言学家、教育家和社会活动家等，精通十二国语言，著有《季羡林文集》。

jiǎ
贾

【姓氏来源】

贾姓的起源主要有二：

其一：出自姬姓，为贾伯之后。西周时期，周成王在周公灭唐后，将唐地封给弟弟唐叔虞。传至唐叔虞后代燮即位后，因临晋水，而改称晋侯，是为晋国。后成王之子康王即位,将唐叔虞的少子公明封于贾,建立贾国,为周朝的附庸国,而公明则号为贾伯。后贾国被晋国所吞并,贾伯的子孙后裔便以国为氏,称贾氏。

其二:出自狐偃之后。春秋时期,晋文公重耳灭贾国之后,狐偃在重耳逃亡时始终不离不弃,帮助重耳完成霸业。晋襄公便将贾地封给狐偃之子狐射作为封地,人称贾季。后贾季为避祸逃至翟国,其子孙便以封地为姓,称贾氏。

【繁衍变迁】

贾姓发源于山西,先秦时期开始徙居河南、山东等省。秦汉时期,贾姓氏族发展繁荣。三国两晋南北朝时,为避战乱,贾姓人大举南迁,散居在江苏、浙江各地。唐朝末期,社会动乱不堪,贾姓人继续南迁,落籍于福建、广东、湖北等省,并与南方各姓融合发展,是贾姓发展得较为鼎盛的阶段。历元、明、清三朝,贾姓人在国内各地不断繁衍迁徙,并远徙海外。

【历史名人】

贾谊:西汉初期著名政论家、文学家。其散文《过秦论》、《论积贮疏》、《陈政事疏》为后人所称道,对后代散文影响深远。

贾诩:字文和,三国时期魏国著名军事家、谋士,人称"毒士"。

贾思勰:北魏著名农学家,著有《齐民要术》一书,在中国农学史以至世界农学史上具有重要的意义。

贾耽:字敦诗,唐朝著名政治家、地理学家。绘有《海内华夷图》,著有《古今郡国县道四夷述》,对后世制图有着深远的影响。

贾伯像。

jiāng
江

【姓氏来源】

江姓的起源有二:

其一:出自嬴姓,为颛顼帝裔孙伯益之后。相传颛顼的有孙女名女修,因吃鸽子蛋而生皋陶。皋陶的儿子伯益因为帮助大禹治水有功,被赐为嬴姓,并将本族姚姓女子嫁给他为妻。传至西周时,伯益有后裔受封于江国。春秋时期,江国为楚国所灭，其子孙后代遂以国名江为姓，称江氏。

其二：出自姬姓，为翁氏所分。西周初期，周昭王的支庶子孙，被封于翁山，其后遂以邑名为姓，称翁氏。据《六桂堂丛刊》所载，宋朝初年，福建有翁乾度，生有六子，分姓洪、江、翁、方、龚、汪。其中次子处恭，分得江姓，其后世子孙遂称江氏。

【繁衍变迁】

江姓发源于河南。春秋时期，江国被楚国所灭，江国人有为避难逃至河南、山东、安徽等地的。西汉时期，有江姓人迁居山东。西晋永嘉之乱时，陕西有江姓人移居进入甘肃等地。唐朝时，江姓人的足迹已经遍布北方。唐朝初年，世居河南的江姓人进入福建等地。唐安史之乱后，江姓人避祸大举南迁，散布在浙江、广东、福建、台湾等地。明朝初年，山西江姓人作为迁民之一，迁入江苏、浙江、山东、河南、湖南等地。明清之际，有江姓人渡海入居台湾，进而远徙海外。

【历史名人】

江淹：字文通，南朝著名文学家，辞赋大家，与鲍照并称。成语"江郎才尽"正是出自江淹的典故。

江参：字贯道，北宋杰出的画家，长于山水画，存世作品有《千里江山图》等。

江声：字叔瀛，清朝著名学者。精于训诂，著有《尚书集注音疏》。

江沅：字子兰，清朝文字训诂学家，著有《说文释例》、《说文解字音韵表》。

江泌是南北朝时期的著名学者，济阳考城人，自幼天资聪慧，勤奋好学。

颜 yán

【姓氏来源】

颜姓的起源主要有三：

其一：出自曹姓，以祖父字为氏，为陆终之后。据《元和姓纂》和《通志·氏族略》等史料所载，黄帝的孙子叫颛顼，颛顼有玄孙陆终。陆终有六子，其第五子叫安，为曹姓。曹安的裔孙挟，在周武王时被封于邾，建立邾国。邾挟的后代有夷父，字颜，因此称邾颜公。后来邾国为楚国所灭，颜公的子孙中有人以祖父的字为姓的，称颜氏。

其二：出自姬姓，以封邑为氏，是周公旦长子伯禽之后。《通志·氏族略》中记载，周公旦的长子鲁侯伯禽被封于鲁，而伯禽的子孙有被封在颜邑的，其后人遂以封邑为姓，称颜氏。

其三：出自他族改姓。金朝时，女真人的完颜氏改为汉字单姓颜；清朝满洲人中亦有颜姓。

【繁衍变迁】

颜姓发源于山东，先秦时期主要活动在山东，并已迁徙至河南地区。汉晋时期，颜姓人以山东为中心，西至河北，南至江苏，东汉时已经徙居到湖北，东晋时则越过长江，在安徽、浙江都有颜姓人的足迹。唐朝时期，陕西地区的颜姓人繁荣起来，并向江苏、江西、福建等地播迁，并有颜姓人进入四川地区。北宋末年，山东、河南境内的颜姓人南下至江南各地。南宋末期，颜姓人已经散播到两湖、两广地区。明初，山西的颜姓人迁至河南、河北、山东、陕西、湖北等地。清朝时，云南、贵州等西南各省有了颜姓人的居住。清朝康乾年间，山东颜姓人"闯关东"到东北三省，同时有颜姓人渡海赴台，进一步移居海外。

【历史名人】

颜回：字子渊，春秋时著名学者、思想家，是孔子最钟爱的弟子，列为七十二贤之首，后世称其为"复圣"。

颜师古：字籀，唐朝著名经学家、训诂学家、历史学家，博览群书，长于文字训诂、声韵、校勘之学，著有《五经定本》等。

颜真卿：字清臣，唐朝著名大臣、书法家，创立了"颜体"。楷书与赵孟頫、柳公权、欧阳询并称"楷书四大家"，和柳公权并称为"颜筋柳骨"。著有《颜鲁公文集》。

guō

郭

【姓氏来源】

郭姓的起源主要有四：

其一：出自夏、商时代郭支与郭崇的后裔。据《姓氏考略》所载："夏有郭支，见《抱朴子》。商有郭崇，见《三一经》，此郭氏之始。"

其二：以居处为氏。据《风俗通义》上记载："氏于居者，城、郭、园、池是也。"因住在城外，遂以郭为氏。如齐国公族有东郭氏，西郭氏，南郭氏，郭氏等。

其三：出自姬姓，为黄帝姬姓后裔。周朝建立后，周武王封文王弟虢叔、虢仲于西虢、东虢。周平王时，郑武公灭郐和东虢，建立郑国。因郑国实力强大，于是周平王不得不将东虢叔的裔孙序封于阳曲，号曰"虢公"。因古代虢、郭音同，又称"郭公"，其后代遂称郭氏。西虢几经辗转最后为秦所灭，流散在外的虢国后代，均以郭为姓。

其四：出自冒姓或改姓。如后梁有郭纳，本姓成，后冒姓郭氏。又如后晋时，有郭金海，本突厥人，改姓汉姓。亦有后周太祖郭威，本姓常，但因从小与母郭氏一同长大，故改姓郭。

【繁衍变迁】

郭姓发源于河南、山西、陕西等地。春秋战国时，郭姓人已经分布在山东、河北的部分地区。汉朝之后，郭姓人一直以山西为繁衍中心，持续了很长一段时间。此外，汉朝时亦有落籍于内蒙古和甘肃、四川、安徽等地的郭姓人。魏晋南北朝时，北方战火频繁，为避战祸，郭姓人开始大规模南迁，散居在浙江、江苏等地。隋唐时期，郭姓已经发展为山西、山东的第一大姓，同时有郭姓人徙居浙江、江苏、湖北、福建等地。五代一直到宋元时，郭姓人遍布全国。明末清初，居住在福建的郭姓人渡海迁居台湾，进而远徙欧美及东南亚者。

【历史名人】

郭璞：字景纯，东晋著名学者，注释《周易》、《山海经》和《楚辞》等古籍。代表作是《游仙诗》十四首和《江赋》。

郭嘉：字奉孝，东汉末年曹操帐下谋士，史书上称他"才策谋略，世之奇士"。

郭子仪：唐朝名将，在平定安史之乱上立下汗马功劳，史称"权倾天下而朝不忌，功盖一代而主不疑"，享有极高的威望与声誉。

郭守敬：字若思，元朝的天文学家、数学家、水利专家和仪器制造专家。他主持编制的《授时历》，通行360多年，是当时世界上最先进的历法。

郭嘉献谋。

梅 méi

【姓氏来源】

梅姓的起源主要有二：

其一：出自子姓，以封邑为氏，为商汤后裔。根据《通志·氏族略》和《唐书·宰相世系表》等相关史料的记载，商朝时，商王太丁封其弟于梅，称梅伯。商朝末年，梅国的国君梅伯为纣王所杀，其后世子孙以封邑为氏。

其二：出自他族改姓。《魏书》记载，汉朝时南蛮地区有梅姓；《旧唐书》中有，北狄奚酋长为梅姓；清朝满洲八旗中有梅佳氏，后改为梅姓；同时，贵阳府开州土司为梅姓。

【繁衍变迁】

梅姓发源于湖北，之后大规模地迁往安徽、江苏和河南，十分活跃。秦汉之际，大部分的梅姓人开始向中原移居。魏晋南北朝时，梅姓人在河南发展得尤为昌盛，这一时期虽然史册上的梅姓人不多，但是可以看出在隋唐以前，梅姓人已经散居在湖南、湖北、江苏、江西、安徽、浙江等江南地区。

梅尧臣像。

隋唐之际，战火四起，硝烟四溢，河南等中原地区的梅姓人迁入今四川，以躲避战乱。唐朝中后期，安史之乱的发生，使社会动荡不堪，有梅姓人进一步向南迁徙，进入广东地区。宋元之际，梅姓人在江南各地繁衍昌盛，并在甘肃定居。明朝初期，山西梅姓人迁至河南、山东、河北、江苏等地。明末清初，张献忠屠川，四川大批梅姓人逃至云南。清朝以后，梅姓人有渡海赴台，继而远赴海外者。

【历史名人】

梅尧臣：字圣俞，世称宛陵先生，北宋著名现实主义诗人，其诗歌多反映现实生活和民生疾苦，与苏舜钦齐名，人称"苏梅"，著有《宛陵先生文集》。

梅文鼎：字定九，号勿庵，清朝著名的天文学家、数学家，为清朝"历算第一名家"和"开山之祖"。著作有《明史历志拟稿》、《古今历法通考》、《勿庵历算书目》等。

梅庚：字子长，号雪坪，清朝著名画家、诗人，与梅清、石涛均为黄山派名画家，有《天逸阁集》。

lín
林

【姓氏来源】

林姓的起源主要有三：

其一：出自子姓，为黄帝高辛之后，比干之后裔。商朝末年，比干因为直言奉劝纣王而被纣王怀恨在心，被施以挖心的酷刑。当时比干的夫人陈氏有孕在身，为避难逃于长林，产下一子，名坚。周武王灭商后，陈夫人携子归周，武王因坚在长林而生，因而赐他林姓，称林坚。又拜为大夫，食邑于博陵。其子孙引以为氏，称林氏。林姓由他最早发源，后人尊他为受姓始祖。

其二：出自姬姓。据史料记载，东周时期，周平王有庶子姬开，字林。按周礼，其子孙以祖父字为氏，称林氏。

其三：出自少数民族改姓。南北朝时，北魏孝文帝将国都迁至洛阳，实行汉化，将原鲜卑族复姓丘林氏的一部分改成林姓。其他少数民族中，满族的林佳氏和布萨氏也有改姓林。

【繁衍变迁】

林姓发源于河南。得姓之初，一直在河北地区发展繁衍。春秋时期，林姓人在陕西、河南、山东等地均有分布。到了战国时期，有林姓人在河南进一步扩散。汉时，林姓人落居住山东，并在当地形成名门望族。东汉末年至三国时期，居住在今河南、山东、河北和山西等地的林姓人，被避灾祸而南迁入江苏、浙江一带。林姓人开始进入福建是在西晋末年。唐宋时期，林姓人迁居至海南。明朝时，甘肃地区也有林姓人分布。明清之际，今福建、广东等东南沿海地区的林姓人渡海移居台湾、徙至港澳，进而远居海外。

【历史名人】

林禄：字世荫，东晋大臣，匡扶晋室，战功卓著。是将林姓从北方带至南方的第一人，也是南方林姓中影响最大的"闽林"始祖。

林默娘：宋朝人，在东南沿海及台湾等地被人尊为圣母或妈祖，把她当作保护远航船只顺利安全的保护神。

林则徐：字元抚，是清朝后期政治家、思想家和诗人，是中华民族抵御外族侵略的伟大的民族英雄，主要功绩是虎门销烟。同时主张学习西方先进技术，是近代中国"睁眼看世界的第一人"。

林徽因：建筑学家和作家，为中国第一位女性建筑学家，被胡适誉为"中国一代才女"。代表作有《你是人间的四月天》、《九十九度中》等。

zhōng
钟

【姓氏来源】

钟姓的起源主要有三：

其一：出自子姓，以邑为氏，为商汤后裔。相传上帝喾有一个妃子名叫简狄，因拣到一只燕子蛋，吃后生下契。后来契因辅助大禹治水有功，被封于商，赐子姓。传至商纣王时，有一庶兄名启，被封于微。周武王灭商后，微子投奔周武王，后他被周公封于宋，建宋国，称宋桓公。宋桓公有儿子公子傲在晋国做官，其孙子伯宗因直言谏劝而被杀害，伯宗的儿子州离便逃到楚国，任太宰，食采钟离。其后人便以地名为姓，单称钟氏。

其二：出自嬴姓。为钟离氏改钟氏。周朝初期，颛顼帝之子伯益的后裔被封于钟离国，春秋时钟离国被楚国所吞并，国人称钟离氏，其中有一部分取"钟"字，称钟氏。

其三：以官名为氏。古代有官名钟师，掌击钟奏乐。钟姓最早的一支是周朝乐官钟师的后代。

【繁衍变迁】

钟姓发源于安徽。先秦时期，钟姓人主要分布在两湖地区。汉晋之际，钟姓人以河南为繁衍的中心。晋朝时，河南的钟姓人移居至江苏、福建、

钟离春直言劝谏齐宣王。

浙江、湖北及江西等地。南朝末期，钟姓人迁徙到广东、广西等地，并与当地少数民族融合，植根于其间的少数民族之中。唐代，钟姓人分布于今山西、四川、广东、安徽等地。五代至宋元，北方战乱，钟姓族人大部聚居于今福建、广东。明初，钟姓人作为洪洞大槐树（今属山西）迁民之一，被分迁于今安徽、河南、河北、江苏、陕西等地。清代以后，有今广东、福建境内的钟姓人赴台、远播东南亚等地。

【历史名人】

钟子期：名徽，字子期，春秋时期楚国人。精音律，与伯牙为知音。钟子期死后，俞伯牙认为世上已无知音，终身不再鼓琴。

钟繇：字元常，三国魏大臣、大书法家。精于隶、楷。与晋王羲之并称"钟王"。

钟嵘：字仲伟，中国南朝文学批评家。提出了一套比较系统的诗歌品评的标准，著有《诗品》。

钟离春：战国时期齐国人，相貌奇丑无比，是中国历史上第一个以才取胜的皇后。

xú
徐

【姓氏来源】

徐姓是起源比较单一的姓氏，主要出自嬴姓，是颛顼玄孙伯益之子若木的后裔。

相传伯益因协助大禹治水有功，帝舜除了赐他嬴姓以外，还将本族姚姓女子嫁给他。姚女为他诞下二子，小儿子便是若木。因为他父亲的功劳，夏禹时被封于徐地，建立了徐国。周穆王在位时，徐君偃欲代周为天子，自称徐偃王向周进攻，周穆王正在西王母处做客，听闻此事立即乘坐造父之车适时赶回，兵戎相见之时，徐偃王不忍见士兵牺牲，于是弃国出走，躲进彭城一带的山里。由于徐偃王深得民心，数以万计的百姓与他共同进山。周穆王见徐偃王如此深得民心，十分感慨，遂封其子宗于徐，称"徐子"，继续治理徐国。春秋时期，徐国为吴国所吞并，其后世子孙便以国为姓，是为徐氏。

【繁衍变迁】

徐姓发源于江苏、安徽。春秋末期，徐国被吴国攻灭，徐姓人为避灾祸移居河南、山东等地。秦汉之际，徐姓人已经散布在江苏、安徽、江西、浙江一带。东汉之前，甘肃地区已经有了徐姓人居住。魏晋南北朝时，徐姓人为避战乱开始大举南迁，隋唐之际，南方的徐姓氏族得到进一步地发展。宋朝末年，有徐姓人进入福建地区。元朝时，江西、福建地区的有徐姓人迁居广东。明清两朝，徐姓人已广布全国各地。

【历史名人】

徐干：字伟长，汉魏间文学家。善诗歌辞赋，著有《中论》，曹丕称赞此书为"成一家之言，辞义典雅，足传于后。""建安七子"之一。

徐庶：字元直，本名福，东汉末年名士及战略家。先归刘备，辅佐刘备治理新野，后曹操掠徐母至许都以胁迫庶弃刘从曹。徐庶至孝，到曹营后其母自缢而死，徐庶不为曹操设谋。故后世有"徐庶进曹营——一言不发"的谚语。

徐达：字天德，明朝开国军事统帅。因其文武双全，为朱明王朝的建立立下汗马功劳，封魏国公，追封中山王。

徐渭：字文长，明代杰出文学家、书画家、军事家。自称书法第一，尤其善于行草，有《徐文长全集》存世。与解缙、杨慎并称"明代三大才子"。

徐霞客：名弘祖，明朝著名的地理学家、旅行家和探险家。有《徐霞客游记》一书流传于世。

邱 qiū

【姓氏来源】

邱（丘）姓的起源主要有四：

其一：出自姜姓，为姜太公的后裔。西周成立后，太师姜尚因辅佐武王灭商有功，被封于齐，建齐国，建都于营丘，号称齐太公，俗称姜太公。姜太公因尊重当地人生活习惯，很快受到百姓的爱戴，齐国也逐渐强大起来。于是姜太公的子孙中后有以地为氏的，称丘氏。

其二：出自姒姓。帝舜时期，鲧的儿子禹，被赐予姒姓。后禹的儿子启建立夏朝，为中国历史上第一个奴隶制国家。禹的第五世孙少康中兴夏朝后，封其次子曲烈于鄫，建立鄫国。后鄫国经历了夏商周三代，直到春秋时期，为莒国所灭。其后世遂去邑为曾氏，曾氏的分支有以丘为氏。因此有曾、丘联宗之说。

其三：出自妫姓，以地为氏。古帝颛顼的玄孙陆终共有六子，第五子名安，封于曹，赐曹姓。周武王灭商建立周朝后，因封弟弟振铎在曹，所以改封曹安的后裔曹挟在邾，建立邾国。据说邾国有弱丘这个地方，居住在弱丘的人都以"丘"

为氏，称丘氏。

其四：出自他族改姓。如汉朝时，少数民族乌桓族中有丘氏。南北朝时，北魏孝文帝迁都洛阳后，实行汉化，将鲜卑族复姓丘林氏、丘敦氏改为汉字单姓丘，称丘氏。

【繁衍变迁】

邱姓发源于山东，成姓之初主要分布在河南境内。秦汉之际，陕西、浙江和内蒙古均有邱姓人的分布。魏晋南北朝时，为避战乱，居住在河南的邱姓人南下徙居至福建。东晋时，邱姓人迁徙到四川，继而迁居到河南、福建等地者，使邱姓人在福建、广东地区广泛分布。宋朝时，福建已经形成了较大的聚落。明朝时，贵州、云南等地区亦有邱姓人的聚居点，山西邱姓作为迁民之一，进入陕西、山东、河北、河南、北京、天津等地。清朝初年，福建、广东等东南沿海地区的邱姓人渡海赴台。

【历史名人】

丘处机：字通密，道号长春子，是道教的一支全真道掌教人，为"全真七子"之一。死后又被元世祖忽必烈褒赠"长春演道主教真人"封号。著有《摄生消息论》、《大丹直指》等。

丘处机像。

丘濬：字仲深，号琼台，明朝杰出的政治家、思想家，著有《大学衍义补》。

邱远才：即邱朝贵，清朝太平天国时，英王陈玉成手下猛将，军中称"邱老虎"。

丘心如：清代弹词女作家，创作长篇弹词《笔生花》。

luò
骆

【姓氏来源】

骆姓的起源主要有五：

其一：出自姜姓，以祖父名为氏，为姜太公之后公子骆的后代。《姓谱》和《元和姓纂》上有记载，周朝建立后，周武王封姜太公于齐，建立了齐国。姜太公的后代中有叫公子骆的，他的后人以他的名字为氏，称骆氏。

其二：出自嬴姓，以国为氏，为商朝大臣恶来革之玄孙大骆的后裔。根据《史记》记载，商纣王时有大臣叫恶来革，他的玄孙叫做大骆。大骆的子孙以祖父名为氏，称骆氏。

其三：春秋时期郑国大夫王孙骆的后代。

其四：根据《史记·东越列传》上记载，东海王摇，本姓驺，古时"驺"也写作"骆"。其后世子孙也称骆姓。

其五：出自他族改姓。魏晋南北朝时，北魏代北地区的他骆拔氏，汉化后改为骆姓；唐朝时吐谷浑族中有骆姓；金朝时女真中散答氏和独鼎氏，均改为汉姓骆；清朝满洲八旗的萨克达氏，后亦改为骆姓。

【繁衍变迁】

骆姓发源于山东，先秦时期，骆姓的迁徙没有史册的记载，根据秦汉时期对骆姓人的记载，可以看出魏晋以前，北方的陕西和南方的浙江都有骆姓人的居住。到了魏晋南北朝时，北方战乱，硝烟四起，北方的骆姓人纷纷南下以避战祸，并与浙江地区的骆姓人互相融合，经过不断的繁衍发展，形成了会稽郡望。直到隋唐时期，河南的骆姓人发展迅速，并逐渐向河北、山西等地迁徙。宋元两朝，居住在江苏、浙江的骆姓人播迁到福建、广东等东南沿海地区后，继而又迁至云南、贵州等西南各地。明朝初年，山西骆姓氏族被分迁到今浙江、河南、河北、山东、北京等地。明朝中期后，福建和广东等地的骆姓人渡海，定居到台湾。

【历史名人】

骆俊：字孝远，会稽乌伤人。东汉末年陈王刘宠的国相，在丞相任内励精图治，深得民众爱戴。其子为三国吴国著名武将骆统。

骆宾王：字观光，与王勃、杨炯、卢照邻合称"初唐四杰"，辑有《骆临海集笺注》。

骆绮兰：字佩香，号秋亭，清朝杰出女诗人，善诗文，工写生，自绘《佩兰图》及《秋镫课女图》，著有《听秋轩诗稿》。

gāo
高

【姓氏来源】

高姓的起源主要有四：

其一：出自姜姓，是炎帝的子孙。炎帝有后裔名为伯夷，因帮助大禹治水有功，受封于吕，建立吕国。其子孙以吕为氏。吕氏有后裔名叫吕尚，因协助周文王、周武王推翻商朝，建立周朝。周武王遂封吕尚于营丘，建立齐国。吕尚被尊称为"齐太公"。齐太公第六代孙文公姜赤，文公次子受封于高邑，称公子高。公子高之孙傒于齐国任上卿时，迎立公子小白，即齐桓公为君，齐桓公为表彰其功劳，赐以王父字为氏，称为高傒，并封以卢邑，其后世遂为高氏。高氏世袭齐国上卿之职，是春秋齐国十分有实力的名门望族。

其二：以王父为氏。据《通志氏族略》所载，齐惠公的儿子名叫公子祁，字子高，其后裔为高氏。

其三：出自他族、他姓改姓。北魏孝文帝时，推行汉化政策，鲜卑族娄氏改为高氏。另有十六国时，后燕皇帝慕容云自称为高阳氏后裔，遂改姓高，称高云。其后裔改复姓为单姓，称高氏。又有高丽羽真氏，后改为高氏。北齐文宣帝姓高名洋，赐国姓于有功于北齐的鲜卑族元景安、元文遥；时有重臣高隆之，本姓徐，因其父与高欢交好，遂改姓高氏。

其四：以"高"字开头的两个字复姓，后有改单姓"高"为氏。如高车氏、高堂氏、高阳氏等。

【繁衍变迁】

高姓发源于山东。战国至秦汉这一时期，高姓人已分布在河北、辽宁等地。秦汉到三国时期，高姓人在海河流域，黄河流域，淮河流域，长江流域均有分布和活动。两晋南北朝时，社会动乱，高姓人大规模南迁。高姓人迁居至福建，是始于隋唐之际。五代时期，居住在河南的高姓氏族移居到湖北，有原居于山西的高姓人进入

高渐离击筑唱歌。

四川。两宋时期，高姓人向江南迁徙，落籍于浙江、江苏的部分地区。元明清时期，东南地区，尤其是江苏和浙江地区的高姓人较为集中。

【历史名人】

高渐离：战国末年燕国人，擅长击筑，与燕太子丹，一同到易水送行谋去刺秦王政的荆轲。高渐离击筑，荆轲和歌。代表作为《易水歌》。

高适：字达夫，是我国唐代著名的边塞诗人，与岑参齐名，并称为"高岑"。

代表作有《燕歌行》和《别董大》。

高克恭：字彦敬，元代画家。善书画，《云横秀岭》、《墨竹石坡》为其代表作；兼有诗名，诗风"神超韵胜"，代表组《寄友》、《过信州》等。与赵孟頫齐名，时人有"南有赵魏北有高"之称。

高启：字季迪，长洲人。著名明朝初期诗人。高启与杨基、张羽、徐贲合称"吴中四杰"，比拟"初唐四杰"。著作被后人汇编为《高太史全集》，以及文集《凫藻集》，词集《扣舷集》。

高鹗：字兰墅，一字云士，清代文学家，续写了四大名著之一《红楼梦》后四十回。因酷爱小说《红楼梦》，别号"红楼外史"。

xià
夏

【姓氏来源】

夏姓的起源主要有三：

其一：出自姒姓。相传帝尧时，鲧的妻子因梦里吃了薏苡而生禹，故帝尧便赐禹为姒姓。当时中原洪水泛滥，禹治理了水患，并发展农业，还领兵平定了三苗之乱。为了表彰他的丰功伟绩，帝舜封他于夏，后来还将帝位禅让给他。夏禹死后，其子启继位，建立了中国历史上第一个奴隶制国家——夏朝。后来夏朝的第十六代君主桀暴虐无道，被商汤推翻，夏王族便以国为氏，称为夏氏。

其二：出自姒姓。周武王伐商建周后，分封诸侯，将夏禹的后裔东楼公被封于杞，为杞侯。传至简公时，杞国被楚国所灭。简公的弟弟佗出奔逃至鲁国，鲁悼公因为他是夏禹的后裔，便给予采地为侯，称夏侯氏，其后裔遂以夏为姓，称夏氏。

其三：出自妫姓，以王父字为氏。西周初年，周武王追封帝舜之后妫满于陈，建立陈国，史称胡公满。到了春秋时期，传至陈国第十六位君主陈宣公杵臼时，有庶子名子西，字子夏。子西的孙子征舒以祖父之字为氏，称为夏征舒，其后遂称夏氏。

【繁衍变迁】

夏姓发源于河南，早期活动在中原一带，徙居山东等地。秦汉之际，江西、江苏、浙江等南方地区已经有夏姓落籍。魏晋南北朝之际，烽烟四起，夏姓人为避难大举南迁，以浙江夏姓氏族发展得最为昌盛。唐宋两朝，夏姓人发展得十分繁盛，名人辈出。明朝初期，居住在山西的夏姓人迁入浙江、江苏、安徽、河南等地。清朝末年，福建、广东等沿海地区的夏姓人渡海迁居台湾，进而辗转进入新加坡等东南亚国家。

【历史名人】

夏圭：字禹玉，南宋杰出的画家。以山水画著称，与马远同时，号称"马夏"。

夏完淳：原名复，字存古，明末著名诗人，少年抗清英雄，民族英雄。

夏昶：字仲昭，明代著名画家。善画能诗，有"夏卿一个竹，西凉十锭金"之谣。

夏衍：原名乃熙，字端先，著名文学、电影、戏剧作家，文艺评论家等。代表作品有《赛金花》、《秋瑾》、《包身工》等。

蔡 cài

【姓氏来源】

蔡姓的主要起源有二：

其一：出自姞姓，为黄帝支裔。相传黄帝有二十五子，得姓者十四人，共十二姓，姞为其中之一，被封于燕。随着"姞姓"子孙的繁衍，其后裔分支又为"阚"、"严"、"蔡"、"光"、"鲁"等姓氏。

其二：出自姬姓，为周文王后裔。周武王灭商后，封商纣王之子武庚于朝歌，管理商朝遗民，又封其弟叔度封于蔡，让他与管叔、霍叔一同监管武庚，称"三监"。武王死后，周成王即位。周公旦因成王年幼临朝摄政。"三监"对此不满，联合武庚和东方夷族进行叛乱。周公出兵平定反叛，事后处死了武庚与管叔，并将蔡叔放逐。后蔡叔度之子胡，因遵守文王德训，与人为善，周成王封其于蔡，称蔡仲。春秋时，因受楚的逼迫，多次迁移。后终被楚国所灭，其子孙后裔散居楚、秦、晋等各国，以国为姓，称蔡氏。

文姬归汉。

【繁衍变迁】

蔡姓发源于河南。先秦时期,蔡姓人已经散居在湖北、陕西、河南、山西、山东等地。秦汉之际,蔡姓人以河南、山东为繁衍中心,主要活动在中原地区。魏晋南北朝时,战争频繁,蔡姓人大规模南迁,进入江苏、浙江等地。唐宋时期,蔡姓发展为中原一大姓氏,进入发展的鼎盛期。蔡姓人进入福建、广西始于唐朝初年。宋朝时,居住在北方的蔡姓人再次大举南迁,落籍于江苏、浙江、安徽、福建、广东等地。明清之际,已经有蔡姓人远徙海外。

【历史名人】

蔡邕:字伯喈,东汉时著名文学家、书法家。博学多才,善画,是东汉四大画家之一。

蔡伦:字敬仲,东汉宦官,是我国四大发明中造纸术的发明者。被誉为"人类有史以来最佳发明家"之一。

蔡文姬:名琰,字文姬,东汉时著名女诗人和文学家,博学有才,通音律,善诗赋。代表作有《胡笳十八拍》、《悲愤诗》等。

蔡元定:字季通,南宋著名理学家,通晓天文、地理。朱熹理学的主要创建者之一,被誉为"朱门领袖"。著有《律吕新书》、《西山公集》等传世。

蔡元培:字鹤卿,现代著名革命家、教育家、政治家。曾任教育总长、北京大学校长等职。

tián
田

【姓氏来源】

田姓的起源主要有二:

其一:出自妫姓,为胡公满之后,由陈姓所改。相传帝舜因曾住妫汭河边,他的子孙有留在妫汭河附近的,便称妫姓。周武王伐商建立周朝后,分封前代圣王的后人,就找到了帝舜的后裔妫满,封之于陈地,为陈侯,史称胡公满。春秋时期,陈国内乱,妫满的第九世孙陈厉公之子陈完怕祸及己身,逃奔至齐国,任工正,封于田地。陈完遂改田姓,称田氏。后来田氏子孙逐渐掌握齐国

陈完像。

大权，传至田和时，田和取代了齐国原来姜姓国君，自立为君，就是历史上著名的"田氏代齐"。传至齐威王时，国力强盛，成为战国七雄之一。最后为秦国所灭。

其二：出自黄姓所改。《明史》上记载，明朝初期有辅佐惠帝之黄子澄，因为向惠帝献上削藩之策，激怒诸侯被杀，引起靖难之祸。黄子澄之子黄子经为避祸改姓田，称田终。其后世子孙也以田为姓，称田氏。

【繁衍变迁】

田姓发源于山东淄博，先秦时期，田姓人已分布于今山西、河南、北京、湖北等地。汉朝初期，陕西、河北等地也有田姓人得居住，四川、湖北、湖南、贵州的部分地区也有部分田姓人落籍。三国两晋南北朝时，田姓人散布在长江中下游地区，也有部分田姓人进入山西、宁夏和天津等地。宋代以前，田姓人主要在北部和中部地区聚集，并开始进入福建、广东等地。清朝中期，居住在福建、广东的田姓人有渡海入居台湾，进而远徙海外。

【历史名人】

田文：号孟尝君，战国时齐国名臣，为"战国四君子"之一。

田忌：战国时期齐国人，有"田忌赛马"的典故流传千古。

田横：原为齐国贵族，是秦朝末期起义首领。楚汉战争中，自立为齐王，后兵败逃至海岛，因不愿臣服汉朝，自杀而亡。此岛后称"田横岛"。

樊 fán

【姓氏来源】

樊姓的起源主要有三：

其一：出自姬姓，以邑为氏，是周文王的后代。据《通志·氏族略·以邑为氏》所载，周文王的儿子虞仲有孙名仲山甫，他辅佐周宣王南征北战，扩大周朝疆域，形成了"宣王中兴"，被宣王封于樊，为樊侯。其子孙以樊为姓，称樊氏。

其二：出自子姓，是成汤王的后代。据《左传》所载，成汤的后裔在商朝中期以后，形成了陶、施、樊、繁、锜、几和终葵七大族，其中便有樊姓。樊姓子孙一直传承下来，直到周朝建立，归入商朝遗民七族，归齐国管辖。

其三：为西南少数民族姓氏。东汉时，巴郡、南郡蛮夷中有五姓，分别为巴氏、樊氏、䓘氏、相氏、郑氏。

【繁衍变迁】

樊姓发源于河南，是商汤时期形成的七个大族之一的姓氏，后商朝为周朝所灭。樊姓也随这七大族被迁往山东、山西地区，并形成诸多名门望族。先秦时期，樊姓人主要活动在河南、陕西地区。秦汉之后，河南、山东、河北和山西的部分地区樊姓氏族发展较为迅速。隋朝初年，樊姓人在山西和河南形成望族。唐宋两朝，樊姓人向东、向南迁徙到浙江、江苏、江西、安徽等地。明清时期，樊姓人的足迹已遍布大江南北。

【历史名人】

樊哙：西汉开国元勋，著名军事统帅。楚汉战争时，项羽的谋士范增打算在鸿门宴上谋杀刘邦，樊哙在鸿门宴上，勇敢果断，使刘邦逃脱被杀噩运。

樊逊：字孝谦，河东北猗氏人，北朝北齐哲学家。幼时好学，专心典籍。初为县主簿，后诏入秘府刊定书籍，时有"文章成就，莫过樊孝谦"之说。累官至员外散骑侍郎。

樊圻：字会公，清朝著名画家，擅画山水、人物，是"金陵八家"之一。

hú
胡

【姓氏来源】

胡姓的起源主要有三：

其一：出自妫姓，以谥号为氏，为帝舜之后裔。周武王灭商后，建立周朝。周公旦追封帝舜的后裔妫满于陈地，建立陈国。妫满去世后，谥号胡公，也称胡公满。春秋时期，陈国为楚国所灭，其子孙以妫满谥号为氏，即为胡氏。

其二：以国为氏。周朝时，有两个胡国。一个为周初分封的姬姓小诸侯国，一个是归姓国，这两个胡国在春秋时期先后为楚国所灭，后世子民以胡为氏，称胡氏。

其三：出自他姓、他族改姓。据史料记载，楚时有胡广，原姓黄，后改姓胡。又有南北朝时期，北魏的纥骨氏改复姓为汉字单姓，为胡氏。

【繁衍变迁】

胡姓发源于河南和安徽。从先秦一直到两汉时期，胡姓人向西迁居到陕西、甘肃两省；向北进入山西；向东落籍于山东，向南迁入湖北和江西，使得胡姓在各地都有所发展。魏晋南北朝时，战火频繁，河南地区的胡姓人大规模南迁，进入到福建等地。历经唐宋两朝，胡姓人在安徽、福建、江西等省都有所分布。五代南唐时，湖南胡姓人迁居至江西，并在当地形成胡姓的繁衍中心。元明清三朝，河南部分胡姓人为躲避战乱进入福建、广东等地，并远徙海外。

【历史名人】

胡安国：字康侯，南宋时期的著名经学家，是湖湘学派的创始人之一。学者称之为"武夷先生"，后世称胡文定公。著有《春秋传》流传于世。

胡应麟：字元瑞，是明朝时期著名的学者、诗人和文艺批评家。他在文献学、史学、诗学、小说及戏剧学方面都有突出成就。著有《诗薮》，是一本集本体建构和作家作品批评为一体的诗学专论。

胡适：原名嗣穈，学名洪骍，字希疆，后改名胡适，字适之，现代著名学者、诗人、历史家、文学家、哲学家。是新文化运动的领袖之一。

wàn
万

【姓氏来源】

万姓的起源主要有四：

其一：出自姬姓，以祖父字为姓。西周建立后，周武王大肆分封诸侯，将卿大夫姬良夫封在芮邑。周成王时建立芮国，其国君称芮伯。春秋时，传至芮伯万时，因芮伯万宠姬太多，其母芮姜便将芮伯万赶出芮国。芮伯万奔去魏城，其后代子孙遂以祖父的字"万"为姓，称万氏。

其二：出自姬姓，以祖父的字"万"为氏。周朝建立后，周文王的第十五个儿子毕公高受封于毕地，后毕国被西戎攻灭，毕公高的后裔毕万投奔晋国，做晋国大夫。后来，毕万因在晋国攻灭他国的战争中立下大功，

芮伯像。

晋献公便将魏地赐给他为邑。毕万的子孙后代中有以祖父的字"万"为氏，称万氏。

其三：出自他族改姓。南北朝时，北魏孝文帝迁都洛阳后，将鲜卑族复姓叶万氏改为汉字单姓万氏。亦有代北三字姓万纽于氏改为万氏。

其四：以地名为氏。古代有个叫弈叶的人，曾居住在万纽于山，其后代以居住地为氏，山名第一次以"万"作为姓，称万氏。

【繁衍变迁】

万姓发源于山西、陕西。汉朝以前，已经有万姓人居住在山东。两汉时期，陕西地区的万姓家族发展得十分繁盛。魏晋南北朝时，战火纷飞，居住在中原的万姓人开始南下。唐朝时，居于浙江、安徽的万姓家族已繁衍得较为昌盛。宋元之际，战争频繁，万姓人大规模南迁，落籍于江西、湖北、湖南、天津等地。明初，山西的万姓人作为迁民之一，散居在河北、河南、山东、安徽、陕西、北京等地。明清时期，四川、江苏、广东和广西地区都有了万姓人的分布。

【历史名人】

万修：字君游，东汉大将，为云台二十八将之一。

万树：字花农，清代文学家、戏曲作家。编有《词律》二十卷，是一部重要的词学著作。

万敬儒：唐代大孝子。相传他母亲死后，他就住在墓旁，刺血写佛经，写到两个指头都断掉时，母又活了过来。

万斯同：字季野，号石园，清朝著名史学家，修《明史稿》五百卷，著有《历代年表》。

万家宝：笔名曹禺，现代史上杰出的文艺家、戏剧作家。作品有《雷雨》、《日出》、《原野》、《北京人》等。

管
guǎn

【姓氏来源】

管姓的起源主要有三：

其一：出自姬姓，以国为氏，为周文王之后。据《通志·氏族略》、《广韵》所载，周武王灭商建周后，封弟叔鲜于管，建立了管国，史称管叔鲜。管叔鲜与蔡叔度一起管理商朝遗民。武王去世后，周成王年幼，由周公旦主持朝政，管叔和蔡叔不服，就联合武庚起兵发动了叛乱。周公旦出兵平息叛乱，管叔被杀，其后人以封地名"管"作为姓氏，称管氏。

其二：出自姬姓，以邑为氏，为周穆王之后。根据《通志·氏族略》、《风俗通义》的记载，周穆王将其庶子分封在管邑，其后世子孙以邑为氏，称管氏。春秋时代著名的政治家、齐国宰相管仲即出自管邑。

其三：出自他族改姓。如锡伯族的瓜尔佳氏，其汉姓为管姓。

【繁衍变迁】

管姓发源于河南，西周初期，管姓人已经散布在山东、安徽、江苏和河南各地。春秋到两汉时期，管姓人主要在山东、河南等地繁衍。到了魏晋南北朝，管姓人为避战乱迁到陕西、甘肃、湖南、江苏等地。唐宋之际，江南地区的管姓人日益繁衍。宋朝时，浙江地区有管姓人迁入江西。明朝初年，山西管姓人迁到河南、河北、山东、陕西、天津、江苏、安徽等地，并有部分山东管姓随着"闯关东"的风潮进入东北三省。同时沿海地区的管姓人渡海赴台，继而远徙海外。

【历史名人】

管仲：名夷吾，史称管子，春秋时期齐国著名政治家、军事家，在齐国任宰相，辅佐齐桓公成为春秋时期的第一霸主，被称为"春秋第一相"。著有《管子》八十六篇。

管宁：字幼安，三国时期著名学者，著作有《姓氏论》。

"春秋第一相"管仲。

管道升：字仲姬，一字瑶姬，元朝著名女画家，世称管夫人。

管珍：字阳复，号松崖，清朝著名画家，善花鸟，有《松崖集》。

lú
卢

【姓氏来源】

卢姓的起源主要有四：

其一：出自姜姓，为炎帝神农氏之后裔。相传炎帝因原居姜水，因以为姜氏。至周朝时，炎帝后裔姜尚，因辅佐周武王伐商建周有功，被周公旦封于齐，建齐国。春秋时期，齐太公裔孙傒任齐国正卿，因迎立齐桓公有功被封于卢邑，其子孙以邑为氏，称卢氏。

其二：出自复姓改单姓卢氏。据《通志·氏族略》中所载，齐桓公后裔有以"卢蒲"为姓的，后改为单字卢氏。又有南北朝时，北魏孝文帝迁都洛阳后，有复姓吐伏卢氏、伏卢氏、卢浦氏、莫芦氏皆改为汉字单姓卢氏。

其三：出自赐姓。据史书记载，隋炀帝时，河间有人姓章仇，名太翼，因其善天文，被赐以卢氏。

其四：出自他姓改姓。如范阳有雷氏，以卢氏为著，因为雷、卢音相近，所以在后周初改姓卢氏。唐朝时期，又有三原闾氏，讹为卢氏。

【繁衍变迁】

卢姓发源于山东，春秋时在山东和河北繁衍发展。"田氏代齐"后，卢姓人分布在河北、陕西等地。秦朝末期，有卢姓人受封于河北地区，并在当地形成较大的聚落，同时有卢姓人迁入宁夏和甘肃等地。西晋末年，卢姓人大规模南迁，落籍于江苏、浙江一带，并有一支卢姓人北上，进入辽宁地区。唐朝时，以河南为主的黄河流域的卢姓人发展得较为昌盛，而南方的卢姓人则主要活动在江西、江苏、四川、福建、广东等地区。元明清之际，卢姓人已遍及大江南北。

炎帝像。

【历史名人】

卢植：字子干，东汉官吏、学者。为蜀汉昭烈帝刘备的师傅，著有《尚书章句》、《三礼解诂》等，今皆失佚。

卢照邻：字升之，唐朝初期杰出诗人，为"初唐四杰"之一。代表作《长安古意》，是初唐时期脍炙人口的诗歌。

卢纶：字允言，唐朝著名诗人，为"大历十才子"之一，代表作有《塞下曲》、《和张仆射塞下曲》等。

卢挚：字处道，元代文学家。其诗文与刘因、姚燧齐名，世称"刘卢"、"姚卢"。

dīng
丁

【姓氏来源】

丁姓的起源主要有六：

其一：出自丁侯后裔。据《姓氏考略》所载，丁侯是商朝时期的诸侯，周武王讨伐商时，丁侯不配合遂为武王所灭。丁侯子孙被迫散居各地，但其部族仍以丁为氏。

其二：出自姜姓，为姜太公后裔。炎帝神农氏因居姜水，遂以姜为姓。周朝时，有后裔姜尚，因辅助武王伐纣有功，被封于齐，建齐国。姜尚的儿子伋在成王和康王时为朝廷重臣，死后谥号为齐丁。子孙后裔遂以谥号为氏，称丁氏。

其三：出自孙姓改姓，为周文王后裔。据史料记载，孙权的弟弟孙匡因烧损茅苫，使军用匮乏，孙权将其族改为丁氏。而孙氏的始祖正是周文王的第八子康叔，因而此支丁姓，亦为周文王姬姓后裔。

其四：出自子姓。西周初期，周公旦平定武庚和东方夷族的反叛后，将商朝旧都周围的地区封给微子启，是为宋国，宋国有大夫宋丁公谥号齐丁公，子孙单以其谥号"丁"为氏，称丁姓。

其五：出自他族改姓。西域人名中很多以"丁"为末字的人，进入中原接受汉化，改为丁姓。如丁鹤年，原为西域人，他的曾祖叫阿老丁，祖父叫苦思丁，父叫乌禄丁，兄叫士雅漠丁，后世遂以鹤年为丁姓。

其六：出自于氏改姓。宋朝时期，有一无赖名叫于庆，欲依附于一名叫丁谓的权贵，就改为丁姓，最后果真趁了心意。

【繁衍变迁】

丁姓发源于山东、河南等地。秦汉之际，丁姓人以山东、江苏、河南等地为主要聚集地。同时，有少量丁姓人进去河北、陕西、广西、湖北、广东等省。三国两晋南北朝时，丁姓人开始大规模迁徙。三国时，有丁姓人繁衍在江苏和浙江大部分地区。同一时期，丁姓人以今山东、河南为繁衍中心，并有一部分丁姓人进入江西、安徽部分地区。唐朝时，济阳的丁姓人落籍于福建，并于唐朝末年进一步迁居到广东和福建等地。清朝时，福建、广东的丁姓人有移居台湾者，既而远徙至泰国、新加坡、美国等地。

【历史名人】

丁度：字公雅，北宋文字训诂学家。曾刊修《韵略》，又刊修《广韵》成《集韵》。

丁敬：字敬身，清代书画家、篆刻家，开创"浙派"，被誉为"西泠八家"之首。

丁谦：字益甫，清末地理学家。著有《蓬莱轩地理学丛书》六十九卷。

丁汝昌：字禹廷，清末北洋水师提督，在甲午战争后著名的威海卫战役中，拒降而自杀身亡。

dèng
邓

【姓氏来源】

邓姓的起源主要有三：

其一：出自妘姓。夏朝时，夏王仲康有子孙被封在邓国，称邓君。邓君的子孙便以国为氏，称邓氏。

其二：出自子姓或曼姓。商朝时，殷王武丁封他的叔父曼季于邓国曼城，是为曼侯，称曼氏。曼氏后来又改封为邓国。春秋时期为楚国所灭，邓侯的后裔为了纪念故国，以国为姓，称邓氏。

其三：出自李氏。五代十国时期，南唐后主李煜封八子李从镒为邓王。后，北宋灭南唐，宋太宗下令缉拿南唐宗室，李从镒的儿子李天和出逃避难，遂以父亲封地为氏，其后世子孙亦称邓氏。

【繁衍变迁】

邓姓发源于河南，之后迁徙到今湖北、湖南一带。汉朝至两晋之际，邓姓人以河南为繁衍中心，向东迁往山东，向北移居山西；向南迁入四川、广东等地。西晋末年，邓姓人在山东、山西、陕西、甘肃等地落籍，而向南已移居至江苏、湖南、四川、安徽等地。唐宋之际，已

海疆英雄邓世昌。

经有邓姓人分布福建、广东和江西的部分地区。明朝时，江西邓姓人进一步徙居至湖北、四川和广西等地。清朝期间，邓姓人已遍布大江南北。

【历史名人】

邓攸：字伯道，东晋时声誉卓著的名臣。有"伯道无儿"的成语流传于世。

邓牧：字牧心，元代思想家，自号三教外人，表示不入儒、释、道三教正宗，人称文行先生，有《伯牙琴》和《洞霄图志》等流传于世。

邓石如：字石如，清代篆刻家、书法家，邓派创始人。代表作有《完白山人篆刻偶存》。

邓世昌：字正卿，清末杰出海军名将、爱国将领，在黄海战役中，与日寇海战为国捐躯。

洪 hóng

【姓氏来源】

洪姓的起源主要有五：

其一：出自姬姓，为翁姓避乱改姓。翁姓也是姬姓的一个分支，是西周初期，周昭王的支庶子孙，被封于翁山，其后遂以邑名为姓，称翁氏。据《六桂堂丛刊》所载，宋朝初年，福建有翁乾度，生有六子，分姓洪、江、翁、方、龚、汪。其中长子处厚，分得洪姓，其后世子孙遂称洪氏。

其二：出自共氏，为炎帝之后。据《元和姓纂》和《尚书》等相关书籍的记载，共工之后中有共姓，后来为避难，加上三点水改为洪姓。

其三：共国之后所改。《通志·氏族略》记载，西周时共国，其子孙以国为氏，后加水成洪姓。

其四：周朝时有扬侯国，其国都在洪洞，因此又称洪洞国。其子孙有以国为氏，称洪氏。

其五：出自改姓。南北朝时，北魏献文帝、孝文帝分别名为拓跋弘、元宏，为避讳，宏、弘氏改为洪氏；唐朝时，宏姓和弘姓为避唐明皇名李弘之讳而改洪姓；清朝满洲八旗中爱新觉罗氏、洪佳氏、宏义氏均有改姓为洪的；裕固族的克孜勒氏，其汉姓为洪。

【繁衍变迁】

洪姓发源于河南、江西、山西等地。三国时期，已经有洪姓人落籍到安徽。唐朝以前，洪姓人在安徽和江西地区发展得十分繁盛，还有一支洪姓人迁入甘肃，亦繁衍得十分昌盛。洪姓人进入福建地区，始于唐高宗时。到了北宋初年，江西洪姓人迁入福建后，继而向广东徙居。明朝初期，山西洪姓氏族迁居至河南、河北、陕西、湖北、江苏等地。清朝时，洪姓人遍布全国，东南到台湾，西北到新疆皆有洪姓人的分布。

【历史名人】

洪皓：字光弼，南宋著名词人，曾出使金国，被金国扣押，期间威武不屈，时人称之为"宋之苏武"。

洪适：字景伯，南宋鄱阳人。与其弟遵、迈先后考中词科，从此"三洪"文章名满天下。

洪迈：字景卢，号容斋，南宋著名文学家，学识渊博，有文集《野处类稿》、志怪笔记小说《夷坚志》、笔记《容斋随笔》等流传至今。

洪秀全：原名仁坤，小名火秀，太平天国创建者及思想指导者，创立拜上帝会，主张建立"天下为公"盛世。

shí

石

【姓氏来源】

石姓的起源主要有三：

其一：出自姬姓，为石碏之后裔。西周初年，周公旦平定武庚的反叛后，将原来商朝都城周围地区和殷民七族分封给弟弟康叔，建卫国，称卫康叔。到了春秋时期，康叔的第六世孙卫靖伯有个孙子公孙碏，字石，又称石碏，是卫国的贤臣。石碏的儿子石厚，参与刺杀卫桓公，篡夺王位的密谋，石碏得知后，给陈国国君陈桓公写了一封密信，告知此事。后来厚被杀，石碏因大义灭亲被大加称赞。厚的儿子骀仲，以祖父字为姓，称石氏。

石碏像。

其二：出自姬姓和子姓。宋国是西周的分封的诸侯国，西周灭商后，商纣王之兄微子启封于宋，建都商丘。宋为子姓国，相传宋国有公子段，字子石，他们的后代都称为石氏。

其三：出自他姓或他族改姓。如隋唐时期的"昭武九姓"之一，西域石国中有迁居中原的，就以"石"为氏；南北朝时，北魏孝文帝迁都洛阳后，将鲜卑族温石兰氏、乌石兰氏改为汉字单姓石氏；十六国时，有张氏、冉氏改为石氏；据《北史》载，有娄氏改为石氏者。

【繁衍变迁】

石姓发源于河南，最早向山东迁徙。秦汉以前，黄河中下游地区为石姓人主要繁衍地，并部分石姓人徙居江南。汉朝时，石姓人已经分布在山东、河北和河南的部分地区。魏晋南北朝时，石姓人在河北、山东、甘肃、山西、河南等地发展得都很繁荣。唐朝初期，石姓人落籍于福建、广东各地，之后山东石姓人徙居江苏。明朝初年，山西石姓人作为迁民之一，定居在今山东、河北、河南、北京、天津、陕西、甘肃等地。同一时期，居住在福建的很多石姓人开始渡海落居台湾，进而远徙海外。

【历史名人】

石崇：字季伦，西晋文学团体"金谷二十四友"巨子、著名富豪。

石敬瑭：即后晋高祖，五代时后晋王朝的建立者，著名的"儿皇帝"。

石君宝：名德玉，字君宝，元代戏曲作家。著有杂剧《鲁大夫秋胡戏妻》、《李亚仙花酒曲江池》、《诸宫调风月紫云亭》等。

石涛：本姓朱，名若极。字石涛，又号苦瓜和尚，清朝著名的画家，为清初画坛革新派的代表人物。

石达开：小名亚达，绰号石敢当，清末太平天国名将，近代中国著名的军事家、政治家、武学名家。

cuī
崔

【姓氏来源】

崔姓的起源比较纯正，主要出自姜姓，以邑名为氏，为炎帝神农氏的后裔。炎帝神农氏因居住在姜水附近，遂以姜为姓。到了周朝时，有后裔姜尚，因辅助武王伐纣有功，被封于齐，建齐国。姜尚的儿子伋在成王和康王时为朝廷重臣，死后谥号为齐丁。齐丁公的嫡长子季子，本来应该继承君位，却让位于弟弟叔乙，自己食采于崔邑，以邑为氏，称崔氏。

另有小部分崔姓是出自少数民族，如满族崔穆鲁氏、崔佳氏、崔珠克氏等，皆以崔为姓。彝族、回族、蒙古族等族中也有崔姓。

齐丁公像。

【繁衍变迁】

崔姓发源于山东。秦汉之际，崔姓人散居在陕西、河北、河南等地。东汉末年，战争频繁，一支崔姓氏族为避难迁居到朝鲜，并成为朝鲜的大姓。魏晋南北朝时，崔姓氏族人丁兴旺，发展得非常兴旺。唐朝时，崔姓氏族地位显赫，高官很多，山东、河北、河南、陕西、山西、甘肃各地都有崔姓人的分布。宋元之际，有崔姓人向南迁徙到江苏、安徽、浙江、江西等地。明清时，大量崔姓人迁往辽宁地区，与朝鲜族融合。清朝末期，崔姓人有远徙东南亚各国者。

【历史名人】

崔琰：字季珪，东汉末年曹操部下。

崔浩：字伯渊，小名桃简，南北朝时期北魏著名官员，被称颂为"南北朝第一流军事谋略家"。

崔颢：唐朝著名诗人，著有《黄鹤楼》为后世人千古传诵。

崔子忠：字道母，号北海，明朝著名画家，与陈洪绶并称"南陈北崔"，是中国绘画史上举足轻重的人物。代表作有《藏云图》、《杏园夜宴图》、《云中玉女图》等。

gōng
龚

【姓氏来源】

龚姓的起源主要有七：

其一：出自黄帝之臣共工氏的后裔。据史料记载，炎帝的后代共工氏，是一个非常显赫的部落氏族。共工在黄帝时担任水官，因治水有功，所以被奉为水神。帝尧时，试授工师之职，后来与驩兜、三苗、鲧并称"四凶"，被帝舜流放到幽州，其后裔有一支以单字"共"为姓氏，后又再加龙字改成"龚"姓，遂称龚氏。

其二：出自古共国之后。商朝时期有共国，为诸侯国。商朝末期，周文王因想扩大自己的势力，将共国攻灭。共国灭亡后，其子孙以国为氏，称共氏，后演变为龚姓。

其三：出自姬姓，为共伯和之后。西周后期，有一个名为姬和的王室贵族，被封于共，称共伯和。当时，周厉王暴虐残忍，终于引发了"国人暴动"而被赶出国都。诸侯们便推品德高尚，爱民如子的共伯和代行天子的权利，史称"共和行政"。后来，周宣王即位，共伯和将权利交回，重返故里，被传为千古佳话。

春秋时期，共国被灭，其子孙遂以国名为姓氏，称共氏，后演变为龚姓。

其四：出自姬姓，以谥号为氏，为晋献公的后裔。周成王封其弟叔虞于唐，为唐侯。又唐地临晋水，因而称晋国。春秋时期，晋国内乱，晋武公灭瑉侯统一晋国。晋武公死后传位晋献公，晋献公有一位妃子叫骊姬，想要自己的儿子奚齐成为太子，就挑拨离间了晋献公与太子申生、夷吾、重耳的关系，还用计杀害了申生。奚齐即位以后，便给申生加谥号为"恭君"。古时"恭"即"共"，申生的后代以谥号为姓氏，称共氏，后演变为龚姓。

龚自珍求雨。

其五：出自姬姓，为郑武公之子共叔段的后代。春秋时期，郑武公的长子寤生继承了帝位，称郑庄公。郑庄公的母亲武姜不喜欢庄公，偏爱小儿子叔段，曾屡次在武公面前称赞叔段。后来叔段与武姜企图里应外合，夺取政权。郑庄公早早得知叔段的进攻时间，将叔段打败。叔段逃到共地，称共叔段。其后代有以"共"为氏的，称共氏，后演变为龚姓。

其六：出自敬姓，为避讳改姓。五代后晋时，晋高祖名为石敬瑭。为避其名讳，"敬"氏改为同义的"恭"氏，后也演变为龚姓。

其七：西周初期，周昭王的支庶子孙，被封于翁山，其后遂以邑名为姓，称翁氏。据《六桂堂丛刊》所载，宋朝初年，福建有翁乾度，生有六子，分姓洪、江、翁、方、龚、汪。其中五子处廉，分得龚姓，其后世子孙遂称龚氏。

【繁衍变迁】

龚姓发源于河南、甘肃、福建等地，早期主要发展在北方。汉朝时，龚姓在江苏、山东等地发展得较为兴盛。魏晋南北朝时，龚姓人已经分布在江西、四川、湖南等省。唐宋之际，龚姓人在江苏、福建、浙江、广东都有定居，并兴盛于北方龚姓。明朝时，龚姓人迁入上海、广西等地者，而山西龚姓人则被分迁北京、天津、陕西、河北、河南等地。清代乾隆年间开始，有沿海的龚姓人移居台湾、定居邻近国度。

【历史名人】

龚贤：又名岂贤，字半千，明末清初著名画家。"金陵八家"之一，著有《香草堂集》。

龚翔麟：字天石，清朝康熙年间著名诗人，为"浙西六家"之一。著有《田居诗稿》、《红藕山庄词》。

龚自珍：字伯定，清朝时著名的思想家、文学家。被子誉为"三百年来第一流"。著作辑成《龚自珍全集》。

chéng
程

【姓氏来源】

程姓的起源主要有四：

其一：出自风姓，以国为氏，为重黎之后。相传上古时期，民间秩序不稳定，祭祀的管理也不严格。帝喾见此，便派他的孙子重为南正之官，掌管祭祀神灵；重的弟弟黎为火正之官，掌管民事。重和黎的子孙后代世袭了这一官职。商朝时封重黎后裔于程，建立程国，称为程伯。其后世子孙遂以国名为姓，称程氏。

程婴救孤。

其二：出自商周之际的伯符之后。据相关资料记载，程姓的鼻祖是伯符，伯符因向周王敬献"泰山之车、井中之玉和双穗之禾"这"三异之端"，而被周王封在广平的程地，其子孙遂以国为氏，为程氏。

其三：周宣王时，重黎有裔孙名为程伯休父，在周朝做大司马，后因攻占徐方有功，被封到程邑。其后世子孙有以官名为氏，称司马氏，亦有以地为姓，称程氏。

其四：出自姬姓，以邑为姓，为荀氏后裔所改。周朝建立后，周公旦分封诸侯，周文王第十子受封于郇，称郇侯。后郇国为晋国所吞并，子孙便以国为姓，去邑部加草字头称荀氏。春秋时期，晋国的荀氏支子食采于程邑，其后代以邑为氏，称程氏。

【繁衍变迁】

程姓发源于今河南、河北、陕西、山西等地，春秋时主要繁衍于今山西境内。秦汉时，程姓人已有迁入今四川和浙江湖州、江西南昌者。魏晋之际，北方战乱频仍，程姓人大举南迁至今安徽、江苏、湖南、江西省境。唐宋时期，程姓人已散居全国大部分地区。元末，程姓人南迁于今福建、广东等省。明清之时，程姓人遍布全国。

【历史名人】

程婴：春秋时晋国义士，与公孙杵臼营救赵氏孤儿匿养山中，将婴孩养大，报仇雪恨后自杀殉友。千百年来为世人称颂。

程邈：字元岑，秦朝书术家，隶书的创造者。他将大小篆改革为隶书三百字，对中国汉字的发展有着极其深远和重大的影响。

程颐和程颢：北宋理学家和教育家，宋明理学的奠基人，早年受学于理学创始人周敦颐。世有"二程"之称。两人创立了程朱理学体系，世称"程朱理学"。

程伟元：字小泉，清朝著名文学家、书画家。搜罗《红楼梦》残稿遗篇，与高鹗共同修改增补《红楼梦》。

陆
lù

【姓氏来源】

陆姓的起源主要有四：

其一：相传颛顼的孙子吴回在帝尧时担任火正之官。吴回有一子，名终。因为被封于陆乡，所以叫陆终。其后世有以陆为姓，称陆氏。

其二：出自妫姓。帝舜是颛顼帝的后代，因生于姚墟得姚姓。又曾住妫汭河边，其后代有以妫为姓的。周朝初年，妫满被封于陈。其后代孙有陈万，因避乱逃到齐国，受封于田，遂称田氏，后发生了"田氏代齐"。战国时，田完的裔孙齐宣王有个儿子叫通，受封于平原县陆乡，以封地为氏，称陆氏。

其三：出自陆浑国。春秋时期，有陆浑国，由一支名为陆浑之戎居于伊川而得名。此国被晋国所灭，陆浑国遗民依照汉人的习惯，以国为氏，称陆姓。

其四：出自他族改姓。南北朝时期，北魏孝文帝南迁洛阳，实行汉化政策，将代北鲜卑复姓步陆孤氏改为汉字单姓陆氏。相传成吉思汗之孙阿里不哥，为避灾祸隐姓埋名，因排行第六，以排行为姓，故姓陆。

【繁衍变迁】

陆姓发源于山东，早期主要在山东地区繁衍，并向四周扩散。西汉时期，陆姓人迁居到江苏、江西等地，在河南、湖南等省分布较多。魏晋南北朝时，北魏孝文帝汉化政策，使鲜卑步陆孤氏改姓陆，陆姓家族得到大规模的发展。盛唐时期，开始有陆姓人进入福建。宋元一直到明清时期，陆姓人散布在南北方各地，并有渡海进入台湾，进而远徙新加坡等东南亚国家。

【历史名人】

陆逊：本名陆议，字伯言，三国吴国名将，杰出的政治家、军事家。

陆机：字士衡，西晋时期著名文学家、书法家，被誉为"太康之英"。著有《陆士衡集》。

陆龟蒙：字鲁望，号天随子，唐朝著名诗人、文学家，与皮日休并称"皮陆"。

陆游：字务观，号放翁。南宋时著名的诗人。《关山月》、《书愤》、《示儿》均为传世名作。

左
zuǒ

【姓氏来源】

左姓的起源主要有五：

其一：以官名为氏。《姓氏》中有记载，左史是周朝时期的史官，周穆王时就有左史戎父。春秋时各个诸侯国也都设有左史官这一职位，如楚灵王有左史倚相。左史官的后人中，有以官职名为氏的，称左氏。

其二：以国名为氏。据《姓考》、《吕览》载，古有左国，国人中有以国为氏的，称左氏。相传，黄帝的大臣左彻即是左国人的后代。

其三：出自姜姓，以爵位为氏，为春秋时齐国公族之后。《广韵》有记载，春秋时齐国的公族有左、右公子的分别，左公子的后代便以左字为姓，形称左氏。

其四：春秋时宋国、卫国的公族中均有左姓。

其五：出自他族或他族改姓而来。明清时期，云南永昌府和蒙化府等土司中有左姓；清朝满洲八旗姓哈斯虎氏，其汉姓为左姓；裕固族的绰罗斯氏，汉姓亦为左姓；北宋时，犹太人有留居中国境内的，其后裔中有左姓。

【繁衍变迁】

左姓的发源地不可考，但春秋战国时期有很多左姓名人，由此可见，先秦时期，左姓人就已经分布在陕西、山东、山西、河北等地。西汉时，左姓人已经在安徽地区定居发展，到了东汉，四川、江苏等地就都有了左姓人的散居。魏晋时期，左姓人在山东和河南地区迅猛发展，形成了左姓的济阳郡望。从南北朝到隋唐时期，社会动乱，战争频繁，左姓人为避乱播迁长江中下游地区。宋元以后，左姓在江南地区分布广泛，两湖、两广地区都有左姓人的迁入。明朝初年，山西左姓作为迁民之一，分迁到陕西、甘肃、河北、河南、东北三省等地。后来西南地区和台湾开始有左姓人迁徙进入。清朝初年，湖南、湖北的左姓人入居四川。

【历史名人】

左丘明：春秋时著名的史学家，相传著有《左氏春秋》和《国语》，记录了西周和春秋时重要的历史事件，其中《左传》是我国第一部完整的编年体史书，具有很高的艺术价值和学术成就。

左思：字太冲，西晋著名文学家，善诗文，内容多为借古抒情，所作《三都赋》为当时士人称颂，造成"洛阳纸贵"。辑有《左太冲集》。

左宗棠：字季高，一字朴存，号湘上农人，清朝晚期军事家、政治家、著名湘军将领以及洋务派首领，经历并参与了镇压太平天国运动、开展洋务运动、镇压陕甘回民起义以及收复新疆的等重大历史事件，有《左文襄公全集》。

duàn
段

【姓氏来源】

段姓的起源主要有三：

其一：出自姬姓，以王父字为氏，为春秋时期郑武公之子共叔段的后代。春秋时，郑国的君主郑武公的妻子武姜，因为在生长子寤生时难产，因此武姜偏爱次子叔段。武姜曾屡次跟武公请求废长立幼，武公没有答应。后来武公去世，寤生即位，为郑庄公。武姜先请求把制作为叔段的封地，庄公认为制地很重要，没有答应。武姜又向庄公要了京，庄公便同意了，

叔段像。

将京城封给了叔段。后来叔段与武姜企图里应外合，夺取政权。郑庄公早早得知叔段的进攻时间，将叔段打败。叔段逃到共地，称共叔段。其子孙中有以"段"为姓的，称段氏。

其二：出自复姓段干，以地名为氏，为战国名士段干木之后。战国初期，魏国有名士段干木，厌恶功名，终生不仕。曾为魏文侯之师，受封于段干，人称段干木。其后代有以单姓段为姓氏的，称段氏。

其三：出自辽西鲜卑族后裔。根据相关资料记载，西晋时有鲜卑一个部落，其首领为檀石槐之后，叫段务目尘，被封为辽西公。十六国时辽西公的领地被后

赵帝石虎所占，部落中的人大多与汉人杂居，以"段"作为姓氏，称段氏。

【繁衍变迁】

段姓发源于河南、山东、辽宁等地。秦汉时期，段姓入迁徙到陕西、甘肃，并在当地迅速繁衍。魏晋南北朝时期，段姓人迁居各地，鲜卑族改段姓人与汉族人杂居融合。后晋时期，大理王朝的建立，使段姓人迅速在云南发展。唐朝，段姓人多居住在北方，如陕西和河南。宋元之际，北方的段姓人大举南迁。明朝初年，山西段姓人分迁到山东、河南、河北、甘肃、陕西、湖北等地。清朝时，段姓人繁衍在全国各地。

【历史名人】

段思平：五代时南方大理第一世王，建立大理国。

段成式：字柯古，文昌子，唐朝晚期著名志怪小说家、诗人，撰有《酉阳杂俎》，诗坛上，他与李商隐、温庭筠齐名。

段玉裁：字若膺，号懋堂，清朝著名文学训诂家、经学家。有《说文解字注》及《经韵楼集》等书。

段祺瑞：原名启瑞，字芝泉，晚号正道老人。近代皖系军阀首领。曾任提督、国务总理等职。

hóu
侯

【姓氏来源】

侯姓的起源主要有四：

其一：出自姒姓，为夏禹的后裔。相传帝尧时，鲧的妻子因梦里吃了薏苡而生禹，因此禹被赐为姒姓。当时中原洪水泛滥，禹治理了水患，并发展农业，还领兵平定了三苗之乱。为了表彰他的丰功伟绩，帝舜封他于夏，后来还将帝位禅让给他。夏禹死后，其子启继位，建立了中国历史上第一个奴隶制国家——夏朝。其中有后裔被封于侯，其子孙遂以地为氏，称侯氏。

其二：直接传自黄帝至轩辕氏姬姓的后代。西周初期，周公灭唐后，将唐国分封给虞，史称晋国，因都城在唐，所以虞又称为唐叔虞。到春秋初期，晋昭侯将曲沃分封给叔父成师，造成了晋国分裂的局面，后又由曲沃武公统一。晋哀侯与其弟晋湣侯被晋武公所杀，其子孙无奈迁居他国，并以祖先的爵位为姓，称侯氏。

其三：来自叔段。春秋时，郑国的叔段因要谋反的动机被哥哥庄公发觉而讨伐他，他逃到共这个地方，被称做共叔段，他死后，郑庄公赐其子孙共仲为侯氏。

其四：魏晋南北朝时期少数民族将复姓改为侯姓。北魏代北鲜卑族复姓的少数民族中，有侯莫陈氏改为单姓侯氏。

【繁衍变迁】

侯姓发源于陕西、山西、河南等地，秦汉时，在山西、河北、河南、山东和宁夏等地都有分布，河北侯姓繁衍最为昌盛。汉朝末期，宁夏和甘肃地区的侯姓氏族迁入陕西。魏晋南北朝时，侯姓人在河南形成望族。西晋末年，战争频繁，侯姓人大规模南迁，分布在长江中下游地区。侯姓人落居今福建、广东等地是在唐朝。宋朝以后，侯姓人就已经遍布大江南北。

侯叔献泄洪治缺。

【历史名人】

侯君集：唐朝著名将领，为"凌烟阁二十四功臣"之一。

侯芝：字香叶，号香叶阁主人，清朝著名女文学家、女诗人，弹词小说家。著有《再生缘》、《玉钏缘》等。

侯方域：字朝宗，清朝著名散文家、文学家，与方以智、陈贞慧、冒襄齐名，称为明末"四公子"。

武 wǔ

【姓氏来源】

武姓的起源主要有六：

其一：出自姬姓。周平王少子武之后。西周末年，犬戎入侵西周，周幽王被杀。幽王之子宜臼即位，称周平王。后迁到洛邑，史称东周。周平王之少子姬武，因出生时手掌有"武"字形状纹路，故被平王赐为武氏，为周朝大夫。其后世子孙遂以武为姓，称武氏。

其二：出自以国名为氏。据史料记载，夏朝时有大臣武罗，被封武罗国。后武罗国灭亡，其后子孙以国名为氏，简称武氏。

其三：出自子姓。其中，以祖字为氏的，为商王武丁之后。以谥号为氏的，为春秋时宋武公之后。

其四：以邑为氏。据《风俗通义》所载，汉朝有武强王梁，其封地在武强县，其后代遂以封地"武强"为姓，简称武氏。

其五：出自以武字开头的复姓——武安氏和武疆氏。如出自"武安"简化而来，为秦大将白起之后。战国时期，秦将白起因功被封为武安君，其后子孙以封爵"武安"为氏，称武安氏，后简称武氏。又有周顷王之孙王孙满的后裔，曾被封于武疆，其后代以封地为氏，称武疆氏，后简称为武氏。

其六：出自唐朝的冒姓或赐姓。如唐朝时，有贺兰敏武士之嗣，冒姓武。以及唐朝时傅、左、李诸姓被武则天赐姓武。部分少数民族中亦有武姓，或复姓改汉字单姓武氏。

【繁衍变迁】

武姓发源于河南、河北等地。秦汉时期，武姓人开始向山东、江苏等地播迁。魏晋南北朝时，北方战争不断，武姓人大规模南迁，同时有武姓人进入山西。唐朝是武姓人繁衍得最兴旺的时期，这一时期，武姓人遍布天下，山西一带更是形成了武姓人的大郡望。历经宋、元、明、清四朝，战乱和移民等原因，使得武姓人不断迁徙，但仍然以北方为主要发展地区。清朝时，开始有武姓人渡海入居台湾，既而远徙新加坡等地。

【历史名人】

武漳：字巨川，五代时太原文水人。武漳生当乱世，不仅能效命战场，东征西杀，而且生性淳朴敦厚，提倡节俭，廉洁奉公，重视农桑，政绩颇丰。

武则天：中国历史上唯一一位女皇帝，也是一位女诗人和政治家。

武宗元：字总之，北宋著名画家，传世作品有《朝元仙仗图》卷。

武河清：字禹襄，号廉泉，清朝武式太极拳创始人，称"武式小架"。

武亿：字虚谷，清朝著名学者，著有《经读考异》、《偃师金石记》等。

liú
刘

【姓氏来源】

刘姓的主要来源有三：

其一：出自祁姓，是帝尧陶唐氏之后裔。相传帝尧出生在伊祁山，伊祁山就又称作尧山，尧因地名而为祁姓。他的子孙有一支以祁为姓，被封在刘国，子孙遂以国名为氏，为刘氏。夏朝时，刘国有一个名字叫刘累的人，善于养龙，被封为"御龙氏"。后来迁至鲁县，其子孙在商朝时因封于豕韦，遂更为豕韦氏。又封于唐地，建唐国以唐为姓。周成王灭唐，迁至杜地，更为杜氏。杜国为西周所灭，子孙逃到晋国，杜芳在晋国担任士师，封于范，子孙遂以封邑范为姓，称为范氏。后来秦晋之战，一部分范氏子孙留在秦国，便成为刘氏，取"留"的意思。汉高祖刘邦也是这一支刘氏的后代。这一支刘氏被刘氏本族认定，史称刘氏正宗。

杜芳像。

其二：出自姬姓，为周太王之后。西周建立后，周成王封周文王之父王季于刘邑，其后裔以邑为氏，称刘氏。

其三：出自他姓，为他族、他姓改姓或赐姓。西汉初年，汉高祖刘邦实行和亲政策，将皇室宗女嫁给匈奴单于冒顿为妻，匈奴习俗，贵者皆从母性，冒顿子遂从母姓，为刘氏。汉初还赐项羽的叔父项伯等人为刘氏，封射阳侯，以感谢项伯在鸿门宴上的救命之恩。又有王、娄、冠、何等氏也分别改为刘姓。及北魏孝文帝时期，将鲜卑族复姓独孤氏改为汉姓单字刘氏。也有其他少数民族在于汉族的融合过程中，改为刘姓。

【繁衍变迁】

刘姓发源于河南、陕西等地。战国时期，陕西的刘姓人迁居到江苏等地。汉朝建立后，刘姓作为国姓，成为当时的全国第一大姓氏。汉朝末年，河南、山东和河北、山西等地的刘姓人，为避战祸向四方迁移。魏晋南北朝时，战火纷飞，刘姓人开始大量南迁，并与少数民族融合，有许多少数民族汉姓为刘。唐朝至五代，刘姓人落籍于福建。宋元直到明清时期，刘姓人已经遍布大江南北。

【历史名人】

刘邦：即汉高祖。字季，人称沛公。在消灭项羽完成国家一统后，即皇帝位，定都长安，国号为汉，史称西汉。

刘备：字玄德，三国时期军事家、政治家。三国时蜀汉的建立者，与北方的曹魏和南方的孙吴呈三足鼎立之势。

刘勰：字彦和，南朝梁文学理论批评家。他的主要著作《文心雕龙》，是中国古代文学理论批评的巨著。

刘禹锡：字梦得，唐代中晚期著名诗人，有"诗豪"之称。是著名的文学家、哲学家，提出了"天人交相胜"的哲学观点。

刘鹗：清代小说家，著有《老残游记》，是晚清的四大谴责小说之一。

龙 lóng

【姓氏来源】

龙姓的起源多涉及神话，大致有六：

其一：出自黄帝之臣龙行之后。相传黄帝的大臣中有龙行，居有熊。是为河南龙氏。

其二：出自帝舜时纳言龙之后。据《通志·氏族略》所载，龙氏是帝舜时的大臣，为纳言，即专司出纳帝命的官职。其子孙以官职名"龙"为氏。

其三：出自御龙氏之后。相传帝尧出生在伊祁山，伊祁山就又叫做尧山，尧因地名而为祁姓。帝尧的后裔有一支以祁为姓，被封于刘国，其子孙遂以国名为氏，为刘氏。到了夏朝时，刘国有一个名字叫刘累的人，因善于养龙，被封为"御龙氏"。其子孙后裔中有以龙为氏的，称龙氏。

其四：出自豢龙氏之后。相传颛顼的后裔陆终，其长子被赐己姓，封于昆吾国。其后裔有董父，对龙的习性非常了解，于是帝舜便任命董父为豢龙氏，专门养龙。其后代有以龙为氏的，称龙氏。

其五：出自西汉牂柯龙姓。据《华阳国志》所载，西汉时的牂柯大姓中有龙氏。

其六：出自其他。西域且弥王和焉耆国王，皆为龙氏。

【繁衍变迁】

龙姓发源于甘肃、河南、山西、湖北、湖南、山东等地，成姓之初就迅速向四方扩散。汉朝时，甘肃、湖北、湖南和山西、河北、河南、山东部分地区已经成为龙姓人繁衍的主要地区。同一时期，龙姓人落居今四川，继续南迁至贵州。魏晋南北朝时，河南、河北、山西和山东部分地区的龙姓人为避战乱而南迁。宋元之际，龙姓人再次南迁，使得南方的龙姓数量多于北方。明清时期，各地龙姓人互相融合，遍及全国。

【历史名人】

龙且：秦末楚汉争霸时期楚国第一猛将，与季布、钟离昧、英布、虞子期为楚军五大将。

龙起雷：字时声，明朝官吏，为官清廉，刚正不阿，与龙起春、龙起渊等文行并有声，时称"三龙"。

龙燮：字理侯，清朝著名戏曲家，著有《琼华梦》、《芙蓉城》等。

yè
叶

【姓氏来源】

叶姓的起源主要有二：

其一：出自芈姓沈氏，为帝颛顼的后代。相传颛顼的后裔陆终有六子，其中第六个儿子名叫季连，被赐姓芈。季连的后代有叫鬻熊的，非常有学问，曾经做过周文王的老师。周武王伐商建立西周后，封鬻熊的曾孙熊绎于荆山，建荆国。后迁都改国号为楚。春秋时期，楚庄王有一曾孙名戌，因任沈县府尹，又称沈尹戌，其后代便有以沈为姓。后沈尹戌在楚国与吴国的战争中有功，楚王遂封其于叶县，称为叶公。其后人便以邑为氏，称叶氏。

叶公像。

其二：据《姓氏考略》所载，我国古代南蛮少数民族中，也有以叶为姓的，如东汉末年时董卓部下都尉叶雄即是南方少数民族的后代。

【繁衍变迁】

叶姓发源于河南，之后在河北、陕西、青海、甘肃和宁夏、江苏等地均有分布。西晋末年，部分叶姓向南迁徙，部分叶姓则返回中原地区。唐宋时期，叶姓人迁徙得最为频繁。宋朝末期，叶姓人徙居浙江、福建等地，并成为江南的著名姓氏之一。明清之际，东南沿海地区的叶姓人渡海进入台湾。清朝末期，沿海地区和香港、澳门、台湾都有了叶姓人入迁，既而远播东南亚等地。

【历史名人】

叶望：字世贤，雁门太守，汉末时为光禄大夫，灵帝时弃官归隐，人称"楼舟先生"。

叶梦得：字少蕴，宋代大臣，著名词人。代表作有《水调歌头·渺渺楚天阔》、《石林燕语》等。

叶适：字正则，学者称水心先生，南宋时期著名思想家、文学家、政论家，永嘉学派的集大成者。他所代表的永嘉事功学派，与当时朱熹的道学派、陆九渊的心学派，并列为南宋时期三大学派。著有《习学记言》、《水心先生文集》等。

叶欣：字荣木，清代著名画家，为"金陵八家"之一。

叶圣陶：原名叶绍钧，字秉臣，著名的作家、教育家。代表作有《倪焕之》、《脚步集》、《西川集》等。

黎 lí

【姓氏来源】

黎姓的起源主要有四：

其一：出自九黎后裔。相传九黎是中国南方土生土长的庞大种族之一，是古代东夷首领少昊金天氏之时的诸侯。颛顼帝时，黎奉命担任北正的官职，掌管民事，其后裔有以字为氏，称黎氏。

其二：出自黎国后裔。据相关史料记载，商时的诸侯国中有两个黎国，相传这两个黎国均为古部落"九黎之后"。一个在今山西长治县西南，商末被周文王所灭。另一个在今山东郓城县西。这两个黎国的子孙，均以国为氏，称黎氏。

其三：出自帝尧的后代。西周初期，周武王分封诸侯时，将商朝的诸侯国黎国封给帝尧的后裔，并且仍然沿用黎国的名称。春秋时，黎国迁都黎侯城，后为晋国所灭，其子孙后以国为氏，姓黎氏。

其四：出自他族改性。南北朝时，北魏孝文帝迁都洛阳后，实行汉化，将代北鲜卑族复姓素黎氏，改为汉字单姓黎氏。

【繁衍变迁】

黎姓发源于山西、山东，战国时就有黎姓人落居在陕西、河北、江苏、江西、广东、广西各省，并远及越南。汉朝时，有黎姓人迁居到湖南地区。魏晋南北朝时，黎姓人为避战乱大举南迁。唐朝至五代，世居于陕西的黎姓氏族远赴江西、河南为官，黎姓人遂在此三地发展成望族。宋朝时，黎姓人发展得非常繁茂，并有进入福建的。宋末元初，黎姓人已经迁居到广东。明初，山西黎姓人作为迁民之一，分迁到湖北、湖南、河南等省。清乾隆年间，广东、福建等地的黎姓，进入台湾，进一步远徙海外。

【历史名人】

黎民怀：字惟仁，明朝著名诗画家，擅长诗、书、画，时称"三绝"。

黎简：字简民，清朝岭南著名诗人、书画家，与张如芝、谢兰生、罗天池并称为粤东四大家。

黎元洪：字宋卿，是辛亥革命武昌首义的都督，中国历史上惟一任两任大总统和三任副总统的人。

bái
白

【姓氏来源】

白姓的起源主要有四：

其一：出自芈姓，颛顼帝的裔孙白公胜之后。相传颛顼帝有后裔陆终，有六子，其中第六个儿子名叫季连，被赐姓芈。季连的后裔熊绎周初被封于荆山，建立荆国。熊绎后代改国号为楚，称楚文王。至楚平王时，太子建因做晋军袭郑国的内应而被杀，太子建的儿子熊胜逃到吴国，投奔伍子胥。楚平王的孙子惠王即位后，将熊胜召回国，任巢大夫，封于白邑，称为白公胜，其子孙便以封邑名为氏，称白氏。

白居易县衙伸民意。

其二：出自他族改姓。如唐朝时有突厥人白元光，后封为南阳郡王，后世遂为白氏。

其三：出自部落。据《姓氏寻源》及《元命苞》所载，远古时期，中国北部的姜姓部落首领炎帝有一个大臣叫白阜，精通水脉，为疏通水道做出了贡献。其子孙便以"白"为姓，称白氏。

其四：出自姬姓，相传是周太王第五世孙虞仲百里奚之后。

【繁衍变迁】

白姓发源于陕西。秦朝时期，白仲被秦始皇封于陕西，其子孙于是在此世代居住。魏晋南北朝之际，留居在山西的白仲后人成为当地的望族，同时迁居到陕西、湖北、河南地区的白姓人也都繁衍旺盛。隋唐时期，白姓家族更加枝繁叶茂，在河南各地最为繁盛。宋元时期，有大量白姓族人为躲避战祸而向南方迁居，但北方仍然是主要居住地。明朝初期，山西籍的白姓人分别迁徙到山东、河北、河南、陕西、北京、天津等地区。从清初起，在福建、广东居住的白姓人开始陆续移居台湾，继而远播海外。

【历史名人】

白起：战国时期秦国名将，杰出的军事家、统帅，与王翦、廉颇、李牧并称为"战国四将"。

白居易：字乐天，号香山居士，唐朝杰出的现实主义诗人，有"诗魔"和"诗王"之称，是中国文学史上影响深远的诗人和文学家，代表诗作有《长恨歌》、《卖炭翁》、《琵琶行》等。

白行简：字知退，唐朝著名文学家，以传奇著称，代表作《李娃传》。

白朴：字太素，元朝著名的文学家、曲作家、杂剧家，与关汉卿、马致远、郑光祖合称为元曲四大家。代表作有《梧桐雨》、《墙头马上》等。

赖
lài

【姓氏来源】

赖姓的起源主要有二：

其一：出自姬姓，以国名为氏，为周文王姬昌的后代。据《通志·氏族略》、《文献通考》所载，西周初期，周武王因其弟颖伐纣有功，封于赖地，建赖国。春秋时期，赖国为楚国所灭，其后代便以国为氏，称赖氏。

其二：出自姜姓，以国名为氏，为炎帝神农氏的后裔。相传炎帝又称烈山氏。因古时烈与赖音同，故烈山氏也叫赖山氏。古时的烈山氏居住在山西汾水流域，后其中一支东迁，商朝时建赖国，依附于商朝。到了周武王伐商时，赖人南迁，后来被周武王封子爵，为赖国。春秋时期，楚国攻灭赖国，其后裔迁居他地，以国为氏，称赖氏。

【繁衍变迁】

赖姓发源于河南境内。秦汉时期，赖姓人发展迅速，并且开始迁居湖南等我国南方地区，以及越南地区。魏晋南北朝时期，江西、福建、湖南、浙江、江苏、广东等省都有赖姓人的足迹。隋唐时期，赖姓人的繁衍愈加繁盛。宋元时期，又有大量赖姓人向南迁徙，使赖姓在南方各地更加繁盛。此外，宋朝还有一支在河南繁盛起来的赖姓人。明初，赖姓人有徙居到四川、云南的。清朝开始，不断有赖姓人徙居台湾，继而移居海外。

【历史名人】

赖裴：江西省雩都（今江西于都县）人，唐乾年间进士，被任命为崇文馆校书郎，未赴，退居乡里，人称其所居之地为"秘书里"。

赖文俊：原名赖风冈，字文俊，自号布衣子，北宋国师、相地术大师，撰有《绍兴大地八铃》及《三十六铃》等。

赖镜：字孟容，号白水山人，广东南海人，少时读书于增城白水山。明朝著名画家，诗、书、画俱精，时称"三绝"。

赖文光：广西人，清朝末期太平天国将领，封遵王。1864年天京失陷后，赖文光把本部太平军与捻军合并，成为捻军首领之一，后来捻军一分为二，赖文光成为东捻军首领。

qiáo
乔

【姓氏来源】

乔姓的起源主要有三：

其一：出自姬姓，以山命名，为桥姓所改。相传黄帝死后葬于桥山，黄帝后裔中有留在桥山守陵看山的，就以山为姓，称桥氏。后来，东汉时有太尉桥玄，桥玄的六世孙桥勤在北魏时任职。北魏末年，宰相高欢专权，魏孝武帝不堪压迫逃出洛阳投奔西魏的宇文泰，桥勤随孝武帝来到西魏，成为宇文泰的属臣。一日，宇文泰心血来潮，叫桥勤去掉桥的木字边改为乔姓乔，取"乔"的"高远"之意。桥勤改桥为乔，世代相传称乔氏。

乔勤像。

其二：出自匈奴贵姓。据史料记载，汉代匈奴贵姓有四个，即兰、乔、呼衍、须仆。后其中的乔氏与汉族的乔氏浑然一体。

其三：出自鲜卑之后。据有关史书记载，魏晋南北朝时期，鲜卑人中也有乔姓出现，其后代仍以乔为姓，称乔氏。

【繁衍变迁】

乔姓最早出现于匈奴等少数民族之中，汉族的乔姓人则起源于南北朝时期的桥勤，以陕西为发源地。东汉时期，乔姓人已经分居于安徽、河南等地区，南北朝时期又有散居于山东的。隋唐时期，乔姓人主要在陕西、山西、河南、安徽等省繁衍。五代时期，乔姓人口猛增。宋元时期，乔姓人为躲避兵祸从北方南下到浙江、江苏等南方地区。明初，山西地区的乔姓人迁徙至山东、河北、陕西、河南、江苏等地区。清朝，有在沿海地区居住的乔姓人渡海到台湾，继而迁徙到海外，乔姓家族进入到最为鼎盛的发展时期。

【历史名人】

乔吉：字梦符，号笙鹤翁，元代杂剧家、散曲作家。有《杜牧之诗酒扬州梦》、《李太白匹配金钱记》、《玉箫女两世姻缘》三种传世。

乔宇：字希大，号白岩山人，明朝大臣，与辽州王云凤、太原王琼称"晋中三杰"，亦云"河东三凤"。

乔林：字翰园，号西墅，晚号墨庄，清朝著名篆刻家，东皋印派的大家之一。

乔清秀：近代河南坠子艺人，河南坠子北路调的创始人之一。所创坠子派别被称为"乔派"。

谭 tán

【姓氏来源】

谭姓的起源主要有二：

其一：出自姒姓。相传帝尧时，黄河流域洪水为患，洪水泛滥。帝尧派鲧治水，鲧却失败了。帝舜即位后让鲧的儿子禹治水。大禹疏通河道，终于治水成功。为表彰他，帝舜赐姒姓于禹。后来周朝初期大封诸侯时，姒姓的一支被封于谭国，后沦为齐国的附庸国。到了春秋初期，齐桓公称霸诸侯，就吞并了谭国。谭国国君的儿子逃奔至莒国。留在故国的子孙便以国为氏，称谭氏。

其二：出自古代西南少数民族。据《万姓统谱》中记载，巴南六姓有谭氏，自称是盘古的后代，望出弘农，为云南、贵州谭氏。

【繁衍变迁】

谭姓发源于山东。汉朝之前谭姓人在山东、河南分布最多，汉朝时期谭姓人进入山西，分布逐渐扩大。作为谭姓历史上一个非常重要的变化时期，魏晋南北朝时期谭姓人大举南迁，形成了以湖南及其周边地区最为集中、南方多于北方的格局。唐朝是谭姓发展史上最为繁荣的时期。宋元时期，频繁战乱，北方的谭姓人继续向南迁徙。清朝时期，谭姓人在全国范围内的迁徙基本完成，并有福建、广东境内的谭姓人迁居到新加坡等东南亚国家。

【历史名人】

谭元春：字友夏，号鹄湾，明朝杰出文学家，与钟惺同为"竟陵派"创始者。著有《谭友夏合集》。

谭绍光：清朝末年太平天国慕王。

谭嗣同：字复生，号壮飞，是中国近代资产阶级著名的政治家、思想家，维新志士，是"戊戌六君子"之一。

谭鑫培：本名金福，字望重。与汪桂芬、孙菊仙合称为"新三鼎甲"，并成为京剧史上第一个老生流派——谭派创始人。

谭嗣同临刑慷慨陈词。

温

【姓氏来源】

其一：出自姬姓，以地名为氏，为周武王侄子唐叔虞的后代。西周初年，周公灭唐后，将唐国分封给虞，史称晋国，因都城在唐，所以虞又称为唐叔虞。唐叔虞有子孙被封在河内温，遂以封地名为姓，称温氏。

其二：出自郤姓，以邑名为氏，为晋国大夫郤至的后代。据《广韵》、《万姓统谱》等相关史料的记载，温国被北狄人攻灭，晋国又攻灭狄人，温国就成为晋国大夫郤至的封地。郤氏一家权倾朝野，为君王所猜忌和其他晋卿所嫉妒而被灭掉。郤氏的子孙中有以封邑命名的，称温氏。

其三：出自高阳氏，以邑名为氏。《唐温侯碑》上有记载，颛顼高阳氏的后裔封于温邑，其后人有以封邑为姓的，称温氏。

其四：出自他族改姓和少数民族固有姓氏。如《唐书》记载，唐朝康居国国王为温姓，进入中原后亦为温姓；魏晋南北朝时，北魏有叱温氏、温盆氏、温孤氏，均改为汉字单姓温；金朝时，女真人中温迪罕氏的汉姓为温；清朝满洲八旗中温特赫氏、锡伯族温都尔氏的汉姓均为温；回族中有温姓，是明朝时融于回族的苏禄国国王之子温喀剌的后裔。

【繁衍变迁】

温姓发源于河南，西周初期，有一支温姓人移居到甘肃地区，并与当地人融合；亦有一部分温姓人徙入新疆，建立了温宿国。西汉初期，山西地区开始有温姓落籍，并逐渐发展为当地望族。继而温姓人又向河北、山东各地扩散。晋朝时的永嘉之乱，社会动荡，硝烟四起，温姓人开始南迁，进入到江西等地。

花间词鼻祖温庭筠。

唐朝末年，温姓人迁徙到福建地区、宋朝时又进一步迁入广东。明朝初年，山西的温姓作为迁民之一迁入河南、河北、山东、江苏等地。清朝末期，温姓人已广布大江南北，开始渡海赴台，并远播海外。

【历史名人】

温庭筠：唐朝著名词人和诗人，作赋八叉手而成，时称"温八叉"。精通音律，诗词风格浓艳，辞藻华丽，花间派鼻祖，与李商隐齐名，被称为"温李"，有《温庭筠诗集》及《金荃集》。

温日观：僧人，法名子温，宋末元初画家，善画葡萄，被人称为"温葡萄"，有《葡萄图》流入日本。

yán

阎

【姓氏来源】

阎姓的起源主要有三：

其一：出自姬姓，为黄帝裔孙后稷之后。相传黄帝有裔孙后稷，为姬姓。后稷第十二世孙古公亶父有三子：太伯、仲雍和季历。季历之子姬昌一出生，就出现了圣瑞。太伯和仲雍便去了南蛮之地，将传位让给季历。太伯和仲雍到了南蛮，改从那里的风俗，成为当地的君长，其后世子孙建立了吴国。后来周武王建立周朝后，封太伯的曾孙仲奕于阎乡，仲奕的后代便以封地为姓，称阎氏。

其二：出自姬姓，为周康王之后。周成王的儿子周康王即位后，曾对鬼方和东南地区发动过战争，并将掠夺来的土地和奴隶分封给各级贵族。周康王之子姬瑕，即后来的周昭王，有一小儿子，生下来手上就有一个"阎"字。于是康王便封之于阎城。其后世子孙也就将阎当做自己的姓氏，称阎氏。

其三：出自姬姓，为唐叔虞之后。春秋时期，晋成公有一儿子名为懿，被封于阎，后来被晋国所灭。懿的后代散居各地，其子孙以封地为氏，称阎氏。

【繁衍变迁】

阎姓发源于河南、陕西、山西等省，春秋战国时期已经有定居于在湖北的族人。秦汉时期，阎姓人迁居到甘肃、湖南、山东、河北等地区。西汉末年，河南境内的阎姓人徙居到四川。魏晋南北朝时期，已经有阎姓人迁移到广西、贵州、北京、内蒙古及东北一带。经过隋唐两朝，阎姓人为避免战乱大举南迁，在江南广泛分布，盛唐时期，阎姓人成为山西地区一大望族。宋元时期，为躲避战乱，散居在江南地区的阎姓人向华中、华南、西南地区迁徙。明朝时期，山西的阎姓人作为迁民之一被分迁到山东、河南、陕西、北京、天津等地区。至此，阎姓人广泛分布于全国各地，并有徙居到海外的。

【历史名人】

阎立本：唐朝著名画家兼工程学家。存世《历代帝王》、《步辇》、《职贡》等图。

阎次平：宋朝杰出画家。存世作品有《牧牛图》等。

阎若璩：字百诗，号潜丘，清代著名的学者、考据家，清代汉学最重要的代表人物之一。有《日知补正录》等。

阎锡山：字百川，号龙池，近代著名政治活动家、国民党元老、军阀。

yì
易

【姓氏来源】

易姓的起源主要有二：

其一：出自姜姓，以邑为氏。周朝时，炎帝后裔有姜尚，因辅佐周武王伐商建周有功，被周公旦封于齐，建齐国。后又封其子孙于易。这一支姜姓后裔遂以封邑名为姓，称易氏。

其二：出自齐大夫易牙之后，以先人名字为姓氏。春秋时期，齐桓公有宠臣雍巫，字牙，因采食于易邑，因而也称易牙。易牙精于烹调，却善逢迎，有野心。管仲死前曾对齐桓公说易牙"杀子适君"，有违人之常情，是不可重用。但是齐桓公没有听从，以致管仲死后，易牙与竖刁、开方恃宠专权，发动政变，将太子赶出皇宫，立公子无亏为国君，齐桓公则被饿死，尸体停放在床上数月无人问津。后宋襄公出力平定齐国内乱，易牙政事失败逃至彭城，其子孙以易为姓，称易氏。

【繁衍变迁】

易姓起源于河北一带和山东、河南之间的地区。秦汉时期，以山东、河南一带为繁衍中心，易姓人向周边地区零星扩展。东汉末年到南北朝时期，中原地区动荡不安，易姓人屡次向南迁徙到湖南等地区，还有迁移到甘肃的。唐朝时期，易姓人发展繁盛，有在江西定居的。宋元时期，易姓家族逐渐强盛，主要居地在南方，尤其以湖北、湖南地区最为繁盛。明朝时期，云南、贵州、福建三省和广西等地均居住有易姓人。清朝，沿海地区有易姓人徙居到台湾，进而迁居到新加坡等地。

【历史名人】

易元吉：字庆之，北宋著名画家，其作品有《猴猫图》、《聚猿图》、《花石珍禽图》等。

易延庆：字余庆，北宋官员，著名孝子，时称"纯孝先生"。

易翼之：明朝著名学者，著有《四书音义汇编》、《春秋经传汇编》、《古今诗评》等。

易宗捃：字公申，清朝时期杰出学者，有《性理精微》等。

绘猿圣手易元吉。

liáo
廖

【姓氏来源】

廖姓的起源主要有四：

其一：出自己姓，上古时期廖淑安之后。相传帝颛顼有后裔名叔安，夏朝时，因封于廖国，又称廖叔安。其后世子孙以国为氏，称廖氏。

其二：出自姬姓，为周文王之子伯廖之后。周文王有个儿子叫伯廖，受封于廖，其后裔中有以邑为氏的，称廖氏。

其三：出自偃姓。相传尧舜时期有著名的贤臣皋陶，他的后裔在夏朝时受封于蓼，因以为氏。春秋时期英、立等小国，均为皋陶后人所建。到了春秋时期，楚穆王灭英、立二国，其后子孙有以国为氏的，称廖氏。

其四：为缪、颜二姓所改。据《小溪廖姓祖祠房谱廖姓考源》上的记载，缪、颜二姓均为皇帝赐姓。商朝末年，商纣王暴虐残酷，缪、颜二姓有隐居者，改姓为廖，称廖氏。

【繁衍变迁】

廖姓发源于河南，秦汉时期其族人开始迁往河北等周边地区。魏晋南北朝时期，廖姓人大举从北方向南迁徙到湖北、四川、浙江、福建等地区，并有到达甘肃的。唐朝时期，廖姓人更为广泛地分布到福建各地区，并有移居到江西的。宋朝，廖姓已经成为福建地区的大姓，到宋末时期有廖姓人进入广东地区。明朝，山西籍的廖姓人分迁到河北、河南、江苏、北京等地区。清朝，福建、广东地区的廖姓人迁徙到台湾，进而又徙居泰国、新加坡等地区。

【历史名人】

廖扶：字文起，东汉时期著名学者，时人称之为北郭先生。

廖刚：字用中，号高峰居士，北宋杰出的文学家、政治家、思想家。著有《高峰文集》。

廖仲恺：原名恩煦，又名夷白，字仲恺，近代民主革命家，伟大的爱国主义者、中国国民党左派领袖、我国民主主义革命的先驱。

聂
niè

【姓氏来源】

聂姓的起源主要有四：

其一：出自姜姓。《姓氏急就篇注》上记载，春秋时期，齐国丁公姜伋将其支庶子孙封在聂城，建立聂国，为齐国附庸国。聂国的子孙就以国为氏，称聂氏。

其二：出自姬姓。根据《元和姓纂》的记载，春秋时期，卫国有大夫食采于聂地，其子孙以地名为氏，称聂氏。

其三：古有地名聂北，春秋时期为邢国的附属国，后来邢国被灭，聂北归入齐国。居住在聂北的人就以地名为氏，称聂氏。

其四：出自他族改姓或少数民族固有姓氏。宋朝时，有犹太人进入中国，在元明时期以汉字为姓，其中有聂姓；清朝满洲人中有聂姓。

【繁衍变迁】

聂姓发源于河南、山东一带，东汉之前，聂姓的繁衍发展以北方为主。到了魏晋南北朝时期，山西的聂姓发展得极为迅速，形成了聂姓历史上的第一大郡望——河东郡。由于南北朝时期战乱频发，社会动荡，聂姓中有南迁至浙江、江苏、安徽和江西等江南地区的，并在新安江流域形成了新安郡。隋唐之际，聂姓氏族以河东郡和新安郡为中心，向周边地区散播。两宋时，聂姓已经散布到福建、湖南、湖北等地。明朝初期，山西聂姓作为迁民之一，分迁到河南、河北、山东、江苏、安徽等地。明朝中期，东南沿海的聂姓开始渡海赴台。清朝以后，聂姓分布得更加广泛。

【历史名人】

聂夷中：唐朝末期杰出诗人，语言流畅，诗以关怀民生疾苦和讽喻时世为主，《咏田家》、《公子行》为佳作。

聂豹：字文蔚，号双江，江西永丰县人，正德十二年（1517）进士。嘉靖三十一年（1552），任兵部尚书，上疏议防秋事宜被采纳，加太子少保，是明代有名的廉吏之一。聂豹推崇王阳明的"致良知"学说，以阳明为师。有《困辨录》、《双江集》等。

聂大年：明朝著名官吏、学者、书法家，精通经史，工书诗古文，有《东轩集》。

曾
zēng

【姓氏来源】

曾姓的起源比较纯正。出自姒姓，为黄帝轩辕氏的后代，夏禹的后裔。帝舜时期，鲧的儿子禹，被赐予姒姓。后禹的儿子启建立夏朝，为中国历史上第一个奴隶制国家。禹的第五世孙少康中兴夏朝后，封其次子曲烈于鄫，建立鄫国。后鄫国经历了夏商周三代，直到春秋时期，为莒国所灭。鄫国太子巫出奔至鲁国。其后世子孙遂用原国名"鄫"为氏。后为表示离开故城，去邑旁，称曾氏。

【繁衍变迁】

曾姓发源于山东，先秦时期其族人已经分布于山东、河北等地区。到汉末前，曾姓人已遍布于河北、湖南、陕西、江西、广东等省份。魏晋南北朝时期，北方常年战乱，民不聊生，曾姓人大量移居到江苏、浙江、四川、江西、湖北等地区，因此在唐朝之前就分布于全国各地，渐渐成为名姓之一。唐朝末期，有曾姓人移至福建。元明清时期，曾姓人分布更加广，并有远播台湾，继而远播海外者。

【历史名人】

曾点：字子皙，亦称曾晢，春秋时期鲁国人，孔门弟子七十二贤之一。因性格举止豪放不羁，被称为"鲁之狂士"。

曾参：字子舆，春秋时期鲁国人。孔子的弟子，著述有《大学》和《中庸》，被后世儒家称为"宗圣"。

曾巩：字子固，北宋政治家、散文家，世称"南丰先生"，为"唐宋八大家"之一。代表作有《上欧阳舍人书》、《上蔡学士书》等。

曾国藩：原名子城，字伯涵，清末洋务派和湘军首领。晚清时期，散文"湘乡派"创立人，以及"中兴四大名臣"之一。

guān
关

【姓氏来源】

关姓起源主要有三：

其一：为颛顼帝之后董父的后裔。颛顼的后裔董父，在帝舜时为舜养龙，被赐为豢龙氏。因为古时"豢"与"关"二字互相通用，所以"豢龙氏"又写作"关龙氏"。夏朝时夏桀荒淫无度，大夫关龙逢苦心劝谏，反而被杀，其后人为避难将姓简化为关氏。

其二：出自尹姓，以官名为氏，是春秋时期尹喜的后人。根据《风俗通义》的记载，春秋时，尹喜在函谷关任关令的职位，尹喜的后人以官名为氏，称关氏。

其三：出自他族改姓。清朝时，满族中有瓜尔佳氏和乌扎拉氏，其后人有改姓

"曲圣"关汉卿。

为关的，如嘉庆年间的延绥镇总兵关腾和道光咸丰年间的黑龙江副都统关保。

【繁衍变迁】

关姓发源于河南、河北，两汉以前，关姓人就已经分布在黄河中下游地区。到了汉末三国时，有关姓子孙入蜀，并定居于四川。到了魏晋南北朝时，关姓人开始南下，进入江西和浙江等地。隋唐时期，关姓氏族在甘肃和山东地方发展繁衍得十分兴盛，并在当地形成了望族。宋朝末年，关姓人开始进入福建、广东等东南沿海地区。明朝初年，山西关姓被分迁到河南、山东、陕西、河北等地区。清朝中期，随着"闯关东"的热潮，山东的关姓人也开始向东北三省迁居，山西的关姓人也在"走西口"的风潮中向蒙古地区移居。

【历史名人】

关羽：字云长，本字长生，三国时蜀汉大将，作为忠、义、勇、武的代表，与孔子共尊为"文武二圣"。

关汉卿：号已斋叟，宋朝著名戏曲作家，是元代戏曲奠基人、现实主义作家，现存作品《窦娥冤》、《救风尘》、《拜月亭》、《望江亭》等十三种，流传至今而不朽。

关天培：字仲因，号滋圃，晚清爱国名将。

bāo
包

【姓氏来源】

包姓的起源主要有三：

其一：出自风姓，为伏羲的后代。太昊创制八卦，教民捕鱼、畜牧，以充庖厨，故又名庖牺或庖羲。根据《路史》等相关史料的记载：包羲氏，即伏羲的后代中，有一包为姓的，称包氏。

其二：出自芈姓，为春秋时楚国大夫芈包胥之后。芈包胥在楚昭王时任大夫，楚国被吴国攻破后，芈包胥去秦国说服秦王发兵救援楚国，立下大功，被楚王封于申邑，因此称申包胥。其后世子孙中，有以祖字"包"为姓的，称包氏。

其三：出自鲍姓。《后汉书》上记载，汉时丹阳包氏，本姓鲍，王莽篡位时为避祸将鲍改为包，称包氏。

【繁衍变迁】

包姓发源于湖北，战国时楚国被秦国所灭，包姓氏族中有向山西移居的。秦汉之际战争频繁，一些包姓人为了躲避战乱，落籍到安徽、江苏、河北和山东等地。从汉末一直到南北朝时期，包姓人已经南迁至江西、浙江和湖南等地。南宋末年，包姓人已经徙居到东南沿海和西南地区。明朝初年，山西的包姓人作为迁民之一，被分迁到河南、山东、河北、陕西等地。清朝中期，随着"闯关东"的热潮，山东等地的包姓人迁居到东北三省。另外，也有居住在沿海地区的包姓人渡海向台湾迁徙。

【历史名人】

包拯：字希仁，宋朝著名官吏，以为官断狱英明刚直而著称于世，被称为"包青天"。

包世臣：字慎伯，晚号倦翁、小倦游阁外史，清朝著名学者、书法家、书学理论家，著有《安吴四种》，其中《艺舟双楫》中提出的书法理论，对清朝中后期书风的变革影响很大。

北宋清官包拯断案公正无私。

包兰瑛：字者香，又字佩菜，清朝女诗人，朝夕吟咏，十二岁就有"白雨跳珠"与"赤虹化玉"之对，有"丹徒才女"的美誉。

bān
班

【姓氏来源】

班姓的起源主要有二：

其一：出自芈姓，以传说为氏，为春秋时期楚国若敖之后。若敖的孙子叫令尹子文，是春秋时期楚国名相，他为楚国的强大和北上争霸作出了杰出的贡献。相传子文一生下就被抛弃，被母虎抚养长大。因为虎身上有斑，所以令尹子文的后裔就以"斑"为姓。古时"斑"和"班"相通，遂改姓班，为班氏。

其二：根据《风俗通义》的记载，班姓为楚令尹阙班的后代。

【繁衍变迁】

班姓起源于两湖地区，春秋末期，楚国班姓人为了躲避战乱，迁居到山西，以放牧为生。一直到元末明初的时候，班姓人才开始向河北等地散居，在山西和河北等地繁衍生息，发展壮大。

【历史名人】

班婕妤：西汉女辞赋家，是中国文学史上以辞赋见长的女作家之一。所作之赋，文辞哀楚凄丽，千百年来被传诵不绝。

班彪：字叔皮，后汉著名学者，才华横溢，性格慎重，专心研究史籍，作传数十篇，以补充史记太初以后的缺节，被称为《史记后传》。

班超破匈奴。

班固：字孟坚，东汉著名史学家、文学家，继承父亲班彪的遗志，编写《汉书》。曾被人告发他私自修改国史，被捕入狱，在弟弟班超的帮助下，得以释放，并任命为典校秘书，最终写成了《汉书》。

班超：字仲升，东汉著名的军事家和外交家，班彪的儿子，班固的弟弟。曾率领三十六人出使西域，立功西域，被封为定远侯。

qiú
仇

【姓氏来源】

仇姓的起源主要有三：

其一：出自殷末三公之一的九吾氏。九吾氏为夏朝的诸侯，入商后立国号为"九"。商朝末年，纣王诛杀九国诸侯，九吾氏的族人为了避难，逃散各地，有一些九吾氏人在"九"前加上"人"字为"仇"字，称仇氏。

其二：出自仇牧姓，为春秋时宋国大夫仇牧之后。根据《元和姓纂》所载，春秋宋国宋缗公时有大夫仇牧。宋缗公被宋万所杀，仇牧为报仇而去讨伐宋万，与宋万展开了一场恶斗，结果被宋万摔死。其后世子孙便以仇牧的仇为姓，称仇氏。

其三：出自改性，为侯姓所改。《魏书》上记载，南北朝事情，北魏有中山人侯洛齐，本为侯姓，后为仇氏所收养，遂改为仇姓。

【繁衍变迁】

仇姓发源于河南，战国时期，仇姓人已经繁衍在河北地区。宋国被齐、楚、魏三国瓜分后，仇姓人散居在河南各地。秦始皇统一六国后，有仇姓徙居到陕西。两汉时期，部分居住在河南的仇姓人向山西和山东等地迁徙。东汉时，河南的仇姓氏族开始繁盛起来，形成了陈留郡和南阳郡两个望族。东汉末期，河北北部的仇姓人向北方迁居至辽宁等地，继而又向现在的朝鲜地区迁徙。魏晋南北朝时，仇姓人不能忍受战乱之苦，南迁到江苏、安徽、浙江、湖北等地。隋唐之际，河南和山西的仇姓氏族发展的十分繁盛。后来经过安史之乱和靖康之乱后，旧居中原的仇姓人已经散居在全国各地，包括南段的广东、福建等地。明朝初期，陕西仇姓被分迁到河南、河北、山东等地。清朝康乾以后，山东的仇姓人迁入东北三省，福建沿海的仇姓人则渡海赴台谋生，远徙东南亚及欧美。

【历史名人】

仇远：字仁近，号近村，又号山村，元代儒学教授、诗人、词人，著有诗集《金渊集》、诗文集《山村遗集》等，与白斑齐名。

仇英：字实父，号十洲，明朝著名画家，是"明代四大家"之一，花鸟鱼虫、山水人物，无所不鲜艳雅丽，被誉为明时工笔之杰。

仇兆鳌：字沧柱，自号章溪老叟，清代名士，用二十多年的时间编著《杜诗详注》，是一部具有集注集评性质的鸿篇巨制。

文 wén

【姓氏来源】

文姓的起源主要有五：

其一：出自姬姓，以谥号命名，为周文王之后。据史书所记载，商朝末年，后稷的第十二代孙古公亶父有三个儿子，太伯、仲雍和季历。季历的儿子姬昌出生时就有圣瑞之兆。太伯和仲雍让位给弟弟季历，逃去了荆蛮之地。在季历的治理下，周族逐渐强盛起来。商王文丁感到周的威胁，便找借口杀了季历。后来季历之子姬昌即位，被商纣王封为西伯。西伯积善行仁，在诸侯和百姓中的声望很高，于是纣王将西伯囚禁，周的臣子给纣王进献了美女和各种宝物令纣王大悦，释放了西伯。西伯归周后，以贤臣姜尚为辅佐，先后吞并了虞、芮、黎等国，并建丰邑作为国都，形成了"三分天下有其二"的局面，实力超过商王朝。西伯在位五十年年，死后，其子周武王继承遗志，完成了灭商大业，建立了周朝，追谥西伯为周文王。文王的支庶子孙中有以其谥号"文"为姓的，称文氏。

其二：出自周代卫国将军文子之后。周文王的小儿子康叔，因封于康，故称康叔。周公旦平定武庚叛乱后，将原来商都附近地区和殷民七族分封给康叔，即卫国。至春秋时期的卫献公时，有个叫孙文子的将军，其子孙中有以祖字为氏的，称文氏。

其三：出自姜姓，为炎帝后裔姜文叔之后。西周建立后，周武王大封诸侯，其中将炎帝裔孙太岳之苗裔文叔封于许，建立许国，为姜姓诸侯国。春秋时期，许国因处于中原要冲，周围强国虎视眈眈，受郑、楚两国所迫，四次迁都，终于在战国初年为楚所灭，子孙四散，其中有以许国开国君主文叔之字为氏的，称文氏。

其四：出自妫姓。为妫满之裔孙。相传帝舜因生在姚墟，因而得姚姓。又因住在妫汭河，又有妫姓。武王灭商建立周朝，封千代圣王的后人妫满于陈。陈侯的第十世孙妫完因内乱逃出陈国，投奔齐国，称陈氏。后陈完有后裔陈恒子，因食于田，称田和，改田氏，并夺取了齐国大权。战国时期，田和后裔田文，即"战国四公子"之一的孟尝君，在魏任相国，死后谥号文子。其后人以谥号"文"为姓，称文氏。

其五：出自敬姓，为避讳改姓。五代后晋时，为避讳晋高祖石敬瑭的名讳，所以"敬"姓均改为"文"姓。

【繁衍变迁】

文姓起源于陕西、河南等地区，春秋战国时期就有其族人迁徙于湖北等地。西汉时期，有文姓人由安徽地区进入今四川。汉至三国，河南、山东、山西的文姓人发展繁盛。魏晋南北朝时期，大量文姓人向南迁移，为文姓在南方比北方旺盛奠定了基础。唐宋时期，文姓人活动在山西、河南、四川、江西、江苏等地区，尤其是江西、四川最为繁盛。明初，作为迁民之一，山西籍的文姓人分别迁徙到山西周围各省及安徽等地区，文姓步入发展的鼎盛期。清朝以后，文姓人广泛分布在全国各地。

【历史名人】

文种：也作文仲，字会、少禽，一作子禽，春秋末期著名的谋略家，越王勾践的谋臣。有"鸟尽弓藏"的成语典故。

文丑：东汉末年袁绍的名将。

文天祥：字履善，改字宋瑞，号文山，南宋著名大臣、民族英雄、文学家。他所作《正气歌》，尤为世所传颂。著有《文山先生全集》。

文天祥执意不降蒙古。

文徵明：原名壁，字徵明，明代画家、书法家、文学家。与沈周、唐寅、仇英合称"明四家"，传有"江南四大才子"之一的美名。

ōu yáng
欧阳

【姓氏来源】

欧阳姓的起源比较纯正，出自姒姓，以封地名、侯爵名为氏，和欧氏同宗。根据《路史》、《姓氏考略》和《唐书》的记载，夏朝皇帝少康有儿子叫无余，被封在会稽。无余的后人建立了越国。春秋时，越国被吴国所灭，后越王勾践复国。传至越王无疆时又被楚国所灭，无疆的次子蹄，被封在欧余山南部，古时以山南为阳，因此称欧阳亭侯。无疆的支庶子孙，分别以山名和封爵名为姓氏，形成了欧、欧阳、欧侯三个姓氏。

【繁衍变迁】

欧阳发源于浙江，秦汉时期，欧阳氏族大规模北迁至山东。魏晋时期，河南、山西、陕西等地区也有欧阳姓人落籍，并在渤海郡形成了势力庞大，十分兴旺的欧阳家族。南北朝时期，战争频繁，硝烟四起，居住在北方的欧阳姓人无奈又南迁回江苏、湖南、浙江等江南地区。隋唐之际，江西、湖北、安徽、四川等地区也都有了欧阳氏族的落居。唐朝初期，就已经有欧阳姓人迁居到福建地区，到了唐末五代时，欧阳姓已经徙居到两广地区。居住在湖南的欧阳姓人已经散居在整个湖南地区，繁衍得十分繁盛。明朝初年，山西欧阳姓作为迁民之一，被分迁到山东、河南、河北等地。明朝中叶，福建、广州等东南沿海的欧阳姓人开始渡海赴台，清朝中期以后，欧阳姓人远赴东南亚和欧美各地。

【历史名人】

欧阳生：名容，字和伯，是西汉今文《尚书》欧阳学说的开创者，著有《欧阳章句》和《欧阳说义》。

欧阳建：字坚石，西晋哲学家，主张名称可以区分事物，言辞可以表达思想，著有《言尽意论》。

欧阳询：字信本，唐朝著名书法家，与颜真卿、柳公权、赵孟𫖯并称为楷书四大家，其楷书骨气劲峭，法度严整，自成"欧体"传之于世。

欧阳修以荻画地。

欧阳修：字永叔，号醉翁，晚年号六一居士，北宋著名的政治家、文学家、史学家，继承唐朝古文运动的代表，"唐宋八大家"之一，有专著《六一诗话》传世。

sī mǎ
司马

【姓氏来源】

司马姓的起源主要有二：

其一：以官职为氏，为西周掌管军事大权的大臣程伯休父的后裔。少昊帝时有司马一职，专门掌管军政和军赋。周朝时，重黎之后程伯休父担任司马一职，因平定徐方而立下大功，周宣王赐他司马为姓，遂称司马氏。

其二：出自改姓。晋元帝司马睿本姓生，后改为司马姓；南朝宋时有许穆之、郝惔之，其后人亦有改为司马姓的。

【繁衍变迁】

司马姓发源于山西，周朝时期，司马氏族散居在今山西境内的卫、赵两国。秦汉之后，司马姓在河南、陕西、四川、湖北、江苏等地都有散播，尤以河南最为兴盛，建立西晋王朝的司马懿家族就是在河南地区诞生的。晋朝建立后，司马作为国姓遍布中国各地。在唐朝以前，东南沿海和江淮地区就已经有了司马姓人的足迹，宋朝以后，山西地区又有司马光家族，而陕西、河北、湖南、江西、福建也都了司马姓人的居住。

【历史名人】

司马相如：字长卿，西汉著名辞赋家，代表作有《子虚赋》、《上林赋》。鲁迅在《汉文学史纲要》中评价："武帝时文人，赋莫若司马相如，文莫若司马迁"。

司马迁：字子长，西汉著名史学家、文学家，撰成中国第一部纪传体通史，时称《太史公书》。三国后期开始通称为《史记》。

司马懿：字仲达，三国时期魏国杰出的政治家、军事家，西晋王朝的奠基人。司马炎称帝后，追尊司马懿为宣皇。

司马光：字君实，号迂叟，世称涑水先生，北宋著名政治家、史学家、散文家，主持编纂了中国历史上第一部编年体通史《资治通鉴》。

诸葛
zhū gě

【姓氏来源】

诸葛姓的起源主要有三：

其一：出自葛姓改姓。先秦时期，黄帝的后裔葛伯所建立的封国灭亡后，居住在封国诸县的一支诸葛氏族迁徙到都县，为了与当地的葛姓有所区别，也为了纪念家乡，从诸县前来的葛姓就称为诸葛，为诸葛氏。

其二：出自有熊氏之后，为詹葛姓所改。春秋时期，齐国有熊氏的后代中有复姓詹葛的，因为读音相近，被讹称为诸葛氏。

其三：出自封邑名。秦末农民起义中，陈胜吴广麾下有大将葛婴，因为陈胜听信谗言而被杀害。西汉时，汉文帝为了纪念葛婴反抗秦王暴政的功劳，就将葛婴的孙子封为诸县侯，其后人世代在此定居。葛氏为了向文帝表达感谢，就将"葛"姓与地名合并改称"诸葛"，遂称诸葛姓。

【繁衍变迁】

诸葛姓发源于山东，汉朝到唐朝时期，诸葛在山东已经发展的十分繁盛，以琅玡郡为最名望。在魏晋南北朝时，诸葛姓人就已经迁居到福建等东南沿海地区。

【历史名人】

诸葛瑾：字子瑜，三国时期孙吴政权的大臣，诸葛亮的兄长，性格忠厚诚信，深得孙权信任。孙权曾说："子瑜之不负孤，犹孤之不负子瑜也。"

诸葛亮：字孔明，号卧龙，三国时蜀国著名的政治家，官居丞相。有《诸葛武侯集》、《出师表》为其名篇。

上官
shàng guān

【姓氏来源】

上官姓的起源比较单一，出自芈姓，以邑名为氏，为楚国有上官大夫之后。春秋时期，楚怀王的小儿子子兰被封在上官邑做大夫，子兰的后世子孙就以邑名为姓，称上官氏。

【繁衍变迁】

上官姓发源于河南，战国末期，秦灭六国后，楚国的上官氏族迁往陕西地区，并逐渐发展为当地的望族。唐朝时期，上官姓迁居河南地区，在当地也形成大家望族。到了唐朝末期，硝烟四起，中原的上官氏家族大规模南迁，到达了福建等东南沿海地区。经历了宋、元、明、清，上官姓已经散播到我国的大江南北。

【历史名人】

上官仪：字游韶，唐朝著名诗人，善作五言诗，技巧别致，当世人争相模仿，被称为"上官体"。

上官婉儿：上官仪之孙女。婉儿辩慧能文，习吏事，武后爱之，拜婕妤（女官名），秉机政。她十四岁起就为武则天草拟诏令。中宗李显即位后，她被立为昭容，掌管文学音乐，经常为皇后和公主作诗。

子兰受封。

上官凝：字成叔，宋朝著名学者，为人正直刚毅，为官清廉，善断疑案。

第三卷

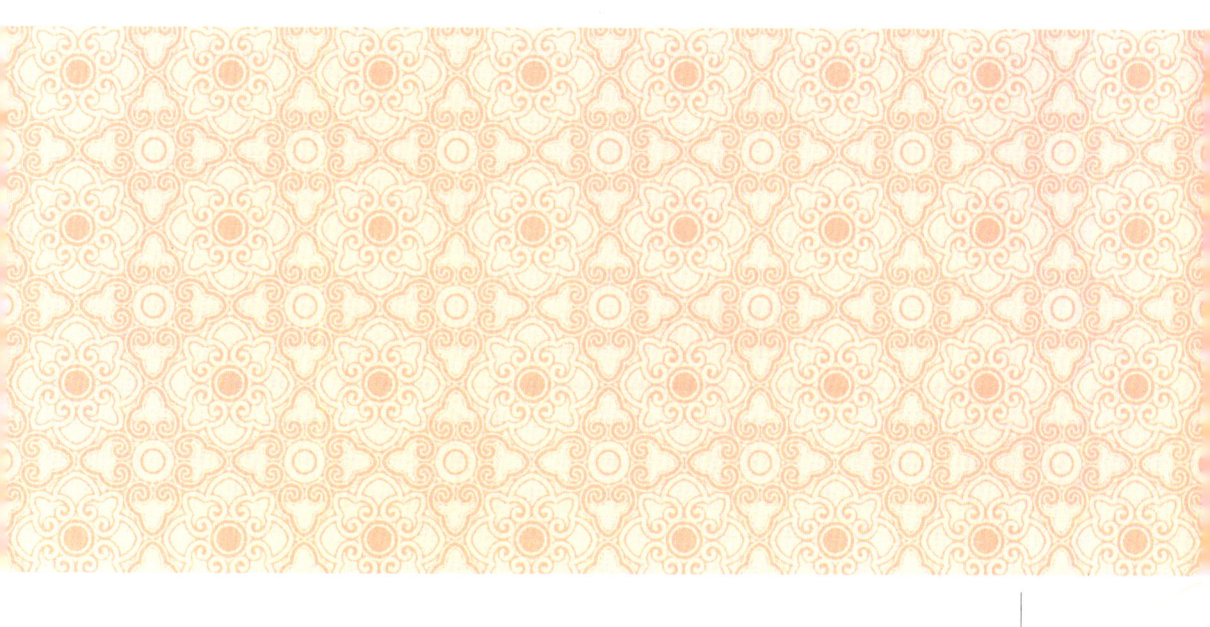

千字文

千字文

　　《千字文》是南朝梁武帝在位时期（502—549）编成的，其编者是梁朝散骑侍郎、给事中周兴嗣。据唐代李倬《尚书故实》记载，梁武帝命大臣殷铁石模次王羲之书碣碑石的字迹，又要求拓出一千字都不重复，以赐八王。梁武帝又命令周兴嗣将这一千字编成有意义的句子，"卿有才思，为我韵之"。结果周兴嗣用尽心血写成了《千字文》，据说写完以后，头发都白了。

　　《千字文》是我国最早的一篇启蒙读物，用了整整一千字，内容包含了上古传说、历史源流、九州地理、文明与制度、名人与典故等，其中很多都已经成为我们常用的成语。它通篇四字一句，每句押韵，音韵和谐，读起来朗朗上口。《千字文》一千字全不重复，可以让学生用最短的时间认识最多的字，是最好的集中识字教材之一。《千字文》也是一部袖珍的中国文化百科知识全书。

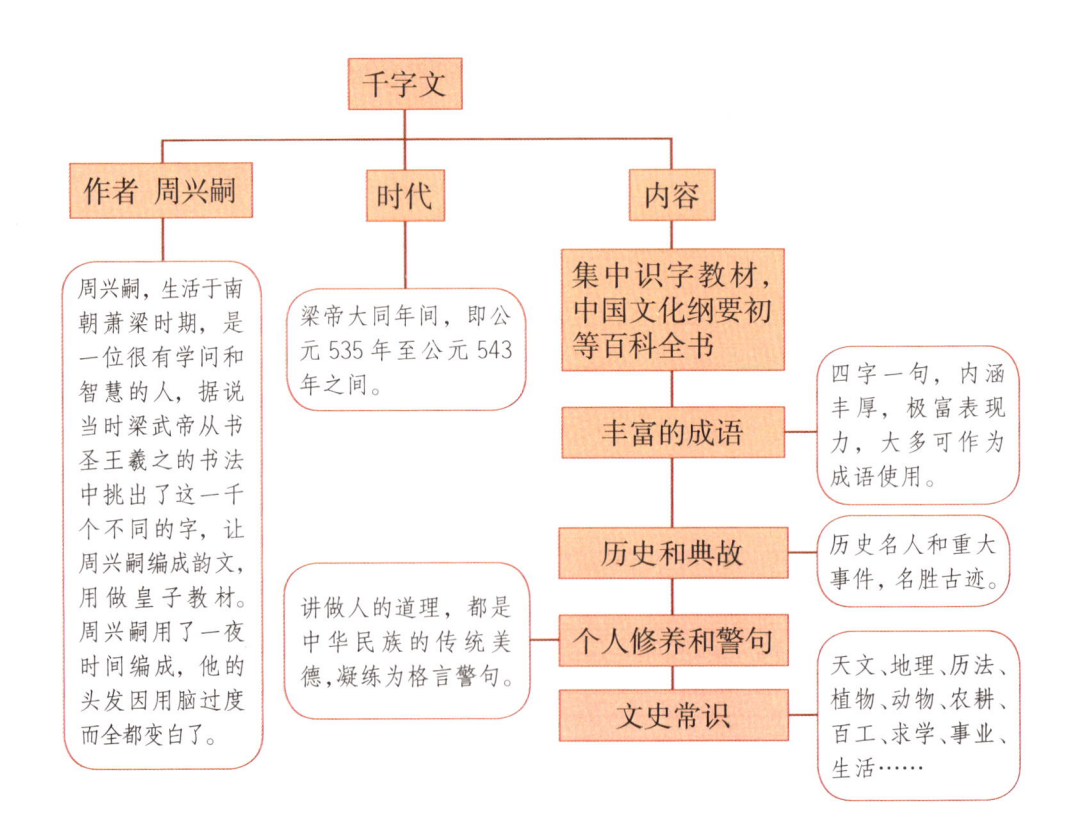

千字文

- 作者 周兴嗣
  - 周兴嗣，生活于南朝萧梁时期，是一位很有学问和智慧的人，据说当时梁武帝从书圣王羲之的书法中挑出了这一千个不同的字，让周兴嗣编成韵文，用做皇子教材。周兴嗣用了一夜时间编成，他的头发因用脑过度而全都变白了。

- 时代
  - 梁帝大同年间，即公元535年至公元543年之间。

- 内容
  - 集中识字教材，中国文化纲要初等百科全书
  - 丰富的成语 —— 四字一句，内涵丰厚，极富表现力，大多可作为成语使用。
  - 历史和典故 —— 历史名人和重大事件，名胜古迹。
  - 个人修养和警句 —— 讲做人的道理，都是中华民族的传统美德，凝练为格言警句。
  - 文史常识 —— 天文、地理、历法、植物、动物、农耕、百工、求学、事业、生活……

【原文】

天地玄黄①，宇宙洪荒②。日月盈昃③，辰宿列张④。

【注释】

①玄黄：指天地的颜色。玄，黑色，天的颜色；黄，黄色，地的颜色。②洪荒：无边无际、混沌蒙昧的状态，指远古时代。洪，洪大、辽阔；荒，空洞、荒芜。③盈：圆满，这里是针对月亮说的。昃：太阳偏西。④辰宿：星宿，星辰。列张：陈列，散布。列，排列；张，张开。

天地玄黄，宇宙洪荒。

【译文】

开天辟地，宇宙诞生。天是黑色的，高远苍茫；地是黄色的，深邃宽广。宇宙辽阔无垠、混沌蒙昧。日月在宇宙中运转，日出日落，月圆月缺，周而复始，无数星辰陈列散布，闪闪发光。

【原文】

寒来暑往，秋收冬藏。闰余成岁①，律吕调阳②。

【注释】

①闰余成岁：中国古代历法以月亮圆缺变化一次为一个月，十二个月为一年，但人们实际经历的一年（地球绕太阳运行一圈所用的时间）和它之间存在差额，这个时间差额被称为"闰余"。为了解决这个问题，古人每过几年，就把积累到一定程度的"闰余"相加，合成"闰月"，插入该年份中，有"闰月"的这一年就是"闰年"。闰，余数；岁，年。②律吕：律管和吕管，中国古代用来校定音律的一种设备，相当于现代的定音器。古人将一个八度分为十二个不完全相等的半音，从低到高依次排列。每个半音称为一律，其中单数各律称为"律"，双数各律称为"吕"，十二律分为"六律"、"六吕"，简称"律吕"。古人认为十二音律代表一年的十二个月，分"阴"、"阳"两组，所以"律吕"除了用来校正音律，还用来勘测地下阴阳二气的变化，以校正历法节气的偏差。调：调整。阳：阴阳，这里指节气。

【译文】

四季气候总是冬夏交替，农事活动总是春生夏长、秋收冬藏。历法上的一年与地球实际上绕太阳运行一周的时间出现误差，就设置闰月和闰年来解决；历法节气上产生偏差，则根据律管和吕管对地下阴阳二气进行勘测的结果进行调整。

【原文】

云腾致雨①，露结为霜。金生丽水②，玉出昆冈③。

【注释】

①腾：上升。致：导致，造成。②丽水：就是云南丽江，因为盛产黄金，又名"金沙江"。③昆冈：昆仑山，在新疆维吾尔自治区、西藏自治区一带，古代出产玉石，著名的"和田玉"便产自这里。

【译文】

云气上升遇到冷空气就形成了雨，夜晚气温下降露水就凝结成霜。丽江水中盛产黄金，昆仑山上盛产美玉。

【原文】

剑号巨阙①，珠称夜光。果珍李奈②，菜重芥姜③。

【注释】

①巨阙：古代宝剑名，相传是春秋时期越国铸剑大师欧冶子所铸造的五大名剑之一，其余依次为纯钩、湛卢、莫邪、鱼肠，全都锋利无比，以巨阙为最，后来逐渐成为宝剑的代称。②李奈：两种水果名称，"李"是李子；"奈"，奈子，俗名花红，又叫沙果。③重：重视、看重。

剑号巨阙。

【译文】

"巨阙剑"在宝剑中最锋利，"夜光珠"在珍珠中最明亮；水果里最珍贵的是李子和沙果，蔬菜中最重要的是芥菜和生姜。

【原文】

海咸河淡，鳞潜羽翔①。

【注释】

①鳞：鱼的鳞片，这里代指鱼类。潜：隐藏在水面下活动。羽：鸟的羽毛，这里代指鸟类。翔：盘旋地飞而不扇动翅膀。

【译文】

海水咸，河水淡；鱼儿在水中潜游，鸟儿在空中飞翔。

【原文】

龙师火帝①，鸟官人皇②。始制文字③，乃服衣裳④。

【注释】

①龙师：相传上古帝王伏羲氏所封的官名都带"龙"字，因此被称为"龙师"。火帝：相传上古帝王神农氏所封的官名都带"火"字，因此被称为"火帝"，又称炎帝。②鸟官：相传上古帝王少昊氏所封的百官都带有"鸟"字，因此被称为"鸟官"。人皇：人间的皇帝，这里指传说中上古部落的首领，后来被神化，与天皇、地皇合称三皇。③始制文字：传说黄帝命一个叫仓颉的史官创造了汉字。④乃服衣裳：传说远古时期，人类开始都是用树叶遮蔽身体、抵御寒冷。直到黄帝时，才有一个叫胡曹的人发明了衣裳，上身穿的叫衣，下身穿的叫裳（古代指裙子）。乃，才；服，穿（衣服）。

【译文】

上古时期，伏羲氏以龙来命名百官，被称为"龙师"；神农氏以火来命名百官，被称为"火帝"；少昊氏以鸟来命名百官，被称为"鸟官"。还有传说中远古部落首领人皇，与天皇、地皇合称三皇。

黄帝时仓颉创造了文字，百姓穿上了衣服。

【原文】

推位让国①，有虞陶唐②。吊民伐罪③，周发殷汤④。

【注释】

①推位：把皇位让给别人。推，推让，把自己的东西送给别人；位，这里指皇位。让：不争，谦让，这里指古代所说的"禅让"，指君王把帝位让给他人。②有虞：这里指舜，远古部落有虞氏的首领，号有虞氏，史称虞舜，传说中的五帝之一。陶唐：这里指尧，远古部落陶唐氏的首领，号陶唐氏，史称唐尧，也是传说中的五帝之一。传说尧把帝位禅让给了舜，舜又禅让给了禹。③吊民伐罪：慰问受苦的人民，讨伐有罪的统治者。吊，抚恤、慰问；民，人民；伐，征讨、讨伐；罪，作恶或犯法的行为，这里指有罪的统治者。④周发：

指周武王姬发，他率军讨伐暴君商纣王，建立了西周。殷汤：成汤率军讨伐暴君夏桀，建立了商朝，历史上商朝又称殷，因此成汤又叫殷汤。

【译文】

贤明的上古君王尧和舜，无私地把帝位让给德才兼备的人。商汤率军讨伐残暴的夏桀，而周武王又率军讨伐残暴的商纣王。

【原文】

坐朝问道①，垂拱平章②。爱育黎首③，臣伏戎羌④。遐迩一体⑤，率宾归王⑥。

【注释】

①坐朝问道：君主端坐在朝堂上，与大臣们共同商讨治国之道。②垂拱：语出《尚书·武成》："谆信明义，崇德报功，垂拱而天下治"。垂衣拱手，形容毫不费力，这里指天子不做什么而使天下安定，多用来称颂帝王无为而治。垂，垂衣，把衣服挂起来；拱，拱手。平章：太平彰明，指把国家治理得很好。平，平安、太平；章，通"彰"，明显、显著。③爱育：爱护养育。黎首：黎民，指老百姓。黎，黑色的；首，头，因为老百姓脸是黑色的，所以称为"黎首"。④臣伏：屈服称臣。戎羌：中国古代西北地区的两个少数民族，这里代指全部少数民族。⑤遐迩一体：指远近地区关系密切，形成一个整体。遐，远；迩，近。⑥率宾归王：出自《诗经·小雅·北山》："普天之下，莫非王土；率土之滨，莫非王臣。"意思是：普天之下的土地都是君王的领土，领土内的百姓都是君王的臣民。率，率领、带领，这里是"自、由、从"的意思；宾，通"滨"，水边，近水的地方。率宾，四海之内。归，归依、归属；王，君王、天子。

遐迩一体，率宾归王。

【译文】

贤明的君王只要端坐朝堂，和大臣们共同商讨治国之道，无为而治，就能毫不费力地把国家管理好，开创天下太平、政治清明的盛世。

君王体恤爱护百姓，百姓自然会心悦诚服地拥戴他，连边疆的少数民族也会心甘情愿地归顺臣服。远近地区关系密切，国家自然会形成统一的整体，四海之内的百姓都会主动归顺于贤明的君主。

【原文】

鸣凤在竹①，白驹食场②。化被草木③，赖及万方④。

【注释】

①鸣凤在竹：凤凰是传说中的珍禽，只吃竹子的果实，只落在梧桐树上休息，它的出现象征着太平盛世。②白驹食场：出自《诗经·小雅·白驹》："皎皎白驹，食我场苗，执之维之，以永今朝。"这里借白色的小马在牧场自在地吃草，来表现处在太平盛世的人生活非常悠闲。驹，小马。场，牧场。③化被草木：圣君贤王的感化使草木都沾光。化，政教风化。被，覆盖、遮盖。④赖及万方：普天下的百姓都享受到明君的恩泽。赖，幸蒙、依赖。万方，各地、四方，不仅仅指人，还泛指一切生物。

白驹食场。

【译文】

明君的恩泽覆盖了世间万物：竹林间，吉祥的凤凰在欢快地鸣叫；牧场上，白色的小马驹正悠闲地吃草；草木沐浴着君王的教化，生机勃勃；百姓享受君王的恩泽，生活幸福。

【原文】

盖此身发①，四大五常②。恭惟鞠养③，岂敢毁伤④。

【注释】

①盖：发语词，引起下面所说的话，本身并无意义。身发：身体和头发。这里代指整个身体。②四大：指地、水、火、风四种元素。五常：指儒家认为人应具备的五种品德，仁、义、礼、智、信。③恭惟：也作"恭维"，对上的谦辞，一般用于文章开头。惟，助词，与恭合起来成为表谦虚的专辞。鞠养：抚养，养育。这里"鞠"和"养"意思相同。④岂敢：怎么敢，不敢，表示谦虚。岂，助词，表示反问的语气。

【译文】

　　人的身体发肤,是地、水、火、风四大基本元素构成的;人的思想行为,是受仁、义、礼、智、信五种品德约束的。做儿女的要恭恭敬敬,时刻谨记父母的养育之恩,这样的话,怎么还敢轻易损毁自己的身体呢?

【原文】

　　女慕贞洁①,男效才良②。知过必改③,得能莫忘④。

【注释】

　　①慕:向往,敬仰。贞洁:纯正高洁,指纯洁的内心和端正的品行。贞,端方正直,形容一个人的意志或操守坚定不移;洁,干净。②效:效法、学习。才良:德才兼备的人。才,有本领、有才能;良,善良、美好。③知过必改:知道自己错了就一定要及时改正。过,过错、过失;必,一定;改,改正。④得能:学到了本领。能,才干、本领。

女慕贞洁,男效才良。

【译文】

　　女子要崇尚那些内心纯洁、品行端正的人;男子要效法那些德才兼备的人。发现自己错了,一定要及时改正;学到了知识本领,一定不要忘记。

【原文】

　　罔谈彼短①,靡恃己长②。信使可复③,器欲难量④。

【注释】

　　①罔:不,不要,表示禁止、否定。彼短:别人的缺点。彼,他人、别人;短,缺点、短处。②靡:不,不要,表示禁止、否定。恃:依赖,仗着。己长:自己的长处。③信:诚信,诚实不欺骗。复:实践,履行。④器:气度,器量。欲:需要。

【译文】

　　不要谈论别人的短处,不可炫耀自己的长处。做人要诚实守信,经得起反复考验；器量越大越好，最好大到让人难以估量。

【原文】

墨悲丝染①，《诗》赞羔羊②。

【注释】

①墨：这里指墨子，名翟，是战国时期著名的思想家、教育家，墨家学派创始人，著有《墨子》一书。墨悲丝染：典故出自《墨子》，说有一次墨子路过染坊，看到雪白的生丝被放在各色染缸里染了颜色，无论怎样漂洗，再也无法将染过的丝恢复生丝的本色了。墨子于是悲叹道："染于苍则苍，染于黄则黄，不可不慎也。"墨子认为人的本性像生丝一样洁白美好，一旦受到环境的污染，就像生丝被染了色，再想恢复本性的质朴纯洁已经不可能了，因此而感到悲哀。这个故事教育我们要注意抵御不良影响，保持本性的纯正美好。②诗：这里指《诗经》，我国古代第一部诗歌总集，共305篇，又取整数，称为"诗三百"，分为风、雅、颂三部分。羔羊：《诗经·召南》里有"羔羊"一篇，表面上是赞美羔羊的素白，实质上是称颂穿皮袄的人——士大夫具有羔羊般纯洁正直、不受污染的品德。

【译文】

墨子悲叹白丝被染了色，《诗经》赞美了士大夫纯洁正直的品德。

【原文】

景行维贤①，克念作圣②。德建名立③，形端表正④。

【注释】

①景行：大路，比喻高尚光明的德行，语出《诗经·小雅·车辖》："高山仰止，景行行止。"意思是贤德的人，德如高山人人敬仰，行如大道人人向往。景，高、大；行，道路。维贤：要像贤人一样。维，思考；贤，贤人。②克念：克制自己的私欲杂念。克，制服、抑制。圣：圣人，古代对人格最高尚的、智慧最高超的人的称呼。③德：道德品行。名：名声。④形端：既包括形体端庄，也包括内在谦虚诚恳。形，这里指人的整体形态，包括外在的言行举止和内在修养两部分。表正：仪表端正。表，仪表，指人的容貌、姿态、风度等。

【译文】

行为光明正大，才能接近贤人；克制私欲杂念，才能成为圣人。高尚的德行建立了，名声自然就会树立；心性举止庄重，仪表自然就会端正。

【原文】

空谷传声①，虚堂习听②。祸因恶积③，福缘善庆④。

【注释】

①空谷：空旷的山谷。传声：传播声音。②虚堂：高大而空荡的厅堂。虚，空；厅，厅堂，用于聚会、待客等的宽敞房间。习听：回声引起重听。习，本义是小鸟反复地试飞，这里是重复的意思。③积：积累，聚积。④缘：因为，由于。庆：奖赏，赏赐。

【译文】

空旷的山谷中，声音传播得很远；空荡的厅堂里，说话会有回声。灾祸是罪恶不断积累的下场，幸福是善行持续增加的奖赏。

【原文】

尺璧非宝①，寸阴是竞②。

【注释】

①尺璧：直径一尺长的美玉，形容极为珍贵的玉。璧，本义是平滑、中心有孔的圆形玉环，后来将上等的美玉称为璧。②寸阴：一寸长的光阴，形容时间非常短暂。竞：竞争，争取。

【译文】

直径一尺的美玉还不算真正的宝贝，短暂的时光却要努力争取。

尺璧非宝，寸阴是竞。

【原文】

资父事君①，曰严与敬②。孝当竭力③，忠则尽命④。

【注释】

①资：奉养。事：侍奉。②曰：本义是"说"，这里是"就是"的意思。严：严肃，认真。敬：恭敬。③竭力：尽力，用尽全力。竭，尽、用完。④尽命：忠于君主要不超越本位，一心一意做好本职工作。命，孔子说过"命者，名也"，命就是一个人的本分、名分。做人做事，都不要超越自己的本分，才有功德；越位行事，劳而无功。

【译文】

奉养父母、侍奉君主，就是要严肃而恭敬。孝敬父母应当尽已所能，能做多少就做多少；忠于君主不要超越本位，一心一意，恪尽职守。

286

【原文】

临深履薄①，夙兴温凊②。似兰斯馨③，如松之盛。

【注释】

①临深履薄：语出《诗经·小雅·小旻》："战战兢兢，如临深渊，如履薄冰。"意思是面临深渊，脚踩在很薄的冰面上。比喻小心谨慎，唯恐出现差错。临，面对、面临；深，深渊；履，踩、踏；薄，薄冰。②夙兴："夙兴夜寐"的缩略语，早起晚睡。夙，早；兴，起来、起床。温凊："冬温夏凊"的缩略语，冬天注意防寒保暖，夏天注意防暑降温。温，温暖；凊，凉、凉爽。③馨，散布很远的香气，多比喻声誉流芳后世。

【译文】

侍奉君主要像站在深渊边、踩在薄冰上一样小心谨慎；孝顺父母要比他们睡得晚、起得早，冬天注意防寒保暖，夏天注意防暑降温。这种尽忠尽孝的美德，像兰花那样清香远播，陶冶人心；像青松那样傲霜斗雪，苍翠茂盛。

【原文】

川流不息①，渊澄取映②。容止若思③，言辞安定④。

【注释】

①川：河水，河流。息：停歇，停止。②渊：深水，深潭。澄：水静而清。取映：拿来当镜子照。取，拿、拿来；映，反映，因光线照射而显出。③容止：容貌仪表和行为举止。若思：像在思考问题一样。若，好像。④言辞：言语，所说的话。

【译文】

要像河水那样流淌不息，要像潭水那样清澈照人。仪容举止要像在思考问题时那样沉静安详，言语对答要稳重自信。

【原文】

笃初诚美①，慎终宜令②。荣业所基③，籍甚无竟④。

【注释】

①笃初：以忠实的态度开始做一件事情。笃，忠实，一心一意；初，开始。诚：虽然，固然。美：美好。②慎终：谨慎小心直到结束。慎，谨慎、慎重；终，完、结束。宜令：应该美好。宜，应该、应当；令，美好、善。③荣业：荣誉与功业。基：基础，根本。④籍甚："籍籍之甚"的简称，形容声名盛大。竟：通"境"，止境。

【译文】

以忠实的态度开始做一件事情固然很好,但直到事情结束都保持小心谨慎才更加难能可贵,这是人一生荣誉与事业的基础,有了这个基础,才能声名远扬,没有止境。

【原文】

学优登仕①,摄职从政②。存以甘棠③,去而益咏④。

【注释】

①学优登仕:出自《论语·子张篇》:"子夏曰:仕而优则学,学而优则仕。"意思是做了官还有余力就去学习(以便更好地发展);学习好了就可以去做官(以推行仁政)。学优,学习成绩优异;登仕,当官、做官;登,登上;仕,官员。②摄职:代理官职。摄,代理。从政:参与政治事务,指做官。③存:保存,保留。甘棠:即棠梨树。典故出自《诗经·召南·甘棠》,相传周武王的臣子召伯巡视南方时,曾在甘棠树下休息、理政,当地人因其勤政爱民感激他,为了怀念他的功绩,一直珍惜这棵甘棠树不忍心砍伐,并作了《甘棠》一诗加以怀念。④去:离去,离开。益咏:更加歌颂赞美。益,更加。

学优登仕,摄职从政。

【译文】

学问好的人就可以去做官,行使职权、处理政事。周人怀念召伯的德政,不忍砍伐他休息过的甘棠树,召伯虽然离去了,但百姓却作诗歌怀念他。

【原文】

乐殊贵贱①,礼别尊卑②。上和下睦③,夫唱妇随④。

【注释】

①乐:音乐。殊:不同。贵贱:身份的高贵和低贱。②礼:礼节,礼仪。别:差别。尊卑:地位的尊贵和卑贱。③上:长辈或地位高的人。下:晚辈或地位低的人。睦:融洽。④夫唱妇随:原指封建伦理道德规定妻子必须绝对服从丈夫,后比喻夫妻亲密和睦相处。唱,通"倡",倡导、发起;随,附和。

【译文】

要根据身份贵贱选用不同音乐，要依据地位高低区别使用礼仪。不管地位高低，还是辈分大小，都要和睦相处，丈夫倡导的，妻子要顺从。

【原文】

外受傅训①，入奉母仪②。诸姑伯叔③，犹子比儿④。

【注释】

①外：在外。傅训：师傅的教诲。傅，师傅、老师；训，教导、教诲。②入：进入家里，在家。奉：奉行，遵守。母仪：母亲的举止仪表。仪，容止仪表。③诸：众，各。④犹子：犹如自己的儿子，《礼记·檀弓》："兄弟之子，犹子也。"就是侄子。犹，如同。

【译文】

在外要接受老师的教导，在家要奉行母亲的礼仪。要像孝顺父母那样对待姑姑、伯伯、叔叔；要像关爱亲生子女那样爱护侄子侄女。

【原文】

孔怀兄弟①，同气连枝②。交友投分③，切磨箴规④。

【注释】

①孔：很，甚、非常。怀：思念，想念。②同气连枝：兄弟虽然形体不同，但共同承受父母的血气，就像连接在同一树干上的枝条。③投分：投缘，情投意合。投，相合、迎合；分，情分、缘分。④切：切磋。磨：琢磨。箴：劝告，劝诫。规：劝告，建议，尤指温和地力劝。

【译文】

兄弟间要互相关爱，气息相通，因为彼此有共同的血缘关系，就像形体不同，却同根相连的枝条一样。交朋友要意气相投，要能共同切磋钻研学问，还要能互相劝诫激励。

【原文】

仁慈隐恻①，造次弗离②。节义廉退③，颠沛匪亏④。

【注释】

①仁慈：仁爱慈善。隐恻：也写作"恻隐"，看到人遭遇不幸感到不忍心，即同情、

怜悯。②造次：慌忙，仓促。弗：不。③节：气节，操守。义：正义。廉：廉洁。退：谦让，谦逊。④颠沛：困顿挫折。匪亏：不缺少。匪，不；亏，欠缺、短少（应该有的而缺少）。

【译文】

无论多么慌乱紧急的情况，都不可丢失仁爱和同情之心。无论多么颠沛流离的生活，都不能缺少气节、正义、廉洁、谦逊这些美德。

孔子困厄于陈蔡，依然咏诵不辍。

【原文】

性静情逸①，心动神疲②。守真志满③，逐物意移④。

【注释】

①性静：心情宁静。性，性情。情逸：心性安逸。情，情绪、心情；逸，安闲、安适。②心动：心中浮躁动荡，不能安定。神疲：精神疲倦。神，精神。③守真：保持自己纯真的本性和操守。守，保持、卫护；真，这里指人的本性、本质。志满：志向得到满足。志，志气、意愿。④逐物：追求物质享受。逐，追求、追逐。意移：意志改变，这里指善良的本性发生变化。

【译文】

心性淡泊宁静，情绪就自在安逸；内心浮躁动荡，精神就疲倦萎靡。保持纯真的本性和操守，志向就能得到满足；一心追逐物质享受，意志就会衰退，善良的本性也会改变。

【原文】

坚持雅操①，好爵自縻②。

【注释】

①雅：高尚，美好。操：品行，节操。②好爵：代指高官厚禄。爵，古代饮酒的器皿，因贵族的等级不同使用的爵器也不同。后世把爵作为爵位、爵号、官位的总称。自縻：自己跑来拴住自己，这里是好运自来的意思。縻，本义是拴牛的绳子，这里是拴住、牵系的意思。

【译文】

坚持高尚的节操，高官厚禄自会降临。

【原文】

都邑华夏①，东西二京②。背邙面洛③，浮渭据泾④。

【注释】

①都邑：京城。邑，城市、都城。华夏：原指我国中原地区，后包括我国全部领土，遂成为中国的古称。②东西二京：中国古代很重要的两座京城，即西汉的都城长安"西京"（现在的西安），东汉的都城洛阳"东京"。③背邙面洛：这里是描述洛阳的地理位置。背邙，背靠邙山。邙，山名，北邙山，位于河南洛阳的北面。面洛，面对洛水。④浮渭据泾：这里是描述长安的地理位置。西安的左面有渭水，右面有泾河。渭水发源于甘肃，泾水起源于宁夏，二水在西安汇合后流入黄河。在汇入黄河以前，泾水清，渭水浊，水质完全不一样，这就是成语"泾渭分明"的来历。浮，漂浮；据，凭着、依靠。

【译文】

中国古代的都城宏伟壮观，最古老的要数东京洛阳和西京长安。洛阳背靠北邙，面临洛水；长安左边是渭河，右边是泾河。

【原文】

宫殿盘郁①，楼观飞惊②。图写禽兽③，画彩仙灵④。

【注释】

①盘郁：曲折幽深的样子。盘，盘旋、回旋；郁，是繁盛的样子。②楼观：古代宫殿群里面最高的建筑，这里泛指楼殿等高大的建筑物。观，楼台。飞惊：（楼阁亭台之势）如鸟儿展翅高飞，令人触目惊心，形容楼殿非常高大。飞，飞檐，中国古代特有的建筑结构，像展翅欲飞的鸟儿；惊，令人触目惊心。③图写：图物写貌，绘画。写，这里是描摹、绘画的意思。禽兽：泛指飞禽走兽。④画彩：用彩色绘画。仙灵：天仙和神灵。

【译文】

雄伟的宫殿曲折盘旋，重叠幽深；高大的亭台楼阁凌空欲飞，触目惊心。宫殿里画着各种各样的飞禽走兽，还有彩绘的天仙神灵。

【原文】

丙舍傍启①，甲帐对楹②。肆筵设席③，鼓瑟吹笙④。

【注释】

①丙舍：泛指正室两旁的别室、偏殿。傍启：从侧面开门。傍，通"旁"，侧面。②甲帐：汉武帝时所造的帐幕，用各种珍宝装饰，这里代指豪华的建筑。对楹：堂前对立的楹柱，这里指宫殿上第一排柱子。楹：厅堂前部的柱子。③肆筵设席：在宴会开始之前，进行桌椅的排摆和陈设的准备，这里就是摆设筵席的意思。肆，设，陈列，陈设。

肆筵设席，鼓瑟吹笙。

筵，席，古代的坐具，在唐朝以前，古人都是在地上铺席子，席地而坐，紧贴地面的那层长席叫筵，铺在筵上的短席叫席。④鼓瑟吹笙：宴会中助酒兴的音乐歌舞。鼓，敲击、弹奏；瑟，古代的一种弦乐器，形状像琴，这里代指弦乐；笙，古代的一种管乐器，这里代指管乐。

【译文】

正殿两旁的偏殿从侧面开启，豪华的慢帐对着高大的楹柱。宫殿里大摆筵席，弹瑟吹笙，一片歌舞升平的欢腾景象。

【原文】

升阶纳陛①，弁转疑星②。右通广内③，左达承明④。

【注释】

①升阶纳陛：指官员们一步步拾阶而上，登堂入殿。升阶，走上台阶。升，登、上；纳陛，用脚蹬着台阶一步步走上去；纳，进入；陛，帝王宫殿的台阶。②弁：古代的一种官帽，缝合处常用玉石装饰。转：转动。疑：这里是疑似的意思，类似、好像。③广内：汉代宫殿名，在长安的建章宫中，是西汉宫廷藏书的地方。④承明：汉代宫殿名，在长安的未央宫中，是西汉宫廷著述的地方。

【译文】

文武百官走上台阶，进入宫殿，装饰着玉石的帽子不停转动，疑似天上闪耀的繁星。建章宫右边通向藏书的广内殿，未央宫向左到达进行著述的承明殿。

【原文】

既集坟典①，亦聚群英②。杜稿钟隶③，漆书壁经④。

【注释】

①集：汇集，集中。坟典：《三坟》、《五典》的并称，后来转为古代典籍的通称。坟，《三坟》，传说是记载三皇（伏羲、神农、黄帝）事迹的书；典，《五典》，传说是记载五帝（少昊、颛顼、帝喾、尧、舜）事迹的书，后来都已失传。②群英：众多贤能之士、英雄人物。③杜稿：汉朝杜度善写草书，是中国历史上写草书的第一人。杜度草书的手稿真迹，就是"杜稿"，被唐朝人称为"神品"。钟隶：三国时代的钟繇隶书天下第一，他的隶书真迹，就是"钟隶"。④漆书：上古时期还没有笔墨，古人通常用漆在竹简上书写文字。壁经：指在孔子旧宅墙壁中所藏的经书。秦始皇焚书坑儒，把所有的儒书都收缴上来。孔子的后代怕儒学从此失传，就把一部分经书藏在了夹壁墙里边。汉武帝的弟弟鲁恭王，想侵占孔子的旧宅修花园。在拆墙的时候发现了里边的竹简，内有《孝经》、《古文尚书》、《论语》等。

【译文】

宫殿内既收藏了古今的名著典籍，又聚集了众多的文武英才。不但有书法家杜度的草书手稿和钟繇的隶书真迹，还有历史久远的漆书古籍，以及从孔府墙壁内发现的古文经书。

【原文】

府罗将相①，路侠槐卿②。户封八县③，家给千兵④。

【注释】

①罗：搜罗，召集，聚集。将相：这里代指文武百官。武官最高级别的是"将"，文官最高级别的是"相"。②侠：同"夹"，处在两旁。槐卿：三槐九卿的简称。三槐就是三公，代表国家最尊贵的三个职位。《周礼》中记载：周代外朝种植槐树三棵，三公位列其下；左右各种植棘树九棵，九卿大夫位列其下，所以称公卿为"槐卿"。③封：分封土地，即帝王把爵位及土地赏赐给王室成员、诸侯及有功的大臣。④给：配给，供给。

【译文】

朝廷内聚集着将相百官，宫廷外分列着三公九卿。皇帝给每家都赏赐了八个县之广的封地，还供给他们上千名士兵。

【原文】

高冠陪辇①，驱毂振缨②。世禄侈富③，车驾肥轻④。

【注释】

①冠：帽子。陪：伴随，陪伴。辇：古代用人拉着走的车子，后来专指帝王与后妃乘

坐的车子。②驱毂：驾车的意思。驱，赶马，驱赶；毂，车轮中心的圆木，中有圆孔，可以插轴，借指车轮或车。振：抖动，摆动。缨：这里有两重意义：一是古代帽子上系在颔下的冠带。古人乘车都是站在车厢里，车马一跑起来，帽带就会随风摆动，所以叫做"振缨"。二是套马的革带，驾车用。因此抖动马的缰绳也叫"振缨"。③世禄：古代贵族世代享受国家俸禄。侈富：奢侈，富有。侈，奢侈，过分追求物质享受；富，富裕、富足，财产、财物多。④车驾：马拉的车。肥轻：肥马轻裘的简称，语出《论语·雍也》："赤之适齐也，乘肥马衣轻裘。"形容富贵豪华的生活。肥，指肥壮的马。轻，指轻巧暖和的皮衣。

【译文】

大臣们戴着高高的官帽，陪伴皇家的车辇出行，车轮飞驰，缨带飘扬。子孙世代享受优厚的俸禄，过着奢侈豪华的生活，乘高大肥壮的马，穿轻巧暖和的皮衣。

【原文】

策功茂实[①]，勒碑刻铭[②]。磻溪伊尹[③]，佐时阿衡[④]。

【注释】

①策：谋划、策划，出谋划策，指的是文治。功：武功，上阵杀敌，指的是武功。茂实：盛美的德业。茂，茂盛、盛大；实，真实不虚。②勒碑：在石碑上刻字。勒，刻、雕刻。刻铭：在金属上刻字。铭，铭文，一种用于歌颂和纪念的文体，多刻在金属器皿上。③磻溪：水名，在陕西省宝鸡市东南，这里代指姜太公。传说姜太公一直在这里垂钓，后周文王寻访到此，请他出山，辅佐周王平定天下。伊尹：商朝开国君主成汤的宰相，辅佐成汤灭夏，建立商朝。④佐时：应时而生辅佐当朝君王。阿衡：商朝官名，相当于宰相。

【译文】

这些将相大臣的文治武功卓越而真实，他们的丰功伟绩不但被载入史册，还被刻在金石上流传后世。周文王在磻溪寻访到了姜太公，尊他为太公望，周朝在他的辅佐下消灭商朝统一天下；伊尹辅佐成汤推翻夏朝建立商朝，成汤封他为阿衡，他们都是应时而生辅佐当朝君王成就大业的功臣。

【原文】

奄宅曲阜[①]，微旦孰营[②]？桓公匡合[③]，济弱扶倾[④]。

【注释】

①奄宅曲阜：指曲阜，春秋时鲁国的都城，孔子的故乡，今山东省曲阜市。奄宅，

奄宅之地，即曲阜一带。②微：要不是，如果没有。旦：指周公，周武王的弟弟，姓姬名旦，又称周公旦。孰营：谁来谋划治理。孰，谁；营，筹划、管理、建设。③桓公：指齐桓公，春秋时齐国国君，春秋五霸之一。匡合：纠合力量，匡定天下。匡，正，匡正；合，汇合。④济弱：帮助救济弱小的诸侯。济，帮助、救助。扶倾：扶持将要倾覆的周王室。扶，扶持、护持；倾，倒塌，这里是倾覆、颠覆的意思。

【译文】

　　鲁国的都城曲阜，如果没有周公旦，谁还能把它治理得那么好呢？春秋时期，齐桓公多次纠合诸侯，匡定天下，帮助救济弱小的诸侯，扶持将要倾覆的周王室。

【原文】

　　绮回汉惠①，说感武丁②。俊乂密勿③，多士寔宁④。

【注释】

　　①绮：绮里季，商山四皓之一，这里代指商山四皓。秦朝末年，有四位高人贤士绮里季、东园公、夏黄公和甪里先生为避乱隐居商洛山，人称"商山四皓"。回：还，走向原来的地方，这里是挽回的意思。汉惠：指汉惠帝刘盈。当初，汉高祖刘邦想废

多士寔宁。

掉太子刘盈，吕后非常着急，请张良出谋划策。张良替刘盈出主意，让他请商山四皓出山做老师。刘邦很仰慕这四位贤人，曾想请他们出山，却没请动，此时看到他们竟然愿意辅佐刘盈，很吃惊，认为刘盈羽翼已经丰满，于是打消了废掉太子的念头，刘盈才保住了太子的位子，后来继位当了皇帝。②说：傅说，商王武丁的宰相。感：感应。武丁：商朝的君主。③俊乂：人才。在古代"千人之英曰俊，百人之英曰乂"，百里挑一的精英叫"乂"，千里挑一的精英叫"俊"。密勿：勤勉努力。④多士：众多贤才。寔宁：所以才安宁。寔，这里通"是"，代词，此、这；宁，安宁。

【译文】

　　汉惠帝靠商山四皓才挽回了当时的太子地位，武丁通过梦境感应得到了贤相傅说使商朝兴盛。这些贤人们才能出众、勤勉努力，正是依靠了这些众多的贤士，天下才得以太平安宁。

【原文】

晋楚更霸①，赵魏困横②。假途灭虢③，践土会盟④。

【注释】

① 晋：晋文公，春秋五霸之一。楚：楚庄王，春秋五霸之一。更霸：轮流当霸主。更，轮流；霸，称霸。② 赵魏：赵国和魏国，战国七雄中的两个国家。困横：被"连横"政策所困扰。困，困扰，为人所阻遏；横，即连横，是战国时张仪所提出的主张，即破坏秦国以外六国的"合纵"关系，使秦国能够各个击破。连横成功后，秦国首先攻打的就是赵、魏二国，因为这两国距离秦国最近，所以说"赵魏困横"。③ 假途灭虢：春秋时晋国借口征伐虢国，向虞国借路，虞公被晋国丰厚的礼品和花言巧语所迷，遂不听大臣劝阻，就答应了。没想到晋国灭掉虢国后，在班师回来的路上趁其不备，发动突然袭击，把虞国也灭了。假，借；途，道路。④ 践土会盟：春秋时晋文公打败楚国后，周襄王认为他立了大功，就亲自到践土（今河南省原阳县西南）慰劳晋军。晋文公趁此机会在践土召集诸侯会盟，约定共同效命周王朝，他成为继齐桓公之后的第二个霸主。盟，在神明面前发誓结盟。

践土会盟。

【译文】

春秋时，晋文公和楚庄王等轮流称霸；战国时，赵、魏两国首先被"连横"政策所困扰。晋国向虞国借路出兵攻打虢国，得胜回来把虞国也一起消灭了。晋文公在践土会盟诸侯，成为新的霸主。

【原文】

何遵约法①，韩弊烦刑②。起翦颇牧③，用军最精。

【注释】

① 何：指萧何，汉高祖丞相，他制定了汉朝的法律。约法：汉高祖刘邦攻破咸阳时，曾经与关中的老百姓约法三章：杀人者死，伤人及盗者抵罪。秦朝的其余法律一概废除，受到百姓的热烈拥护。② 韩：指韩非，战国时期法家的代表人物，主张严刑峻法。弊：倒毙，

死亡。烦刑：苛刻的刑罚。烦，繁多琐碎，又多又乱。③ 起翦颇牧：指战国时期的四大名将，秦国的白起、王翦和赵国的廉颇、李牧。

【译文】

萧何遵从"约法三章"制定了汉朝法律九章，韩非却死于自己所主张的严刑峻法之下。白起、王翦、廉颇、李牧，是战国时最精通用兵打仗的著名将领。

【原文】

宣威沙漠①，驰誉丹青②。九州禹迹③，百郡秦并④。

【注释】

① 宣威：威名远扬。宣，宣扬，广泛传播。沙漠：这里代指边疆少数民族地区。② 驰誉丹青：他们的肖像被画师用丹青妙笔画下来，永垂青史。丹青，朱红色、青色，本是作画时常用的两种颜色，代指画像，这里指史籍，有载入史册、流芳百世的意思。③ 九州：传说上古时，中国分为兖、冀、青、徐、扬、荆、豫、梁、雍九个州，后用来代指中国。禹迹：相传大禹治水时，足迹遍布九州，后世因此称中国的疆域为"禹迹"。禹，大禹，是与尧舜并称的贤明君王，相传禹治黄河水患有功，舜将帝位禅让给他，成为夏朝的开国君王，又称夏禹。④ 百郡秦并：秦始皇统一中国以后，废除封建制，设立郡县制，将天下分为三十六郡，汉朝的"百郡"是在秦吞并六国的基础上而来，所以叫做"百郡秦并"。百郡，刘邦建立汉朝以后，将行政区域重新划分为一百零三郡，取整数称为"百郡"。郡，古代行政单位；并，合并、吞并。

【译文】

他们的威名远播至边塞地区，他们的光辉形象将永垂青史、流芳百世。大禹治水的足迹遍布九州之地，天下数以百计的郡县，都是秦始皇统一中国的成果。

【原文】

岳宗泰岱①，禅主云亭②。雁门紫塞③，鸡田赤城④。

【注释】

① 岳宗：五岳的宗主。岳，这里指五岳，分别是东岳泰山、西岳华山、北岳恒山、南岳衡山、中岳嵩山。宗，尊崇、尊敬。泰岱：泰山。岱，泰山的别称，叫岱山，也叫岱宗，因为它位于山东泰安市，所以称为"泰岱"，又称泰山。② 禅：即封禅，中国古代帝王为祭拜天地而举行的活动。举行封禅大典的地方就在泰山、云山和亭山。"封"是祭

天的仪式，在泰山举行；"禅"是祭地的仪式，在泰山脚下的云山和亭山举行。云亭：云山和亭山，都在泰山附近，山很小，都是举行封禅大典的地方。③雁门：山的名字，位于山西代县北境，山上有著名的雁门关。紫塞：指长城。《古今注》："秦筑长城，土色皆紫，故称紫塞。"秦朝修长城，下面土的颜色都是紫的，所以叫"紫塞"。④鸡田：古代西北塞外的地名，那里有中国最偏远的古驿站，在今宁夏回族自治区灵武县一带。赤城：古驿站，在今河北省西北部。

【译文】

五岳以泰山为尊，古代帝王就在泰山祭天，在泰山脚下的云山、亭山祭地。中国名胜繁多，有地势险要的雁门关和雄伟的长城，还有古驿站鸡田和赤城。

【原文】

昆池碣石①，巨野洞庭②。旷远绵邈③，岩岫杳冥④。

【注释】

①昆池：即滇池，位于云南省昆明市西南部。碣石：河北碣石山。②巨野：古代著名的水泊，在山东巨野县，今已干涸。洞庭：指洞庭湖，古称"云梦泽"，中国第二大淡水湖，位于湖南省北部。③旷远：广阔辽远，幅员辽阔，没有边际。旷，宽广、宽阔。绵邈：连绵遥远的样子。绵，接连不断；邈，距离遥远。④岩：高峻的山崖。岫：山洞。杳冥：昏暗幽深。

旷远绵邈，岩岫杳冥。

【译文】

从西南的滇池到河北的碣石山，从北方的巨野泽到南方的洞庭湖，在中国这片幅员辽阔、连绵遥远的土地上，险峻的高山和幽深的洞穴密布其间。

【原文】

治本于农①，务兹稼穑②。俶载南亩③，我艺黍稷④。税熟贡新⑤，劝赏黜陟。

【注释】

①治本：治理国家的根本措施。于：在。②务：致力于，从事。兹：代词，此、这，代指下文的"稼穑"。稼穑：代指农业劳动。稼，播种；穑，收割。③俶载：开始从事。俶，开始；载，从事、施行。南亩：南坡向阳，利于农作物生长，古人多向南开辟田地，故称农田为"南亩"。亩，农田，田地。④艺：种植。黍稷：同类异种的谷物，有黏性的是黍，又称黄米，没有黏性的是稷，泛指五谷。⑤税熟：庄稼成熟后，国家向农民征收新打下来的粮食作为税收。税，征收赋税；熟，庄稼成熟。贡新：进贡新粮。贡，上交，献东西给上级；新，新收获的粮食。劝赏黜陟：泛指奖罚措施。劝，劝勉，劝导勉励；赏，奖赏；黜，降职或罢免；陟，晋升。

【译文】

农业是治理国家的根本，一定要做好播种与收割的工作。耕种的季节到来，就要平整土地、种植庄稼。庄稼一成熟，就要进贡给国家当作租税。官府要按照农户的贡献予以奖惩，而国家则根据官吏的政绩进行升迁或罢免。

【原文】

孟轲敦素①，史鱼秉直②。庶几中庸③，劳谦谨敕④。

【注释】

①孟轲：即孟子，名轲，字子舆，战国时山东邹县人，中国古代著名的思想家、教育家，是儒家的"亚圣"。敦素：崇尚质朴的本色。敦，推崇、崇尚；素，本义是没有染色的丝绸，后引申为质朴，不加装饰。②史鱼：也称史鳅，字子鱼，春秋时卫国大夫、著名史官，以正直敢谏著称。秉直：坚持正直的品德。秉，保持、坚持。③庶几：接近、近似，差不多。中庸：儒家最重要的思想之一，主张待人处事不偏不倚、不过不失，折中调和，不走极端。④劳：勤劳。谦：谦虚，谦逊。谨：谨慎，严谨。敕：本义是告诫、嘱咐，这里是检点，不随便的意思。

【译文】

孟子崇尚质朴的本色，史鱼坚持正直的品德，他们差不多达到中庸的高妙境界了。此外，还要做到勤劳、谦逊、严谨、检点。

【原文】

聆音察理①，鉴貌辨色②。贻厥嘉猷③，勉其祗植④。

【注释】

①聆：侧耳细听。音：这里指人说话的声音。察：观察，仔细看。②鉴：观察，鉴别。

貌：指一个人的容貌和外表，包括言谈举止、动作表情。辨色：辨别脸色。③贻：遗留，留下。厥：代词，其，他（们）的。嘉猷：好的计策。嘉，美好；猷，计谋、计策。④勉：勉励。其：代词，这里代指子孙。祗：敬，恭敬。植：立，树立。

【译文】

听人说话要审察其中的是非曲直，看人外貌要辨别其人的善恶正邪。要把最好的忠告留给子孙，勉励他们小心谨慎地立身处世。

【原文】

省躬讥诫①，宠增抗极②。殆辱近耻③，林皋幸即④。

【注释】

①省躬：反省自己。省，检查，反省；躬，自身，亲自。讥：讥讽，嘲笑。诫：告诫，劝告。②宠：荣宠，荣耀。抗极：到达顶点。抗，通"亢"，高；极，极限、顶点。③殆辱：将要受到侮辱。殆，将，将要。近耻：接近了耻辱。"耻"与"辱"的意义有区别，内心的羞愧为"耻"，外来的欺凌为"辱"。④林：山林，指隐居之地。皋：水边的高地。幸：意外地得到成功或免去灾害，侥幸、幸免。即：接近，靠近。

【译文】

听到别人的讥讽和劝告，一定要认真反省自己，荣宠如果达到极点，就一定要警惕。地位越高越有可能招致灾祸，离耻辱也会越来越近，及时退隐山林或许可以幸免。

【原文】

两疏见机①，解组谁逼②？索居闲处③，沉默寂寥④。

【注释】

①两疏：西汉宣帝时疏广、疏受叔侄二人，疏广任太子太傅，疏受任太子少傅。两人同时辞官回家，受人推崇。见机：看准时机。机，机会、时机。②解组：解下印绶，指辞官。解，解下、解除；组，即组绶，系官印的绳带。逼：逼迫。③索居：孤身独居。索，独自、孤单。闲处：在家闲居，悠闲地生活。处，居住。④寂寥：恬静淡泊。

两疏见机，解组谁逼？

【译文】

西汉的疏广、疏受身居高位,却能看准时机,急流勇退。有谁逼迫他们呢?完全是他们自愿辞官还乡,过着悠闲的独居生活,沉默寡言,宁静淡泊。

【原文】

求古寻论①,散虑逍遥②。欣奏累遣③,戚谢欢招④。

【注释】

①求:探索、寻求。寻:搜寻,研究。②散虑:排遣忧虑、忧愁。散,排遣、驱散。逍遥:自由自在,不受拘束。③欣:欣喜、高兴。奏:本义是奉献、送上,引申为进、进入。累:这里是指心中的牵挂、烦恼。遣:排遣,驱除。④戚:忧愁。谢:用言辞委婉地推辞拒绝,谢绝。欢:欢乐。招:招来,聚集。

【译文】

探求古人古事,阅读至理名言。排遣忧虑,自由自在。喜悦放进来,烦恼就被排出了,忧愁一抛开,欢乐就聚集了。

【原文】

渠荷的历①,园莽抽条②。枇杷晚翠③,梧桐蚤凋④。

【注释】

①渠:水塘,池塘。的历:光明、鲜亮的样子。②莽:草木茂盛的样子。抽条:草木长出嫩芽新枝。③枇杷:即枇杷树,植物学上属于常绿小乔木,果和叶可食用。晚翠:时令已经很晚了,即到了冬天,枇杷叶还是那么青绿,更显得苍翠宜人。④蚤:通"早",早早地。凋:凋谢,凋落。

渠荷的历。

【译文】

池塘里的荷花开得光艳动人,园里的草木抽出了嫩绿的枝条。到了冬天,枇杷叶子还是那么青翠欲滴,一入秋天,梧桐树叶就早早地凋落了。

【原文】

陈根委翳①，落叶飘摇。游鹍独运②，凌摩绛霄③。

【注释】

①陈根：老树根。陈，旧的、时间久的。委翳：萎谢，枯萎衰败的样子。委，通"萎"，枯萎、衰败；翳，古同"殪"，树木枯死，倒伏于地。②游：飞行。鹍：古代指一种长得像鹤的大鸟，可以飞得很高。独运：独自飞翔。运，本义是运动，这里是飞翔的意思。③凌：向上升。摩，迫近，接近。绛霄：红色的云气，又叫"紫霄"，指天空极高处。绛，大红色。

【译文】

陈年老树枯萎衰败、倒伏在地，落叶随风飘荡飞扬。鹍鸟独自在天空中翱翔，盘旋上升，直冲九霄。

【原文】

耽读玩市①，寓目囊箱②。易輶攸畏③，属耳垣墙④。

【注释】

①耽：沉溺，沉迷。玩市：这里是指在集市上游逛。②寓目：过目，看一下。寓，观看。囊箱：书袋和书箱。③易：轻慢、轻视。輶：本义是古代一种很轻便的车子，有轻视、轻忽的意思。攸畏：所畏，有所畏惧。攸，所。④属耳垣墙：把耳朵附在墙上窃听。属，连接；垣，矮墙。

【译文】

东汉王充沉醉于读书，因家贫无书，便常常在街市上游览，但眼中只看得到书袋和书箱。对于容易轻视的小事更要警惕，说话小心谨慎，防止隔墙有耳。

【原文】

具膳餐饭①，适口充肠②。饱饫烹宰③，饥厌糟糠④。

【注释】

①具：准备，备办。膳：饭食。餐：吃。②适口：适合口味。充肠：充饥，填饱肚子。③饱饫：吃饱。饫，饱食。烹宰：指准备鱼肉之类的荤食。烹，水煮；宰，宰杀。④厌：满足，后作"餍"。糟糠：酒渣、谷皮等粗劣食物，贫者用来充饥。糟，酒渣，酿酒剩下的渣子；糠是谷子的外壳，用作饲料。

【译文】

准备饭菜,只要口味合适、能填饱肚子就行。饱的时候大鱼大肉都会生厌,饿的时候吃糠咽菜也能满足。

【原文】

亲戚故旧①,老少异粮②。妾御绩纺③,侍巾帷房④。

【注释】

①亲戚:现代汉语重叠使用,但古文中"亲"和"戚"含义有区别,所谓"内亲外戚",父亲一脉同姓的为"亲",母亲、妻子一脉不同姓的为"戚",在血缘关系上不一样。故旧:旧友,老朋友。②异粮:不同的粮食,指年长者吃细粮,年幼者吃粗粮。异,差异、不同。③御:治理。绩纺:纺织。绩,把麻纤维披开接续起来搓成线或绳;纺,把丝棉、麻、毛等做成线或纱。④侍:服侍,侍奉。巾:指佩巾、手巾、头巾等。帷房:内室,卧室。

【译文】

亲戚朋友来做客要以礼相待,招待老人和孩子的食物应该有所不同。妻妾婢女在家不但要纺纱织布,还要在内室侍奉丈夫的日常起居。

【原文】

纨扇圆洁①,银烛炜煌②。昼眠夕寐③,蓝笋象床④。

【注释】

①纨扇:用细绢制成的团扇。纨,细致洁白的薄绢。洁:洁白。②银烛:银白色的火光。烛,本义是古代照明用的火炬,直到唐代才有了蜡烛。炜煌:辉煌,光辉灿烂。③昼眠:白天睡午觉。昼,白天;眠,本义是闭上眼睛,

昼眠夕寐,蓝笋象床。

引申为睡觉。夕寐:晚上睡觉。夕,泛指晚上;寐,睡、睡着。④蓝笋:青篾编成的竹席。蓝,蓼蓝,晒干后变成暗蓝色,用作染料,可以提取出青色,也可泛指古代用来染青色的草。笋,嫩竹的青皮,柔韧性好,可用来制席,这里指笋席,嫩竹青编成的席子。象床:装饰精美的象牙床。

【译文】

圆形的绢扇洁白素雅,银色的火光明亮辉煌。白天午休,晚上睡觉,青色的竹席铺在装饰精美的象牙床上。

【原文】

弦歌酒宴①,接杯举觞②。矫手顿足③,悦豫且康④。

【注释】

①弦歌:依琴瑟而咏歌。弦,这里指琴瑟一类的弦乐器。②接:托,手掌向上承受。觞:古代的盛酒器皿。③矫:举起,抬起来。顿足:以脚跺地,多形容情绪激昂或极其悲伤、着急。顿,用脚(底)使劲往下踩。④悦豫:愉快,高兴。悦,喜悦;豫,快乐、安闲。

【译文】

酒宴上有歌舞弹唱,大家高举酒杯,开怀畅饮,随着音乐节拍手舞足蹈,身心既快乐又健康。

【原文】

嫡后嗣续①,祭祀烝尝②。稽颡再拜③,悚惧恐惶④。

【注释】

①嫡后:长房子孙。嫡,正妻所生的孩子,非正妻所生的叫庶子。古代只有嫡子才有继承家业的权利。后,后代,子孙。嗣:本义是诸侯传位给嫡子,引申为继续,承接。续:继续。②祭祀:以手持肉祭神、祭祖,根据宗教或者社会习俗的要求进行的具有象征意义的一系列行动或仪式。祭,祭祀天神;祀,祭祀地神。烝尝:本指秋冬二祭,后亦泛称祭祀,这里代指四时祭祀。烝,冬天祭祀;尝,秋天祭祀。③稽颡:古代跪拜礼中最隆重的一种,屈膝下跪,以额触地,表示极度的虔诚。稽,叩头至地;颡,额头。再:表示又一次,有时专指第二次,有时又指多次。④悚惧:恐惧、戒惧,这里指(对神明)敬畏,既尊敬又害怕。悚:恐惧,害怕。恐惶:恐惧不安。惶,恐惧,惊慌。

【译文】

嫡长子继承家业,负责主持一年四季的祭祀仪式,要磕头作揖,一拜再拜,心怀敬畏,诚惶诚恐。

【原文】

笺牒简要①,顾答审详②。骸垢想浴③,执热愿凉④。

【注释】

①笺牒：书信的代称。笺，供写信、题词用的纸张，引申为书信；牒，本义是古代书写用的木片或竹片，后引申为文书、证件。简要：简明扼要。②顾答：回答问题。顾，回头看，回顾；答，回答，答复。审详：审慎周详。审，详细周密；详，细密完备。③骸：身体。垢：污秽，脏东西。浴：洗澡。④执：拿着。

【译文】

给人的书信要简明扼要，回答别人的问题，却要审慎周详。身上脏了就想洗澡，拿着热东西就希望它快点凉。

【原文】

驴骡犊特①，骇跃超骧②。诛斩贼盗③，捕获叛亡④。

【注释】

①犊：小牛。特：公牛。"驴骡犊特"泛指大小家畜。②骇：本义是马受惊，引申为惊骇、惊动，受到惊吓。跃：跳起来。超骧：腾跃而前的样子。超，跳过，越过；骧，腾跃，昂首奔驰。③诛：本义是声讨、谴责，引申为杀戮，夺去生命。斩：杀，古代死刑的一种，斩首或腰斩。但"诛"偏重于诛心，意即揭露、指责人的思想、用心，"斩"则是杀身，二者的含义是不同的。⑧贼：先秦两汉时期，专指作乱叛国危害人民的人，如乱臣贼子。盗：偷盗财物的人。先秦两汉时期，"盗"多指偷窃者，很少指抢劫者；"贼"多指抢劫财物者，后来才指偷窃者。④捕获：缉拿，捉住。叛：叛乱的人。亡：逃亡的人。

【译文】

驴、骡、牛等家畜一旦受惊就会狂奔乱跳。要严厉惩罚盗贼，捉拿叛乱和逃亡的人。

【原文】

布射僚丸①，嵇琴阮啸②。恬笔伦纸③，钧巧任钓④。

【注释】

①布射：典出《三国志·吕布传》，说的是三国时吕布曾用"辕门射戟"的方法替刘备解围。布，指吕布，是东汉末年

吕布辕门射戟。

著名的猛将。僚丸：典出《庄子·徐无鬼》，春秋时楚国勇士熊宜僚擅长耍弄弹丸。②嵇琴：典出《晋书·嵇康传》，西晋名士嵇康善于弹琴，司马氏当政他坚决不肯出仕，最终被杀害，他临行前弹奏的《广陵散》，成为千古绝响。嵇，嵇康，字叔夜，谯郡（今安徽宿县西南）人，精通音乐，善弹琴赋诗，官居中散大夫，亦称嵇中散，著名的"竹林七贤"（嵇康、阮籍、山涛、刘伶、阮咸、向秀和王戎）之一。阮啸：典出《晋书·阮籍传》，与嵇康齐名的名士，阮籍善于长啸。阮，阮籍，字嗣宗，陈留郡（今河南开封陈留县）人，曾任步兵校尉，世称阮步兵，"竹林七贤"的领袖人物。③恬笔：典出晋朝崔豹的《古今注》，秦始皇的大将蒙恬发明了毛笔。伦纸：东汉蔡伦发明了纸，人称"蔡侯纸"。④钧巧：三国时魏国的发明家马钧心灵手巧，曾改进织绫机、发明翻车，还复原了已经失传的黄帝时的指南车。任钓：典出《庄子·外物》篇，任公子善于钓鱼。

【译文】

吕布精于射箭，宜僚善玩弹丸，嵇康长于弹琴，阮籍长于长啸，蒙恬制造了毛笔，蔡伦发明了纸张，马钧心灵手巧善发明，任公子擅长钓鱼。

【原文】

释纷利俗①，并皆佳妙②。毛施淑姿③，工颦妍笑④。

【注释】

①释纷：解决纷争。释，解除、消除；纷，争执、纠纷。利俗：便利了老百姓。利，使有利；俗，一般人、百姓。②皆：全、都。佳妙：美妙。佳，美、美好。③毛施：指春秋时两个著名的美女毛嫱和西施。毛，毛嫱，春秋时期越国绝色美女，与西施时代相当，相传为越王爱姬。最初人们对她的称道远远超过西施，当是"沉鱼"的原始形象。施，西施，越国人，原名夷光，春秋末期出生于浙江诸暨苎萝村，为中国古代四大美女之首。淑姿：优美的姿容体态。淑，美丽；姿，容貌姿态。④工：善于。颦：皱眉。妍：美丽。

【译文】

他们的技艺或解决纠纷，或造福百姓，都高明巧妙，为人称道。毛嫱和西施都姿容优美，皱眉时都无比俏丽，笑起来更是美艳动人。

【原文】

年矢每催①，曦晖朗曜②。璇玑悬斡③，晦魄环照④。

【注释】

①矢：箭。每：常常、经常。②曦晖：日光。曦，多指早晨的阳光；晖，侧重指太

阳周围的光圈。朗：明朗。曜：照耀。③璇玑：北斗七星的前四颗星，即天枢、天璇、天玑、天权的简称，也叫魁，这里代指北斗七星。悬：挂，吊在空中。斡：旋转。④晦：农历每月的最后一天。魄：月亮刚出现或即将隐没时的微光。环：循环，周而复始。照：照射，照耀。

【译文】

　　岁月如箭飞逝，不断催人向老。日光朗照，斗转星移，月光由暗到明，循环照耀，月盈月缺，永无止息。

司马光枕圆木休息，日夜苦读。

【原文】

　　指薪修祜①，永绥吉劭②。矩步引领③，俯仰廊庙④。

【注释】

　　①指：通"脂"，动植物所含的油脂。油脂燃烧的时间比柴草要长得多，所以古代点油灯多用动物脂肪点灯。薪：就是柴火。修祜：修福，行善积德，以求来世及子孙之福。修，修行，培养；祜，福，大福。②绥：平安，安好。劭：美好，高尚。③矩步：端方合度的行步姿态。形容举动合乎规矩，一丝不苟。矩，本义是矩尺，画直角或方形的工具，后引申为法度。引领：伸直脖子。引，拉、伸；领，颈、脖子。④俯仰：低头和抬头。俯，向下，低头；仰，抬头，脸朝上。廊庙：殿下屋和太庙，指朝廷。廊，厅堂周围的屋子；庙，这里指宗庙，供奉祭祀祖先的处所。

【译文】

　　人的一生只有行善积德，才能求自己及后世之福泽，像薪尽火传那样永久长存，子孙后代平安幸福、吉祥如意。走路姿势端方合度，昂首阔步，心地光明正大、举动严肃庄重。

【原文】

　　束带矜庄①，徘徊瞻眺②。孤陋寡闻③，愚蒙等诮④。

【注释】

　　①束带：整饰衣冠，表示端庄。束，系，捆绑。矜庄：严肃庄重。矜，端庄，庄重；

307

庄，谨严持重，表情严肃、容貌端正。②徘徊：欲进又止、小心谨慎的样子。瞻眺：这里是高瞻远瞩的意思，站得高，看得远，比喻眼光远大。瞻，向高处看，即"高瞻"；眺，往远处看，远眺，即"远瞩"。③孤陋寡闻：形容学识浅陋，见闻不广。陋，浅陋，知识浅薄；寡，少。④愚蒙：愚昧不明。愚，天性愚昧、愚蠢；蒙，蒙昧，没有知识。等：等同。诮：讥讽，嘲笑。

【译文】

衣冠端正，矜持庄重，小心谨慎，高瞻远瞩。学识浅陋、见识狭窄的人，与那些愚昧无知的人都是要受人嘲笑的。

【原文】

谓语助者①，焉哉乎也。

【注释】

①谓：称为，叫做。语助：即语助词，表示语气的助词，位于句中或句尾，表示停顿，属于虚词。

【译文】

最后，还有焉、哉、乎、也这些所谓的语助词。

附录

《百家姓》全文

赵钱孙李　周吴郑王　冯陈褚卫　蒋沈韩杨　朱秦尤许
何吕施张　孔曹严华　金魏陶姜　戚谢邹喻　柏水窦章
云苏潘葛　奚范彭郎　鲁韦昌马　苗凤花方　俞任袁柳
鄢鲍史唐　费廉岑薛　雷贺倪汤　滕殷罗毕　郝邬安常
乐于时傅　皮卞齐康　伍余元卜　顾孟平黄　和穆萧尹
姚邵湛汪　祁毛禹狄　米贝明臧　计伏成戴　谈宋茅庞
熊纪舒屈　项祝董梁　杜阮蓝闵　席季麻强　贾路娄危
江童颜郭　梅盛林刁　钟徐丘骆　高夏蔡田　樊胡凌霍
虞万支柯　昝管卢莫　经房裘缪　干解应宗　丁宣贲邓
郁单杭洪　包诸左石　崔吉钮龚　程嵇邢滑　裴陆荣翁
荀羊於惠　甄麹家封　芮羿储靳　汲邴糜松　井段富巫
乌焦巴弓　牧隗山谷　车侯宓蓬　全郗班仰　秋仲伊宫
宁仇栾暴　甘钭厉戎　祖武符刘　景詹束龙　叶幸司韶
郜黎蓟薄　印宿白怀　蒲邰从鄂　索咸籍赖　卓蔺屠蒙
池乔阴郁　胥能苍双　闻莘党翟　谭贡劳逄　姬申扶堵
冉宰郦雍　邰璩桑桂　濮牛寿通　边扈燕冀　郏浦尚农
温别庄晏　柴瞿阎充　慕连茹习　宦艾鱼容　向古易慎
戈廖庾终　暨居衡步　都耿满弘　匡国文寇　广禄阙东
欧殳沃利　蔚越夔隆　师巩库聂　晁勾敖融　冷訾辛阚
那简饶空　曾毋沙乜　养鞠须丰　巢关蒯相　查後荆红
游竺权逯　盖益桓公　万俟司马　上官欧阳　夏侯诸葛
闻人　东方　赫连　皇甫　尉迟　公羊　澹台　公冶　宗政　濮阳
淳于　单于　太叔　申屠　公孙　仲孙　轩辕　令狐　钟离　宇文
长孙　慕容　鲜于　闾丘　司徒　司空　亓官　司寇　仉督　子车
颛孙　端木　巫马　公西　漆雕　乐正　壤驷　公良　拓跋　夹谷
宰父　穀梁　晋楚　闫法　汝鄢　涂钦　段干　百里　东郭　南门
呼延　归海　羊舌　微生　岳帅　缑亢　况后　有琴　梁丘　左丘
东门　西门　商牟　佘佴　伯赏　南宫　墨哈　谯笪　年爱　阳佟
第五　言福　百家姓终